DIEU N'A PAS CRÉÉ LA NATURE

JEAN-CHRISTOPHE ATTIAS

DIEU N'A PAS CRÉÉ LA NATURE

Écologie et judaïsme

LES ÉDITIONS DU CERF

www.editionsducerf.fr
24, rue des Tanneries
75013 Paris
ISBN : 978-2-204-14973-0

À la mémoire de Louis et de Marguerite, mes grands-parents,
et de Colette, leur fille, ma mère.

« Dieu ne fait rien avant d'avoir révélé son secret à ses serviteurs les prophètes » (Amos 3, 7) – à une époque où il y a des prophètes en ce monde. Sinon, bien que la prophétie n'advienne plus, les sages sont plus que des prophètes. Sinon, elle est révélée dans un rêve. Sinon, la chose se trouve chez les oiseaux du ciel.

Zohar, 1, 183b,
trad. de Charles Mopsik, *Le Zohar*, vol. 3,
Lagrasse, Verdier, 1991, p. 117.

PROLOGUE

Ni parti. Ni chapelle. Il n'y a rien dans ce livre dont je ne sois seul responsable. Sauf l'idée même de l'écrire. Cette idée, je la dois en effet à un tiers. À une écologiste. Voilà qui est dit. Mais qui ne dit rien de ce que ce livre est vraiment. Cette écolo-là est hors-cadre, de toute façon. Et je l'ai connue bien avant qu'elle le devienne. C'est une universitaire, d'abord. Une intellectuelle, aussi. Et c'est enfin la femme qui partage mon existence : Esther Benbassa. La même qui, fâchée de me voir oisif ou hésitant, mais toujours attentive au mûrissement brouillon de mes curiosités, m'a souvent demandé, au fil de nos quarante années de vie commune : « Et si tu écrivais un livre sur… ? » Cette fois, dans sa question, il devait y avoir « Dieu », « la Bible », « la nature », « les juifs ». Je ne sais plus trop, en fait. J'ai simplement répondu : « Pourquoi pas ? » Et je me suis mis au travail. Voici donc aujourd'hui le fruit de cet échange aussi bref que décisif. Il n'est sûrement pas celui qu'elle espérait, ni même celui auquel elle s'attendait. Mais qu'importe ? Il me surprend un peu moi-même.

Je n'y suis pas allé tout à fait sans bagages, bien sûr. Et si je n'ai pas lu tous les livres, loin de là, j'en ai lu quelques-uns. Élisée Reclus, Bruno Latour, Philippe Descola, Aymeric Caron et quelques autres. J'ai même lu le Pape, c'est dire, et je l'ai trouvé bon, ce qui n'était pas couru d'avance. Ces lectures m'ont nourri, assurément, sans que je puisse préciser ce que l'on retrouvera d'elles dans ce que j'ai écrit. Une influence ? Je ne sais. Un petit surcroît d'intelligence ? Certes. Mais tout cela reste flou. Et peut-être en partie illusoire. Je n'embarquerai donc personne – surtout pas des gens qui auraient pu être mes maîtres et que j'aurais dû tenir pour tels – dans le périple en solitaire que je vais vous conter. Et on les cherchera en vain dans les notes infrapaginales du présent ouvrage. Ce n'est pas de l'ingratitude. Au contraire. C'est de la discrétion. Et même un peu de modestie.

Dois-je faire état, enfin, des quatre ou cinq années de séminaire que j'ai consacrées à ces questions à l'École pratique des hautes études ? Oui, cela va de soi. Les interrogations de mes auditeurs, leurs remarques, leurs doutes, exprimés ou non, leur patience enfin ont accompagné mon errance. En séminaire, je peux tout dire. Je peux tout essayer. Tant que je suis assuré que personne ne m'enregistre, j'accepte de prendre des risques, sous le regard, ironique parfois, de ceux qui m'écoutent. Le risque de la sottise et de l'erreur. Le risque de la poésie. Celui de la plaisanterie aussi, toujours plus grave que l'on ne croit. Vient ensuite le temps du sérieux. Celui du livre. De la transcription, que je sais infidèle, et que j'ai voulue telle, des hasards et des nécessités d'une oralité nomade.

Certains collègues, chercheurs et universitaires, s'étonneront peut-être des libertés que j'ai prises avec nos méthodes. Ce n'est pourtant pas la première fois[1]. Ceci n'est pas un traité, ni un essai. C'est un vagabondage. Une méditation libre. Avec ses arrêts, ses détours, ses impasses. Je propose aux lecteurs de me suivre. Ils en sortiront changés. Ou pas. Du moins se seront-ils immergés dans un univers – la Bible et la lecture qu'en ont faite quelques-uns de ses exégètes anciens et médiévaux – aussi foisonnant, mystérieux, contradictoire

1. Voir mon *Moïse fragile*, Paris, CNRS Éditions, 2016, rééd. (poche).

que ce que nous avons pris l'habitude, par paresse, d'appeler « la nature ».

Ce livre ne propose aucun modèle, il n'offre pas de solutions, il ne construit pas un système. Il ne rappelle qu'une seule chose, d'ailleurs connue de tous. Que nous n'avons qu'un mode d'accès à « la nature », comme à nous-mêmes, les humains : la culture, et l'histoire propre de chacun. La mienne est composite et a laissé sa marque ambiguë sur chacune des pages de cet ouvrage. Lequel a donc trois auteurs : l'enfant *goy*[1] que je fus un temps, fils de ma mère, la catholique charentaise, filant sur mon vieux vélo à travers la campagne écrasée de soleil ; le jeune juif que je devins, l'année de mes vingt ans, fils de mon juif de père, méditatif et anxieux, à jamais citadin ; l'intellectuel enfin, à la fois dubitatif et loyal, que je suis aujourd'hui, traquant, entre les lignes de vieux textes, les échos étouffés de chacun de mes mondes. Voilà vraiment de quoi est né ce livre et voici le périple qu'il raconte.

À NOTER

Traductions et citations. Je cite la Bible dans la traduction qu'en ont donnée les membres du Rabbinat français, sous la direction de Zadoc Kahn (rééd., Paris, Colbo, 1966). Il m'arrive de reprendre légèrement cette traduction lorsque le contexte de mon exposé l'impose ou le justifie. L'ensemble des textes rabbiniques cités a été traduit ou retraduit par mes soins de l'hébreu, de l'araméen ou du judéo-espagnol*, sauf mention contraire. Lorsque des mots ou des membres de phrases apparaissent en italique dans les textes bibliques et rabbiniques que je cite, c'est bien sûr à chaque fois moi qui souligne.

---

1. « Non-juif ». Sur le sens, l'origine et les usages de ce mot hébreu, voir *infra*, p. 217-218.

Transcriptions. Mon système de transcription de l'hébreu et de l'araméen n'a pas de visée scientifique, et cherche simplement à en faciliter la lecture et la prononciation au non-spécialiste.

Notes et annexes. J'ai délibérément limité l'appareil de notes. On trouvera en fin de volume, outre une bibliographie succincte, un glossaire et des notices biographiques pour tous les mots ou noms propres signalés par un *.

Choix d'orthographe et vocabulaire. Dans cet ouvrage, dans un esprit de simplification, le substantif « juif » a toujours été écrit sans majuscule, que ce mot désigne le fidèle d'une religion (la religion juive), le membre d'un peuple (le peuple juif) ou, le plus souvent, les deux en même temps. Le mot « Loi », avec une majuscule, désigne toujours la Torah*, il en est synonyme. Par ailleurs, « Israël » désigne le plus souvent, dans les pages qui suivent, le peuple juif, et plus rarement l'État contemporain d'Israël.

I

L'ARBRE ET LE PROMENEUR

J*'ai passé les étés de mon adolescence enfermé dans ma chambre.* Je lisais. Beaucoup de romans, un peu de poésie et, plus tard, un peu de philosophie. Je lisais la nuit, le jour. La pièce était petite et basse de plafond. Le volet de l'unique fenêtre était le plus souvent fermé et me protégeait de l'ardeur du soleil. On ne me voyait qu'à table, mais là, il était hélas interdit de venir avec un livre. Le soir, à la fraîche, il m'arrivait de faire trois pas dans le jardin arboré qui entourait la maison. Guère plus. Je retournais à ma lecture. La vie était là, et tout le savoir du monde.

Et puis un jour, une idée vint bouleverser l'ordre des choses. Je ne me souviens plus qui eut, le premier, cette idée. Je ne crois pas que c'était moi. Il y avait, à quelques kilomètres de chez nous, une belle et grande forêt. Et au carrefour de trois ou quatre routes peu passantes, comme une clairière. Les arbres étaient hauts, la lumière abondante. On était bien dehors, mais on était à l'abri de la chaleur et des hommes. Il y avait un banc où personne ne s'asseyait jamais. Un arrangement fut pris : ma mère m'accompagnerait là en voiture chaque jour en début d'après-midi, et elle reviendrait m'y chercher avant le crépuscule. C'était un compromis.

Je me souviens comment les choses se passèrent, et pourquoi, une fois testée, cette idée fut assez vite abandonnée. Assis sur le banc, seul, à l'abri du soleil et des hommes, j'ouvrais mon livre. Je lisais. Et puis venait un souffle de vent, le chant d'un oiseau, le frôlement d'un passage dans les fourrés voisins. Je levais les yeux de la page. Je regardais autour de moi. Je me perdais bientôt dans la contemplation, muette et vide de pensées, des cimes mouvantes des arbres. Le bruissement de leurs feuilles remplaçait le murmure des mots.

J'étais dans la nature, ou du moins le croyais-je. C'était beau, bien sûr. Et le plaisir de cet abandon-là valait bien, il surpassait peut-être, celui de la lecture. C'était une faute. Entre les pages et les feuilles, nul compromis possible. La clairière fut oubliée. Je retrouvai bientôt ma chambre.

UN ARBRE, UN CHAMP ET DEUX BOUQUETS DE MYRTE

J'avais quinze ans, alors. Seize peut-être. Jeune Gentil* en sa belle forêt. Ignorant de la vie, insoucieux de l'avenir, et n'imaginant certes pas qu'un jour, il se ferait juif[1]. Ce souvenir enfoui de mon adolescence, c'est la relecture d'un court passage du *Traité des Pères* qui, un demi-siècle plus tard, l'a soudain arraché aux limbes de l'oubli : « Rabbi Jacob dit : “Celui qui s'en va en chemin, méditant la Loi, et interrompt son étude pour dire : ‘Que cet arbre est beau ! et que ce champ est beau !', l'Écriture le lui compte comme s'il avait mis sa vie (ou son âme) en danger.”[2] »

J'ai souri, bien sûr. Le vieux juif a souri en songeant au jeune *goy :* était-il déjà juif, celui-là, à sa façon, pour se défier autant des arbres et pour leur préférer sa petite chambre au volet clos ? Je me suis vite ressaisi. Le vieux juif n'allait tout de même pas tomber dans le piège qu'il se tendait à lui-même. Le sens de mon souvenir était obscur. Celui des mots de R. Jacob (IIe s.) ne l'était pas moins.

---

1. Sur l'itinéraire auquel je ferai parfois allusion ici, et que les quelques fragments de récit autobiographique que j'insère dans ce livre évoquent d'une autre façon, voir Jean-Christophe ATTIAS, *Un juif de mauvaise foi*, récit, Paris, Jean-Claude Lattès, 2017.

2. Mishnah, *Avot* 3, 7. Cette traduction est mienne. Comparer à *Maxime des Pères*, édition bilingue, traduit de l'hébreu et présenté par Benjamin GROSS, Paris, L'Éclat, 2013, p. 37, et à Éric SMILÉVITCH, *Leçons des Pères du monde*, Lagrasse, Verdier, 1983, p. 41.

J'ai repensé à tout ce que l'on a beaucoup dit et qu'on répète encore souvent sur les juifs et leur rapport à la nature. Trop urbains pour être honnêtes. Trop longtemps cloîtrés dans leurs ghettos, pâles et courbés sur leurs vieux grimoires, si peu verts, plus familiers du ciel des idées et de la mer du Talmud* que du ciel et de la mer créés par leur Dieu tout-puissant. Jusqu'à ce que le sionisme vienne enfin les rédimer, les ramène à la terre, au paysage, jusqu'à ce que la nature enfin reconquise chasse le faux naturel dont une histoire aberrante, faite de confinement volontaire et d'enfermement contraint, les avait accablés…

Propagande, bien sûr. Les choses sont moins simples. Le juif urbain coupé de la nature, déraciné, jamais hâlé par le soleil ? Moins une réalité sociologique qu'une figure construite, destinée à susciter le rejet, devant presque autant aux sionistes eux-mêmes qu'aux antisémites. La nature exaltée par le discours des premiers est d'ailleurs tout sauf « naturelle » : rien n'a plus hardiment remodelé les paysages de Palestine que l'œuvre des premiers colons juifs et de leurs successeurs… On n'a pas fait qu'y planter des arbres[1].

Il n'empêche, ces mots étranges de R. Jacob ne veulent peut-être dire que cela : que l'homme n'est pas ici-bas pour contempler la nature et en exalter la beauté, mais pour étudier la Loi dans toute son âpre rigueur. C'est faute grave, péché quasi mortel, ruine de l'âme en tout cas, que de se laisser ainsi distraire. À y regarder de plus près, cependant, ici non plus rien n'est simple.

R. Jacob parle d'un arbre, et d'un seul, pas d'une forêt. C'est peut-être un arbre fruitier. Ou un arbre planté là par l'homme pour donner un peu d'ombre au passant par temps de canicule (on est en Terre sainte). Ne médite-t-on pas

1. Sur ce point, voir *infra*, p. 53-54.

mieux la Loi à l'abri du soleil, après s'être désaltéré du jus d'un fruit cueilli sur le chemin ? À qui s'adressent les mots reprochés au marcheur ? À lui-même, sans doute. Mention n'est point faite, ici, d'un compagnon. L'homme est « en chemin » et médite la Loi, tout en marchant[1]. Mais seul. C'est peut-être déjà là une erreur. On n'étudie pas seul. Surtout, peut-être, quand on est « en chemin », *ba-dérekh*.

« En chemin », le danger guette. Un ange peut surgir. Il faut se protéger, alors, ou se battre vaillamment, comme le fit, une nuit, le patriarche Jacob, sur le chemin de son retour en Canaan : il n'en sortit pas vaincu, mais boiteux tout de même[2]. Encore faut-il le voir, cet ange, parfois si menaçant, debout, posté en travers du sentier, l'épée au vent, ce dont Balaam, le prophète gentil* missionné par Balaq pour maudire Israël, ne fut pas capable : heureusement que son ânesse, elle, la bavarde, le fut, sauvant ainsi son maître d'un péril mortel[3].

« En chemin », c'est le Tout-Puissant lui-même qui guette. Et peut tuer. Moïse en fit l'amère et douloureuse expérience quand, s'en retournant en Égypte, par une nuit bien sombre, il se heurta à l'hostilité d'un Dieu dont seule sa femme madianite, Séphora, sut le protéger en circoncisant leur fils nouveau-né[4].

« En chemin », Dieu est toujours là. Et peut-être la faute principale du marcheur de R. Jacob est-elle précisément de ne l'avoir pas vu. D'avoir loué la beauté de l'arbre et du champ rencontrés, sans se souvenir que cette beauté-là doit

1. Pensant peut-être se conformer à l'injonction de Deutéronome 6, 7 : « (Ces devoirs que je t'impose) tu les enseigneras (*ve-shinantam*) à tes enfants, et tu en parleras assis dans ta maison et marchant en chemin (*ou-ve-lekhtekha ba-dérekh*), en te couchant et en te levant. »

2. Genèse 32, 25-33.

3. Nombres 22, 21-35.

4. Exode 4, 24-26.

tout à celui qui l'a créée. D'avoir loué la créature en oubliant le Créateur. D'avoir oublié de chanter, comme y invitent les Psaumes, plutôt que l'arbre ou le champ, « [l]a splendeur de la glorieuse majesté » de celui qui les a faits[1]...

À moins, bien sûr, que la faute ne soit encore autre et même inverse, en quelque sorte. Nous ne sommes pas ici dans le désert, ni sur le sommet de quelque montagne escarpée, aride et isolée. Point de buisson ardent, ici. Rien qui justifierait de s'étonner, de s'approcher pour « examiner » quelque « grand phénomène[2] ». Nous ne sommes pas sur le Sinaï, qui tiendrait justement de là son nom (*sné*, buisson en hébreu), et dont chaque caillou, si l'on en croit les observations de quelques témoins dignes de foi[3], présenterait en son cœur l'image « très nette » et « divine » de ce buisson originel qui, lui, a bien sûr tout à voir avec la Révélation, la Loi, son inscription dans la pierre des Tables. Et donc avec son étude.

Nous ne sommes pas loin, ici, de la ville, du bourg, du village. Pas loin des hommes et des femmes. Au milieu d'eux, en fait. Pas de buisson en feu. Pas de forêt. Juste un arbre. Point de solitude désolée et mystique. Juste un champ, et même un champ *labouré*, si l'on en croit les commentateurs. Rien là que de très commun, et que de très humain. Nul « grand phénomène ». Juste une réalité ordinaire. Quoique peut-être aussi d'une inquiétante étrangeté...

☆

1. Psaumes 145, 5.
2. Exode 3, 3.
3. Tels, par exemple, Moïse de Narbonne (XIVe s.) dans son commentaire du *Guide des égarés* de Moïse Maïmonide, ou Mardochée Komtino (XVe s.) dans son commentaire du Pentateuque. Voir sur ce point Jean-Christophe ATTIAS, *Le Commentaire biblique. Mordekhai Komtino ou l'herméneutique du dialogue*, Paris, Éd. du Cerf, 1991, p. 35-37.

On raconte[1] que, sous le coup d'une condamnation à mort prononcée par les Romains, R. Siméon bar Yohaï (IIe s.) et son fils, R. Éléazar, se cachèrent dans une grotte. Ils s'y dépouillèrent de leurs vêtements et s'y assirent ainsi, nus, enfoncés dans le sable jusqu'au cou. Ils y étudièrent la Loi tout le jour douze années durant, ne se rhabillant qu'à l'heure de la prière. Une source apparue par miracle leur permettait de se désaltérer. Un caroubier apparu de même façon donnait assez de fruits pour les nourrir. Jusqu'au jour, au bout de douze années, où le prophète Élie vint se poster à l'entrée de la grotte et demanda : « Qui dira à Bar Yohaï que César est mort et que son décret est abrogé ? »

Pendant douze années, R. Siméon bar Yohaï et son fils se sont nourris des fruits du caroubier miraculeux et n'ont rien bu d'autre que l'eau de la source que Dieu a fait surgir. Ils ont oublié la terre et le ciel. La nature qui a pourvu à leurs besoins n'a exigé d'eux, pour survivre, aucun travail. C'est Dieu qui, par elle, presque directement, les a sustentés. R. Siméon et son fils ont oublié les hommes, aussi, mais ils sont deux, et leur étude est un dialogue. Ils ne se sont éclairés au fond de leur caverne que de la lumière de la Loi. L'annonce d'Élie est une invitation à sortir. Ils sortent.

Vous vous imaginez qu'ils quittent la nuit pour le jour, l'ombre pour la lumière. Vous vous imaginez peut-être que l'éclat du soleil les éblouit, que leurs yeux peinent à revoir le monde qu'ils ont quitté il y a si longtemps. Qu'ils ne voient rien. Qu'ils baissent les paupières. Qu'ils sont tentés de faire marche arrière pour retrouver la douce pénombre de leur refuge de pierre et de sable. Vous vous imaginez tout cela. Ce n'est pourtant point cela que l'histoire raconte. C'est même le contraire. Le regard de R. Siméon bar Yohaï et de son

1. Talmud de Babylone, *Shabat* 33b.

fils est clair. Ils voient ce qu'ils voient, et ils savent ce qu'ils voient. Ils voient des gens labourer leur champ et semer.

Et R. Siméon bar Yohaï s'en afflige. Il s'écrie : « Ils abandonnent la vie éternelle pour celle de l'instant ! » En labourant leur champ, ils négligent l'essentiel : l'étude de la Loi. Ce que voient R. Siméon et son fils, c'est une négligence universelle – à tout le moins celle de tous les juifs. Pas la distraction momentanée, quoique coupable, du promeneur qui passe, et qui, oubliant son étude, contemple l'arbre qu'un homme a planté, le champ qu'un homme a si bien labouré. C'est la distraction de tous, à tout instant, dont le spectacle offense le regard de R. Siméon et de son fils. Et ce regard est un regard de feu. L'histoire dit en effet que tout lieu où se posaient leurs yeux brûlait immédiatement.

Peut-être est-ce à la lumière de ce récit-là, une lumière qui consume autant qu'elle éclaire, qu'il faut comprendre la mise en garde de R. Jacob : « Celui qui s'en va en chemin, méditant la Loi, et interrompt son étude pour dire : "Que cet arbre est beau ! et que ce champ est beau !", on le lui compte comme s'il avait mis sa vie (ou son âme) en danger. »

Celui qui s'en va en chemin et qui quitte soudain la grotte intérieure où jusque-là, dialoguant avec lui-même, il méditait la Loi, pour admirer un arbre et un champ labouré, met en effet sa vie – ou son âme – en danger. Il abandonne la Loi pour le monde, pour la nature. Pour la nature ? Peut-être pas. La nature qu'il contemple n'est point une nature originelle, directement sortie des mains de son Créateur. Le champ labouré, l'arbre planté au bord du chemin sont une nature déchue, ils sont le monde, le monde d'après la Première faute. Et trouver cela « beau » est une nouvelle faute.

☆

On connaît bien le commencement : « L'Éternel-Dieu planta un jardin en Éden, vers l'Orient, et y plaça l'homme qu'il avait façonné[1]. »

Ce jardin-là ressemblait beaucoup à la grotte de R. Siméon bar Yohaï et de R. Éléazar. En plus aéré, sans doute, en plus lumineux, en plus spacieux et en plus confortable. Et même, on s'en étonnera peut-être, en plus « beau ». Dieu y avait fait surgir des arbres « agréables à regarder[2]. » Un fleuve sortait d'Éden et arrosait les lieux. Adam n'y fut pas longtemps seul. Dieu lui fournit bientôt une compagne. Et tous deux se promenaient là tout nus, sans en éprouver de honte : ils ne savaient pas qu'ils étaient nus. Dieu avait bien installé l'homme en ce jardin pour le « travailler » et le « garder ». Mais il est difficile de préciser la nature de la tâche qui lui était confiée. Elle ne devait pas être bien lourde, tous les arbres du jardin étant à sa disposition « pour (s)'en nourrir[3] ». Seuls deux, au centre du jardin, se distinguaient des autres : l'arbre de Vie et l'arbre de la Connaissance du Bien et du Mal. Ce dernier, Dieu avait clairement interdit à l'homme de tenter de s'en nourrir – sous peine d'en mourir.

On sait ce qu'il advint. On croit savoir. On ne sait pas grand-chose en fait. Juste qu'un serpent s'en mêla, qu'Ève, séduite, mangea de cet arbre-là, en fit manger à Adam, et que Dieu ne prit pas bien la chose. On sait surtout comment tout cela se termina : par des sanctions. Le serpent en eut sa part, qui, depuis lors, se traîne sur le ventre. La femme aussi, condamnée à enfanter dans la douleur et à subir la domination de son époux[4]. Pour ce qui est de l'homme, il vaut sans doute la peine de citer l'intégralité du texte de la sentence

1. Genèse 2, 8.
2. Genèse 2, 9.
3. Genèse 2, 16.
4. Sur cette domination, voir *infra*, p. 173-174.

divine : « Parce que tu as cédé à la voix de ton épouse, et que tu as mangé de l'arbre dont je t'avais enjoint de ne pas manger, maudite est la terre à cause de toi : c'est avec effort que tu en tireras ta nourriture, tant que tu vivras. Elle produira pour toi des buissons et de l'ivraie, et tu mangeras de l'herbe des champs. C'est à la sueur de ton front que tu mangeras du pain, jusqu'à ce que tu retournes à la terre d'où tu as été tiré : car poussière tu fus, et poussière tu redeviendras[1] ! »

Au-delà du fait même de la transgression (le non-respect d'une interdiction divine), sa nature et sa signification restent assez obscures, et donc propices à une multiplication et à une complexification indéfinie des interprétations. En revanche, les effets concrets et immédiats de la sanction sont clairs. Il y a la mort, bien sûr : tiré de la terre, l'homme retournera à la terre. Il y aura aussi la « sortie de la grotte », si je puis dire, à savoir l'expulsion du jardin, et l'impossibilité d'y revenir, les abords de l'arbre de Vie étant désormais soigneusement gardés par des chérubins armés d'un glaive tournoyant.

Mais il y a plus grave encore que tout cela : l'altération, la redoutable dégradation du rapport de l'homme avec la nature. Plus précisément : de la même façon que la faute change l'homme, la faute de l'homme change la nature. La nature originelle, sortie intacte des mains de son Créateur, florissante, généreuse, offerte à l'homme qui la protège et qui cueille, devient une nature maudite, rétive, infertile et avare, obligeant l'homme qui laboure, qui sème et qui récolte, à un effort ingrat, douloureux, répété.

De la nature première, il reste pourtant bien quelque chose. Le goût et le parfum des fruits. Le vin qui « réjouit le cœur de l'homme » et le pain qui le rassasie[2]. La mer immense qui l'étonne. La pluie qui vient après la sécheresse.

1. Genèse 3, 17-19.
2. Psaumes 104, 15.

L'arc-en-ciel qui rappelle à tous que Dieu a promis de ne plus jamais déchaîner de nouveau déluge sur la terre. Et pour tout cela, il y a des bénédictions à réciter. Qui sont moins exaltation de la *beauté* de la nature que reconnaissance de la *bonté* de celui qui l'a créée et des fruits qu'il accepte toujours, malgré tout, par elle, de nous prodiguer. C'est au printemps, lorsque l'on voit des arbres en fleurs, que l'on dit : « Béni sois-Tu, Éternel, notre Dieu, roi du monde, qui n'as privé son monde de rien, qui l'as peuplé de bonnes créatures et d'arbres bons pour la jouissance des hommes. »

La faute du passant de R. Jacob est peut-être là. Et double : il a interrompu son étude de la Loi pour célébrer la beauté de la nature – de *l'arbre* – au lieu de rendre grâce au Dieu qui l'a créée et qui, par elle, nous prodigue ses bienfaits, et dans le même temps, en célébrant la beauté d'un champ *labouré*, il a oublié la brisure de ce monde, sa fracture, par la faute de l'homme, désormais contraint de travailler la terre à la sueur de son front pour assurer sa subsistance, perdant là tout un temps qu'il eût mieux valu dévouer à l'étude de la Loi.

☆

Je dis « la nature » et, ce disant, j'égare mes lecteurs. Je dis aussi « le monde » et, là, j'ai peut-être raison. Le mot *téva'*[1] qui, en hébreu moderne, sert couramment à désigner la nature au sens où nous l'entendons désormais intuitivement, est absent du corpus biblique. Dieu n'a jamais créé

1. Construit sur une racine effectivement présente dans la Bible, racine évoquant l'idée de « couler », de « s'enfoncer », mais aussi de « former », de « façonner », de « marquer de son empreinte », le mot *téva'*, en hébreu post-biblique, peut désigner une « monnaie » (le mot est alors synonyme de *matbéa'*), mais aussi la « nature » d'une chose, ce qui la caractérise, sa quiddité. En hébreu médiéval, enfin, *hokhmat ha-téva'*, litt. « science du *téva'* », désigne la physique, au sens de science de la nature.

« la nature ». Il a, mieux que cela, créé *le monde*. Le ciel et la terre, en tout cas, et tout ce qu'ils contiennent. Et ce n'est point le roi de la nature que l'on bénit d'avoir créé les arbres « bons pour la jouissance des hommes ». Mais bien le « roi du monde », le « roi de l'univers », *mélekh ha-'olam*. Et le monde dont Dieu est le roi est une totalité dont rien ni personne n'est exclu. Il contient le soleil dardant ses rayons sur les cimes, il contient les arbres, la forêt, la clairière, le banc, l'adolescent assis là, le livre qu'il lit et qu'un autre a écrit, il contient jusqu'à l'inattention de ce jeune lecteur, jusqu'à sa rêverie vide de mots. Il contient la grotte, aussi, R. Siméon bar Yohaï et son fils, le sable, la source et le caroubier, la Loi qu'ils étudient. Mais il contient également ces champs que l'on a labourés et ces hommes qui les ensemencent. Et c'est un monde étrange, que ce monde-là, mêlé de faute et de beauté, humain et plus qu'humain.

Pendant douze années pleines, R. Siméon bar Yohaï et son fils ont consacré chaque minute de leur temps à l'étude de la Loi. À l'essentiel. À ce qui donne la vie éternelle. Ils sont sortis. Et ce qu'ils voient les afflige. Et chaque lieu où leur regard se porte prend feu, part en fumée. Une Voix divine se fait alors entendre : « C'est pour détruire mon monde que vous êtes sortis ? Retournez dans votre grotte ! » Ils y rentrent, et y restent douze mois. On ne sait trop à quoi est occupée cette treizième année de réclusion. À étudier la Loi à nouveau, mais autrement ? À méditer le sens de la sanction, la nature de la faute commise, et à trouver les moyens d'en réparer les effets ? À trouver l'argument qui convaincra Dieu d'y mettre fin ? « Lorsque des méchants sont condamnés à la Géhenne, leur condamnation dure douze mois. » Une Voix divine se fait alors entendre à nouveau : « Sortez de votre grotte ! » Tout ce que blesse désormais le regard de R. Éléazar, le regard de R. Siméon le répare. Et R. Siméon en conclut : « Mon fils, toi et moi, nous suffisons au monde (*'olam*). »

À l'équilibre du monde, d'aucuns diraient à son salut, il suffit que ce qu'un homme détruit, un autre homme le répare. L'étude de la Loi et sa pratique n'ont peut-être pas d'autre fin. L'attention à l'arbre du chemin, au champ labouré, en fait partie. Il faut et le monde et la Loi. Oublier la Loi, pour contempler le monde au bord du chemin, détruit la Loi. Oublier le monde, pour contempler la Loi du fond de sa caverne, détruit le monde. Et ce monde n'est pas *le* monde. Mais *son* monde. Le monde de Dieu, si imparfait qu'il puisse sembler au regard de la Loi. Il tient ensemble la grotte et le chemin, les savants et les laboureurs. Son équilibre est précaire. Un rien peut le détruire. Un rien peut aussi le sauver.

Que voient R. Siméon bar Yohaï et son fils, tout juste sortis, une seconde fois, de leur grotte, un vendredi en fin d'après-midi, alors que le shabbat* approche ? Un vieil homme courant, deux bouquets de myrte à la main. Ils lui demandent : « Pourquoi ces bouquets ? » Le vieillard leur répond : « En l'honneur du shabbat*. » Ils le questionnent encore : « Un seul bouquet ne suffirait pas ? » Le vieillard : « Un est pour "Souviens-toi", l'autre pour "Observe". »

Le vieillard sait que le commandement du shabbat* est l'une des « Dix paroles ». Il sait aussi que le Décalogue apparaît deux fois dans la Torah*, et que le shabbat* y est prescrit ces deux fois en des termes différents. Dieu, qui en est fort capable, a dit les deux choses en même temps, mais lorsqu'il s'est agi de les transcrire dans la Loi, il a bien fallu les distinguer (on n'écrit pas deux choses en même temps). En Exode 20, 8 : « *Souviens-toi* (*zakhor*) du jour du shabbat* pour le sanctifier ». En Deutéronome 5, 12 : « *Garde* (*shamor*) le jour du shabbat* pour le sanctifier… »

Ce que voyant et entendant, R. Siméon bar Yohaï dit à son fils : « Vois comme les commandements sont chers à Israël ! » Et, précise l'histoire, « il se rasséréna ».

Pourquoi ?

Le shabbat*, on s'en souvient, célèbre l'achèvement de l'œuvre de création de ce monde. Du monde. De *son* monde. Il est rappel et imitation du repos que Dieu, alors, s'accorda. Le vieil homme sait ce qu'est le shabbat*. Il sait aussi la double formulation du commandement qui en prescrit l'observance. Il n'est pas un ignorant. Il est aussi un pratiquant zélé : il presse le pas, il court vers le shabbat*. Un shabbat* qu'il embellit en l'honorant de deux bouquets de myrte. Plante au feuillage persistant. Odorifère, surtout. Sur laquelle il pourra prononcer la bénédiction suivante : « Bénis sois-tu, Éternel notre Dieu, roi du monde, qui as créé les arbres odorants. »

R. Siméon bar Yohaï est rasséréné. Parce qu'il sait le prix attaché par Dieu à ce monde, à *son* monde. Parce qu'il sait que le salut de ce monde tient à la Loi. À son observance zélée. Et à deux humbles bouquets de myrte dans les mains d'un vieil homme pressé.

LA LOI EST UNE FORÊT

La Loi est une forêt, et point seulement de symboles. La Loi aime les arbres et préfère le bois. *'Ets*, en hébreu, dit et l'un et l'autre : l'arbre vivant et le bois mort, jamais vraiment mort. Tout commence dans un jardin. Tout finira sous un arbre. Nul ne sait vraiment à quelle espèce appartenait l'arbre de la Connaissance du Bien et du Mal, cause de notre mortalité. Le texte hébreu de la Bible ne le dit pas. Et les sources post-bibliques varient sur ce point. Vigne ? Figuier ? Je ne trancherai pas. Une chose est sûre, en revanche : lorsque le règne de la Loi sera sans partage, et qu'aucun peuple ne cultivera plus l'art de la guerre, « chacun demeurera sous sa vigne et sous son figuier, sans que personne vienne l'inquiéter[1]... » Faut-il se lamenter de ce que l'accès à l'arbre de Vie nous soit fermé, « gardé » qu'il est par des chérubins en armes ? Peut-être pas.

Parce que dans la grotte – le monde – où nous vivons, la Torah* est une source d'eau vive[2], elle désaltère tous ceux qui ont soif[3]. Elle est elle-même « un arbre de vie pour ceux qui la saisissent : s'y attacher, c'est s'assurer la félicité[4]. » Ce verset des Proverbes fait certes partie d'un éloge de la Sagesse, mais les rabbins identifient traditionnellement celle-ci à la Loi. Il est prononcé, à la synagogue, chaque samedi matin, lors

1. Michée 4, 4.
2. Talmud de Babylone, *Bava kama* 82a.
3. Isaïe 55,1.
4. Proverbes 3, 18.

de la cérémonie de lecture publique de la Torah*. Les deux manches de bois autour desquels est enroulé le parchemin qui en porte le texte manuscrit et à partir duquel il sera lu, sont eux-mêmes appelés *'atsei 'hayim*, « arbres de vie ». Quant aux fleurons de métal précieux qui ornent ces derniers, ce sont des fruits : *rimonim*, des « grenades », ou *tapou'him*, des « pommes ». Cette identification, tout à la fois allégorique et presque matérielle, de la Torah* à un « arbre de vie » qui, « comme l'arbre », « se compose de rameaux et de feuilles, d'écorce, de moelle et de racines[1] », est bien sûr riche d'implications théologiques et mystiques. Mais il n'est pas ici besoin d'y entrer plus avant. Arrêtons-nous à ceci : la Loi préfère le bois. Elle abhorre le fer.

☆

Moïse, par exemple.

Il n'y a que Ridley Scott – dans son film *Exodus : Gods and Kings* (2014) – pour l'imaginer sans son bâton et pour l'armer d'un glaive[2]. Moïse soldat plutôt que pasteur ? Ce n'était pas gagné d'avance. Ses panégyristes antiques et modernes se sont certes toujours montrés généreux avec le personnage. Il pouvait bien, à leurs yeux, cumuler tous les talents et exceller en chacun d'eux. Prophète, roi, philosophe, législateur, grand prêtre… Il avait été tout cela. Militaire, général, en revanche, c'était une autre affaire. Certes, c'est bien Moïse qui, peu après l'Exode, garantit à ses troupes la

1. Pour reprendre les mots du kabbaliste Moïse de León tels que cités par Gerschom G. Scholem, *La Kabbale et sa symbolique*, traduction de J. Boesse, rééd., Paris, Payot, 1980, p. 59.

2. Sur le film de Ridley Scott, Moïse et son bâton, on pourra lire mon article « Mais où est donc passé le bâton de Moïse ? Autour d'*Exodus : Gods and Kings* de Ridley Scott », *CinémAction* (160), « La Bible à l'écran », coordonné par Anne-Marie Baron, septembre 2016, p. 53-61.

victoire sur les Amalécites. Encore ne le fait-il qu'en tendant les bras vers le ciel, installé sur une hauteur, pendant que son second, Josué, conduit en bas concrètement la bataille. Dès que ses bras retombent, Israël faiblit. Dès qu'il les relève, Israël reprend l'avantage. Il se fera finalement aider par deux adjoints – Aaron, son frère, et Hour – qui lui soutiendront les bras, quand il commencera à fatiguer[1]… Lorsqu'Israël tente, plus tard, de se lancer à l'assaut de Canaan contre l'ordre exprès de Dieu lui-même, Moïse « ne bouge pas », laissant froidement s'accomplir la défaite[2]. L'Écriture fait bien état de la conquête de la partie nord de la Transjordanie. Mais guère plus. Pour rencontrer un Moïse véritablement chef de guerre, ce sont les traditions extrabibliques qu'il faut appeler à la rescousse[3]. Ou, aujourd'hui, Ridley Scott. Il faut avoir bien d'autres soucis que la Loi pour priver de son bâton celui qui l'a transmise.

Ce bâton absent du film de Ridley Scott est en effet au cœur des récits scripturaires mettant en scène le Prophète. C'est ce bâton que, sur ordre de Dieu, Moïse jette devant lui et qui devient serpent, dont il attrape la queue et qui redevient bâton[4]. C'est ce bâton à nouveau transformé en serpent devant Pharaon qui dévorera les serpents que les « experts et magiciens » de la cour auront tirés de leurs propres bâtons – démontrant la supériorité du vrai miracle sur la simple magie[5]. Agent du châtiment, le bâton est presque toujours là : pour la transformation des eaux du Nil en sang, pour les

1. Exode 17, 8-13.
2. Nombres 14, 39-45.
3. Ainsi Flavius Josèphe (Ier s.), qui fut lui-même militaire avant de devenir historien, et quelques autres le placent-ils, mais en l'occurrence pour le compte des Égyptiens, à la tête d'une victorieuse campagne contre l'Éthiopie.
4. Exode 4, 2-5.
5. Exode 7, 8-12.

grenouilles, pour la vermine, pour la grêle, pour les sauterelles[1]... Parfois, seule la main étendue de Moïse semble évoquée. Mais on imagine mal cette main sans ce morceau de bois. Et lors de l'ouverture de la mer Rouge, le bâton est bien là[2]. Et c'est encore lui, cette fois vecteur de bénédiction, qui, frappant le roc, en fait jaillir de l'eau pour abreuver les Hébreux assoiffés au désert[3]. Le bâton de Moïse est à la fois instrument du miracle, signe de la légitimité, symbole de l'autorité. En dépouiller Moïse, comme l'a fait Ridley Scott, pour lui donner un glaive et en faire un guerrier, n'est pas un choix sans conséquence. C'est substituer à une force supérieure, cosmique et spirituelle, une force inférieure, militaire et matérielle.

☆

Certains suggèrent que ce bâton pourrait avoir été tiré par Dieu d'une branche de l'arbre de la Connaissance du Bien et du Mal. Selon d'autres, il serait sorti de ses mains au crépuscule du sixième jour de la création, juste avant le premier shabbat*[4] :

---

1. Voir Exode 7 à 10.
2. Exode 14, 16.
3. Exode 17, 4-6.
4. *Chapitres de Rabbi Éliézer*, traduit de l'hébreu et annoté par M.-A. Ouaknin et É. Smilevitch, nouvelle édition introduite, revue et corrigée par É. Smilevitch, Lagrasse, Verdier, 1992, chap. 40, p. 251. En fait, dix choses auraient été créées à ce moment-là. Parmi ces dix choses, outre le bâton de Moïse, on trouve cités la bouche du puits qui s'ouvrit dans le rocher que le Prophète frappa dudit bâton et d'où l'eau jaillit dans le désert pour désaltérer les Hébreux, la manne, les Tables de la Loi, ou encore, selon certains, la tombe destinée à accueillir la dépouille de Moïse lui-même à sa mort. Voir notamment Mishnah, *Avot* 5, 6.

Le bâton fut créé (par Dieu) entre jour et nuit et fut transmis au premier homme dans le jardin d'Éden ; et Adam le transmit à Énoch et Énoch le transmit à Noé et Noé le transmit à Sem et Sem le transmit à Abraham et Abraham le transmit à Isaac et Isaac le transmit à Jacob et Jacob le fit descendre en Égypte[1] et le transmit à Joseph, son fils. Lorsque Joseph mourut, toute sa maison fut pillée et ses biens furent mis dans le palais de Pharaon. Jéthro était un des magiciens de l'Égypte ; il vit le bâton et les lettres qui y étaient inscrites ; il les désira ardemment et s'empara du bâton ; il l'emporta et le planta au milieu du jardin de sa maison. Aucun homme, désormais, ne put l'approcher. Lorsque Moïse arriva chez Jéthro, il entra dans le jardin de sa maison et aperçut le bâton, et il lut les lettres qui y étaient inscrites ; il étendit la main et le prit. Jéthro le vit et s'exclama : « Celui-ci sera amené à délivrer Israël d'Égypte, dans un temps futur. » C'est pour cette raison qu'il lui donna Séphora, sa fille, pour femme.

Du jardin d'Éden au jardin de Jéthro, comme s'il ne cessait jamais d'être un arbre, le bâton rattache Moïse, le seul qui ait jamais pu s'en saisir après Joseph, au mystère même de la création. Ce bâton, qui refuse de s'abandonner à des mains impures, est beaucoup plus que ce qu'il est matériellement. Ce bois-là est un livre déjà, presque un parchemin. Il est le support sacré de lettres qui ne le sont pas moins. S'agit-il du Tétragramme, des quatre lettres du Nom ineffable de Dieu ? Ou plus simplement des initiales des dix plaies qui s'abattront sur l'Égypte ? Peu importe. Ce bâton-là, en tout état de cause, révèle la grandeur et authentifie la mission de celui (Moïse) par qui il accepte de se faire saisir. Il véhicule toute la puissance de celui (Dieu) qui l'a créé et qui y a apposé comme sa signature, et la met à la disposition de celui

1. Lors de son émigration et de celle de tous les siens de Canaan en Égypte (voir Genèse 46, 6-7).

(Moïse) qui est digne de le brandir. Il est l'ultime instrument des merveilles et des signes par lesquels Dieu manifestera sa toute-puissance, châtiera l'Égypte et libérera son peuple – pour un jour lui révéler sa Loi. Il est déjà lui-même la Loi.

Le bâton de Moïse n'est pas le seul dont nous parle la Bible. Il y a aussi celui d'Aaron, le frère du Prophète. Et l'on ne sait d'ailleurs pas toujours par lequel exactement arrive le miracle, au point qu'on a pu suggérer que les deux n'en étaient qu'un[1]. Un bâton qui, avant Moïse et Aaron, aurait été, cette fois, selon la tradition, celui de Jacob et de Juda, puis, après eux, serait celui de David et de tous les rois qui lui succéderaient jusqu'à la destruction du Temple de Jérusalem. Et qui sera, le moment venu, celui du Messie lui-même, et lui assurera la domination sur les nations. Ce bâton est un sceptre, autant que la houlette du pasteur conduisant son troupeau. En déposséder Moïse revient à le priver de ce qui l'élève, justement, à une dignité royale. Y substituer le glaive est tout simplement impossible. Parce qu'il est impossible de substituer le fer au bois.

☆

Le bois est une matière morte *et* une matière vivante. Il sèche, il semble mourir, mais il est capable de renaître, et de bourgeonner à nouveau. Il est autant instrument de résurrection que de mort, de bénédiction que de châtiment. Ce qu'un glaive, lui, n'est pas. Sauf peut-être à la fin des temps, lorsqu'enfin dûment instruits de la Loi, les peuples cesseront d'apprendre l'art des combats, et « de leurs glaives forgeront des socs de charrue et de leurs lances des serpettes[2] », n'ayant désormais d'autre souci que de labourer et de cueillir.

1. *Yalkout Shim'oni*, Nombres, 763.
2. Isaïe 2, 4.

Un épisode de la marche au désert illustre à merveille cette éminente dignité du bois. Quand les Hébreux en viennent à contester la légitimité d'Aaron, intronisé grand prêtre et seul maître du culte, Dieu décide de trancher définitivement la querelle. Il demande aux chefs des tribus d'Israël de venir déposer chacun son « bâton » au sanctuaire mobile utilisé pendant leurs pérégrinations. Cela en fait douze, chacun portant le nom du chef de la tribu concernée. Le bâton de la tribu de Lévi – celle à qui est dévolue la gestion du service sacré – porte le nom d'Aaron. Le lendemain, Moïse entre dans le sanctuaire et constate que le bâton d'Aaron, seul d'entre ces douze bâtons, a reverdi pendant la nuit : « Il y avait germé des boutons, éclos des fleurs, mûri des amandes[1]. » Aaron se trouve ainsi miraculeusement confirmé dans son statut d'autorité sacerdotale suprême. Le bois mort redevenu arbre vivant.

L'ultime finalité de toute cette histoire de libération qu'est le récit de l'Exode est l'institution d'un culte au Dieu libérateur. Un culte auquel le glaive, le fer, justement, répugnent. C'est parce qu'il fut d'abord un guerrier que bien des années plus tard, David, roi fondateur de cette dynastie dont le Messie sera issu, ne put construire lui-même le Temple (en dur cette fois) de Jérusalem, Dieu lui ayant déclaré : « Tu as versé beaucoup de sang et fait de grandes guerres : ce n'est donc pas à toi d'élever une maison en mon honneur[2]. » Ce privilège reviendra à son fils, Salomon, « homme pacifique » qui « sera en paix avec tous ses ennemis à l'entour[3] ». Et ce Temple en dur, nul outil de métal ne sera utilisé pour l'ériger : « On n'employa à la construction du Temple que des pierres intactes de la carrière ; *ni marteau, ni hache, ni*

1. Nombres 17, 23.
2. I Chroniques 22, 8.
3. I Chroniques 22, 9.

autre instrument de fer ne furent entendus dans le Temple durant sa construction[1]. » Comment, par quoi les pierres furent-elles donc taillées, si ce ne fut pas par le fer ? Par un être *vivant* mystérieux, nous dit la Tradition : le *shamir*, ver capable de fendre la pierre en lui passant dessus, ver créé par Dieu à l'origine même du monde, « à la croisée du jour et de la nuit », la veille du premier shabbat*[2]. Au même moment et de la même façon que le bâton de Moïse.

Ces bâtons sont des arbres. Le bâton de Moïse, instrument du miracle. Le bâton d'Aaron, miracle en lui-même. L'un porte les mots qu'un doigt divin y a inscrits, il résistait à tous, il se donne à Moïse : arbre de la Connaissance. L'autre était un morceau de bois mort, il ressuscite en une nuit, et se couvre de feuilles, de fleurs et de fruits, il justifie Aaron : arbre de Vie. La Loi aime le bois parce qu'elle aime la vie. La Loi est une forêt.

Au désert, déjà. En Terre sainte, bien sûr. Et bientôt en Exil.

Certains récits de fondation relayés par les romanciers yiddish et hébraïques le disent : c'est Dieu qui désigne aux juifs, migrants ontologiques rêvant toujours de se fixer, le lieu, forcément transitoire, de leur implantation. Et il le fait parfois de forestière façon. C'est ainsi lui qui, dit-on, les dirigea miraculeusement vers la Pologne alors qu'ils fuyaient souffrances et persécutions. Et quand ils approchèrent de Lublin, la nature elle-même – mais était-ce bien la nature ? seulement la nature ? la nature n'est-elle pas toujours plus qu'elle-même ? – la nature, dis-je, apporta sa sanction à leur itinéraire, en leur donnant à découvrir une étrange forêt. Une étrange forêt qui était aussi un grand livre : sur chacun de ses

1. I Rois 6, 7.
2. Mishnah, *Avot* 5, 6.

arbres, un traité du Talmud* était gravé[1] ! Sous l'écorce, la vie, provisoire, fragile, et toujours renaissante. Et sous la vie elle-même – la Loi, éternelle. La communauté des migrants s'arrêta. Elle vit combien ces arbres étaient beaux, combien ils étaient vrais aussi, et qu'ils lui faisaient signe[2].

1. Voir Dan MIRON, « The Literary Image of the Shtetl », *Jewish Social Studies* 1 (3), printemps 1995, p. 1-43.

2. En hébreu, la Pologne est appelée *Polin*. Mais en hébreu, « *Po lin !* », en deux mots, peut aussi être traduit : « Ici, passe la nuit ! »

SI UN ARBRE, C'EST UN HOMME

Le bâton accompagne le voyage, il écarte les obstacles, il montre le chemin. L'arbre, lui, invite au repos, il justifie de s'arrêter, il exalte l'être-ici. Quel homme n'a-t-il jamais rêvé d'être un arbre ? Quel homme, plantant un arbre, ne s'est-il pas imaginé être un peu lui-même cet arbre qu'il plantait ? Quel meilleur moyen de manifester, d'exercer, de garantir son droit sur le sol où l'on vit – et où parfois l'on vient juste d'arriver – que d'y planter des arbres ? Qui, achetant sa maison avec le jardin qui l'entoure, ne se sentira-t-il pas autant – et plus encore peut-être – propriétaire des arbres que de la pierre ? Et ne sera-t-il pas tenté d'en planter quelques autres, *les siens*, vraiment, parachevant par ce geste une prise de possession attestée par un vivant enraciné ?

Lorsque Moïse envoie des explorateurs en Canaan pour en préparer la conquête, il précise en ces termes la nature de la mission qu'il leur confie : « … Dirigez-vous de ce côté, vers le sud, et gravissez la montagne. Vous observerez l'aspect de ce pays et le peuple qui l'occupe, s'il est robuste ou faible, peu nombreux ou considérable ; quant au pays qu'il habite, s'il est bon ou mauvais ; comment sont les villes où il demeure, des villes ouvertes ou des places fortes ; quant au sol, s'il est gras ou maigre, s'il est boisé ou non. Tâchez aussi d'emporter quelques-uns des fruits du pays[1]. »

1. Nombres 13, 17-20.

Un pays, c'est un peuple, des villes, un sol. Et c'est aussi des arbres. Ce peut même n'en être qu'un. « S'il est boisé ou non », dit la traduction que je cite. Moïse s'exprime autrement, et pose en hébreu sa question de manière singulière : « *ha-yesh-ba 'ets im-ain*[1] ». « S'il s'y trouve des arbres ou non », et même, si l'on veut être littéral : « S'il s'y trouve un arbre ou non ». *'Ets. Un* arbre. Un seul ? Rashi* explique ainsi la chose : « **S'il s'y trouve un arbre** : s'il y a parmi eux (les habitants de ce pays) un homme intègre qui les protégerait par son mérite. » Moïse demanderait donc à ses explorateurs de vérifier s'il vit là, dans ce pays, *un homme* dont les années seraient aussi nombreuses que peuvent l'être celles d'un arbre et qui, tel un arbre, protégerait sa génération. Si l'on en croit la source talmudique[2] à laquelle puise Rashi*, cet homme pourrait bien être Job, du pays d'Outz, « intègre et droit, craignant Dieu et évitant le mal[3] ». Il suffirait donc que Job soit toujours vivant pour que sa simple présence sur ce sol-là – et ses mérites – protègent son peuple et son pays de la conquête qui se prépare. Comme le ferait un arbre.

La métaphorisation est claire, et qu'il s'agisse ou non, ici, de Job (ce que Rashi* passe d'ailleurs sous silence), importe peu. Ce que dit Rashi*, ce qu'il fait dire au texte des Nombres, c'est qu'un arbre est (comme) un homme, que l'homme est (comme) un arbre, et que l'homme méritant, tel un arbre, a une vertu : il protège. Ses mérites sont comme des fruits, qui protègent de la faim. Ils sont comme une frondaison, qui protège du soleil. Dieu est juste : il ne dépossède un peuple de sa terre que si ce peuple ne peut faire valoir les mérites ne serait-ce que d'un seul de ses membres. Mais qu'est-ce donc qu'un « mérite » ? La juste science, la Sagesse, l'*étude* assidue de la Loi ? Ou les actions justes, la *pratique* de

1. Nombres 13, 20.
2. Talmud de Babylone, *Bava batra* 15a.
3. Job 1, 1.

la Loi, son accomplissement ? Les deux, bien sûr. Les deux *ensemble*. Leur efficacité protectrice tenant au rapport entre les deux – à leur équilibre.

C'est du moins ce que laisse entendre R. Éléazar ben Azaria, un sage de la fin du Ier et du début du IIe siècle[1] :

> À quoi peuvent être comparés ceux dont la sagesse excède les actions ? À un arbre aux branches abondantes mais aux petites racines ; lorsque le vent survient, il le déracine et le jette sur sa face, comme il est dit : « Il sera dénudé dans la confusion et il ne verra pas arriver le bien, et il demeurera dans les lieux brûlés du désert, dans les terres salées, sans retour[2]. » Mais à quoi peuvent être comparés ceux dont les actions excèdent la sagesse ? À un arbre ayant peu de branches mais d'abondantes racines ; même si tous les vents du monde se levaient et soufflaient contre lui, il ne serait pas projeté hors de son lieu, selon le verset : « Il sera comme un arbre planté près des eaux, qui étend ses racines sur les flots ; il ne verra pas arriver la chaleur et son feuillage restera vert ; il ne craindra pas les années stériles et il ne cessera pas de produire des fruits[3]. »

Faute d'atteindre au juste équilibre entre sa science et ses actions, l'homme est tel un arbre menacé d'être emporté par le vent, arraché à son lieu, déporté sans retour vers des terres salées. L'équilibre est un déséquilibre : il y faut plus d'actions que de science. Plus de racines que de frondaisons. L'ombre, les fruits et la stabilité sont à ce prix. La métaphore est limpide, une fois de plus. Mais peut-être faut-il aller plus loin. Et se méfier des métaphores.

☆

1. Mishnah, *Avot* 3, 17. Je cite ici la traduction d'É. Smilévitch, *Leçons des Pères du monde*, p. 43.
2. Jérémie 17, 6.
3. Jérémie 17, 8.

Les douze explorateurs envoyés par Moïse sont de retour au bout de quarante jours. Ils font leur rapport. Le pays ruisselle de lait et de miel. Mais le peuple qui l'habite est puissant et redoutable. C'est un peuple de géants. Et les produits que ces géants tirent de leur sol sont bien à leur image. Les grenades et les figues. Et cette énorme et lourde grappe de raisin coupée dans la vallée d'Eshkol, accrochée à une perche et portée par deux hommes. Le fruit est aussi effrayant que l'arbre qui le donne, aussi effrayant, en tout cas, que ceux qui le récoltent, et qui, sans doute, ont planté la vigne.

Le message des explorateurs – ce qu'ils racontent avoir vu, et ce que concrètement ils montrent – est cohérent. Il tient en une phrase : « Aussi anormal[1] le fruit (de ce pays), aussi anormal le peuple (qui y vit)[2]. » Et si ce n'était pas cela, justement, le plus effrayant, cette mystérieuse parenté des hommes, des arbres et des fruits ? Une parenté signe de l'enracinement commun des arbres et des hommes en un sol dont ni les uns, ni les autres ne sauraient être aisément arrachés. Et si le mérite ultime attachant l'homme à sa terre n'était pas simplement, *concrètement*, l'arbre qu'il y a planté, qu'il entoure de ses soins, dont il récolte les fruits ? L'arbre de l'Autre, c'est l'Autre. Et la puissance de l'un fait la puissance de l'autre. L'arbre, c'est l'homme. On est ici au-delà de toute métaphore.

☆

La Loi le sait. Elle en tient compte, en tout cas, jusque dans son hésitation à conférer à l'arbre le statut de personne. L'arbre est bien un vivant protégé. Mais jusqu'où ? Et l'est-il pour lui-même ? Lorsque les explorateurs ayant médit de la

---

1. En hébreu *meshouné*.
2. Voir Rashi sur Nombres 13, 23.

Terre auront été châtiés, lorsque les Hébreux, trop prompts à les croire et à renoncer au combat pour faire marche arrière, le seront eux aussi, lorsque viendra, quarante années d'errance plus tard, le temps de la conquête et de l'établissement, la question sera posée. Il y sera répondu. Au chapitre XX du Deutéronome : « Quand tu assiégeras une ville, pour la combattre et pour la prendre, tu ne détruiras pas ses arbres en levant sur eux la cognée, car c'est d'eux que tu te nourriras, tu ne les abattras pas... Seul l'arbre dont tu sais qu'il n'est pas un arbre pour manger, tu le détruiras, tu l'abattras, et tu construiras un siège sur la ville qui fait avec toi la guerre, jusqu'à ce qu'elle tombe[1]. »

Tout semble limpide ici. Lorsque le fer qui tue les hommes menace le bois vivant, la règle qui s'applique est simple : l'arbre fruitier est protégé, tandis que l'arbre dont on ne peut se nourrir peut, lui, être abattu, et son bois être employé aux travaux du siège. Ce n'est pas l'arbre en tant qu'arbre, en tant qu'être vivant, qui est épargné. Il n'est certes pas associé à ceux qui l'ont planté, ou qui le possédaient, ou qui en vivaient. Son sort n'est pas lié à celui de ces hommes que l'on assiège, de ces habitants mâles de la ville qui, ayant refusé de se soumettre, ont préféré la guerre à la paix qu'on leur proposait, et qui seront tous, sans exception, passés au fil de l'épée[2]. L'arbre jouit d'un statut proche de celui des femmes, des enfants, du bétail et du butin qu'on trouvera dans la ville. Il n'est donc pas détruit. Mais seulement s'il est utile aux conquérants et s'il peut les nourrir. L'arbre fruitier est sauf. Celui qui ne l'est pas peut mourir et servir aux travaux du siège.

Tout semble limpide ici, sauf un court fragment de ce passage que je n'ai pas traduit : la fin du versèt 19. Un

1. Deutéronome 20, 19-20.
2. Voir Nombres 20, 10-13.

fragment fort obscur, lui, ce qui est bien dommage, parce qu'on y trouve justement étroitement associés – mais pour dire quoi ? – deux mots : *adam* (homme) et *'ets* (arbre). Entre l'expression d'un devoir – celui d'épargner l'arbre fruitier – et l'expression d'une possibilité toujours ouverte – celle de sacrifier tous les autres arbres –, il est en effet écrit ceci : « *ki ha-**adam 'ets** ha-sadé lavo mi-paneikha ba-matsor.* »

Ce peut être une question. On en traduira alors ainsi les premiers mots (*ki ha-adam 'ets ha-sadé*) : « Est-il un homme, l'arbre des champs... ? » Et l'on comprendra : serait-il donc un homme, l'arbre des champs, *pour se retirer dans la ville assiégée devant toi* (*lavo mi-paneikha ba-matsor*) et endurer les peines de la faim et de la soif comme les habitants de la ville ? Pourquoi le détruirais-tu ? Question rhétorique donc, à laquelle on ne saurait répondre que par non. Non, l'arbre des champs n'est pas un homme, il n'est pas un combattant, il n'est pas ton ennemi, il ne te fuira pas ni ne rejoindra les assiégés dans la ville. Tu n'as rien à craindre de lui, d'autant que sa condition – sa condition d'arbre, impuissant, immobile, enraciné – l'abandonne à ton bon vouloir. Pourquoi donc le détruirais-tu ? D'autant plus s'il t'offre de quoi te nourrir, pendant le siège et après la victoire[1].

Cette interprétation n'est pas à l'abri de la critique. D'autres, de fait, comprennent exactement l'inverse. Tout arbre, tout arbre fruitier même, peut, dans les circonstances particulières du combat, devenir le complice objectif de ton adversaire. Et ce passage obscur ne vise qu'à restreindre le champ d'application du principe qui vient d'être édicté. Non, tu ne détruiras pas l'arbre fruitier, tu ne l'abattras pas – *sauf* dans un cas. S'il est proche des murs de la ville que tu assièges et que viennent s'y réfugier ou s'y cacher, voire s'y embusquer, *des hommes cherchant à t'échapper et à rejoindre*

1. Voir par exemple Rashi sur Deutéronome 20, 19.

la ville assiégée, cet arbre-là, même s'il donne des fruits, tu l'abattras[1].

Aucune de ces deux lectures n'est pleinement satisfaisante. Toutes deux brutalisent le texte, le réécrivent, pallient ses manques, comblent ses silences. Elles ont en commun de lier, en temps de guerre, le sort des arbres à leur utilité (on préservera les arbres fruitiers, parce qu'ils nourrissent les hommes, on abattra les arbres stériles pour le bois qu'ils fournissent) – ou à l'utilisation que l'ennemi pourrait en faire (et on abattra dans ce cas les arbres fruitiers aussi bien que les arbres stériles). On pourra même ne voir, dans tout ce passage, que l'incitation à suivre un ordre de priorité. A-t-on besoin de bois pour le siège ? On commencera par abattre les arbres stériles. A-t-on besoin de plus de bois encore ? On s'attaquera aux arbres fruitiers[2].

La Loi se plie aux impératifs du réel, aux nécessités de la guerre. Rien ne protège tout à fait le bois qui vit de la menace du fer qui abat. Et il ne sera pas difficile d'opposer aux règles ici énoncées quelque exemple éloquent de l'histoire qui semble les avoir rendues nulles et non avenues. Ainsi, bien plus tard, bien après la conquête, lorsque les rois de Juda, d'Israël et d'Édom affronteront Moab, nation honnie entre toutes, que leur dira le prophète Élisée, à part leur annoncer la victoire ? Presque exactement le contraire, mot pour mot, de ce qu'on lit dans le Deutéronome : « Vous détruirez toute ville forte, toute ville de marque ; vous abattrez tout arbre fruitier[3], vous comblerez toute source d'eau, et toute bonne terre, vous la ruinerez en la couvrant de pierres[4]. »

1. Voir Rashbam sur Deutéronome 20, 19.
2. Voir Nahmanide sur Deutéronome 20, 19.
3. En hébreu *kol 'ets tov*, litt. « tout arbre bon », à savoir « bon à manger ».
4. II Rois 3, 19.

On invoquera alors une disposition exceptionnelle, imposée par l'heure, valable une seule fois et pour cet ennemi-là. Rien n'empêche Dieu ici, par la bouche de son prophète, non seulement de suspendre la règle, mais d'en prescrire explicitement la transgression. Moab n'est pas un ennemi comme les autres[1]. Moab dont il est dit en Deutéronome 23, 7 : « Ne te soucie ni de leur bien-être, ni de leur prospérité, jamais, pendant tout le temps que tu vivras. » Leur « prospérité » ? En hébreu : leur *tova*, à savoir leurs « arbres bons (*tovim*) (à manger)[2] ». Moab ne jouit d'aucune protection : ni ses villes, ni ses arbres, ni ses sources, ni sa terre.

☆

L'épisode de la guerre contre Moab, sous les règnes de Joram, roi d'Israël, et de Josaphat, roi de Juda, est un épisode de guerre totale. Ce qui est en jeu ici est un désastre écologique absolu, la destruction radicale de tout un territoire : de ce que l'homme y a construit, des arbres qui y poussaient, des sources qui l'irriguaient, de la terre même que l'on y labourait. L'exception éclaire la règle. Ce que le texte du Deutéronome interdit est peut-être cela, justement, et juste cela. Abattre un arbre, c'est le détruire. Mais il y a détruire et détruire. Et il y a arbre et arbre.

Il n'y a pas lieu de sauver, coûte que coûte, l'arbre stérile, il n'y a pas lieu de sauver, coûte que coûte, l'arbre fruitier devenu stérile, ou devenu si vieux que la faible quantité de fruits qu'il donne encore ne justifie pas – ne rémunère pas convenablement – le travail et le soin qu'il exige, et l'on peut même abattre un arbre fruitier quand il nuit à d'autres arbres

1. Sur Moab, voir *infra*, p. 220.
2. Voir Rashi sur Deutéronome 23, 7. Voir également Radak *ad loc.* et *Deutéronome Raba*, *Pin'has* 21.

ou aux cultures avoisinantes. La seule chose qui soit vraiment interdite, et qui le soit absolument, en toutes circonstances, et pas seulement en cas de siège, c'est d'abattre un arbre fruitier ou de le priver de l'eau qui l'irrigue pour le faire sécher *dans la seule intention de le détruire*[1].

Détruire vraiment, c'est détruire sans intention de construire. C'est détruire pour détruire, comme c'est hélas « l'habitude des armées[2] ». Et détruire un arbre fruitier sans autre intention que de le détruire revient à le détruire deux fois : détruire l'arbre et détruire les fruits qu'il aurait pu donner et qu'il ne donnera pas. De la même façon – ou un peu de la même façon – que tuer un homme, c'est aussi empêcher d'accéder à l'existence tous ceux qui auraient pu être issus de lui, et faire ainsi disparaître avec lui tout un pan d'humanité[3]. À cet égard, oui, peut-être l'« arbre des champs » de Deutéronome 20, 19 est-il (comme) un homme.

Ainsi que le rappelle Abraham Ibn* Ezra, qui lui ne voit pas d'autre interprétation possible à ce passage, oui, « l'homme » pourrait bien être « un arbre des champs ». Ibn* Ezra qui écrit : « *'hayei ben adam hou 'ets ha-sadé* », « la vie de l'homme, c'est l'arbre des champs ». Ou plus clairement : la vie de l'homme dépend (des fruits) de l'arbre des champs. Et encore : retirer la vie à un arbre des champs, c'est retirer la vie à un homme. Équivalence ? Symétrie ? Interdépendance, en tout cas, sûrement.

En détruisant sans motif l'arbre fruitier dont il pourrait se nourrir, l'homme commet deux fautes. Une faute contre Dieu, en transgressant un interdit que Dieu énonce ici clairement. Une faute contre lui-même, en mettant en danger

1. Voir par exemple ce qu'en dit Moïse Maïmonide, *Mishné Tora, Shoftim, Melakhim* 6, 8 et 9.
2. Nahmanide sur Deutéronome 20, 19.
3. Voir Mishnah, *Sanhédrin* 4, 5.

sa propre vie. Il se pourrait même qu'il en commette une troisième. Contre l'arbre.

☆

Le jour où Caïn tua Abel, « l'Éternel dit à Caïn : "Où est Abel ton frère ?" Il répondit : "Je ne sais ; suis-je le gardien de mon frère ?" Dieu dit : "Qu'as-tu fait ! Le cri[1] des sangs de ton frère s'élève, jusqu'à moi, de la terre. Eh bien ! tu es maudit à cause de cette terre, qui a ouvert sa bouche pour recevoir de ta main les sangs de ton frère ! Lorsque tu cultiveras la terre, elle cessera de te faire part de sa fécondité ; tu seras errant et fugitif par le monde."[2] »

Le jour où, comme ils se trouvent « dans les champs » où il a entraîné son frère[3], Caïn tue Abel, il est maudit comme l'a été avant lui Adam, son père, pour avoir mangé du fruit de l'arbre défendu. Maudit comme l'a été Adam, et plus encore. La terre désormais sera pour lui stérile – le privant de ses fruits. Et il sera errant et fugitif par le monde – sans racines. Le meurtrier, arbre mort, arbre déraciné…

Pourquoi est-il dit, au pluriel, à deux reprises, « *les sangs* de ton frère » ? Parce que tuant son frère, Caïn verse plus que le sang de son frère : il verse aussi le sang de tous les descendants que son frère aurait pu avoir[4]. Parce que pour tuer son frère, ne sachant par où son « âme » (sa vie) s'échappera, il le frappe en plusieurs endroits du corps[5]. Et enfin parce qu'il répand son sang en plus d'un lieu : sur les pierres et sur les arbres du champ[6].

1. En hébreu *kol*.
2. Genèse 4, 9-12.
3. Genèse 4, 8.
4. Voir Rashi sur Genèse 4, 10.
5. *Ibid.*
6. Mishnah, *Sanhédrin* 5, 4.

Lorsque Dieu lui demande : « Où est Abel, ton frère ? », et que Caïn répond : « Suis-je le gardien de mon frère ? », que veut-il dire exactement ? Ceci : « Maître du monde, tu m'as fait gardien de la vigne et du champ, mais pas gardien de mon frère[1] ! » Ou, pour le dire autrement : Ne te souviens-tu donc pas, Maître du monde, que c'est le jardin, et lui seul, qu'à l'origine des jours tu as demandé à mon père de « garder »[2] ? Vaine échappatoire. Éclatante mauvaise foi. Je dirais pour ma part : autre crime. Celui de dissocier l'homme de la nature. Oui, mon prochain aussi est remis à ma garde et, tel un arbre, je dois le protéger.

Récit biblique et exégèse rabbinique semblent ici s'obstiner à imbriquer le végétal et l'humain, entretissant étroitement destin de l'homme et destin de l'arbre. N'invitent-ils pas à pousser plus loin encore ? Et si abattre un arbre était comme tuer un homme ? Et si, pour l'arbre et pour l'homme, mourir était la même chose ? Si le cri[3] du sang de l'homme assassiné s'élève jusqu'à Dieu depuis la terre, si, dit-on, une « voix »[4] – silencieuse cette fois – sort et parcourt le monde d'une extrémité à l'autre lorsque l'âme quitte le corps de l'homme qui meurt, comment ne pas imaginer qu'une voix s'élève – elle aussi silencieuse – de l'arbre qu'on abat ? « Lorsqu'on coupe le bois d'un arbre fruitier, une voix[5] parcourt le monde d'une l'extrémité à l'autre, mais cette voix reste inaudible[6]. »

Au niveau où l'on se hisse ici, celui de l'universel, Caïn et Abel n'étant ni juifs ni Gentils*, mais simplement hommes, cette voix, la voix de l'arbre que l'on abat, devient, en un

1. *Chapitres de Rabbi Éliézer*, 21, p. 131.
2. Genèse 2, 15.
3. En hébreu *kol*.
4. En hébreu *kol*.
5. En hébreu *kol*.
6. *Chapitres de Rabbi Éliézer*, 34, p. 208. Comparer avec Talmud de Babylone, *Yoma* 20b.

sens, audible. Comme la voix de l'âme de l'homme que l'on assassine. Mais tel n'est pas le monde où nous vivons. Un monde où, après Caïn, comme au temps de la conquête ou de la guerre contre Moab, l'arbre, comme l'homme, peut être un ennemi.

« SI TU AS UNE PLANTE ENTRE LES MAINS... »

Le 15 du mois de *shevat* – *Tou bi-shevat* en hébreu – est une date singulière du calendrier* juif : c'est le Nouvel An des Arbres. Une fête mineure, non chômée, célébrée par les juifs où qu'ils se trouvent, mais étroitement associée à la Terre sainte et au rythme saisonnier de sa vie agricole. À la fin du mois de janvier, au début du mois de février, les grandes pluies annuelles sont derrière nous. C'est la fin de l'hiver. Presque le printemps. Les fruits qui mûriront après cette date appartiennent, pour ce qui est du prélèvement des dîmes, à une année nouvelle. Ce jour-là, où l'on ne prononce pas de prières pénitentielles et où il est interdit de jeûner, on a coutume de manger des fruits, jusqu'à quinze espèces différentes, celles qui poussent en Terre sainte ayant la préférence des fidèles.

D'institution rabbinique, particulièrement valorisée en monde sépharade* et oriental, la fête du 15 *shevat* a revêtu, depuis l'installation de nouvelles colonies agricoles juives en Palestine, à la fin du XIXe siècle, et avec le développement du sionisme, une dimension nationaliste qui en a profondément infléchi le sens[1]. Il est désormais d'usage, en Israël, à *Tou bi-shevat*, de planter des arbres. Le reboisement est en effet au cœur de la dynamique de ré-enracinement et de

1. Sur ces questions, voir Jean-Christophe ATTIAS et Esther BENBASSA, *Israël, la terre et le sacré*, 2e éd. revue, Paris, Flammarion, coll. « Champs », 2001, p. 229-231.

réappropriation de la Terre entreprise par le mouvement national juif dès ses débuts. Planter des arbres devient un rituel patriotique à l'intersection de la tradition religieuse et de la nouvelle culture séculière hébraïque. Le retour des juifs sur la « Terre d'Israël » assure son reverdissement, et ce reverdissement atteste l'efficacité et la légitimité de ce retour.

Les forêts nouvellement plantées dans le pays portent le nom de grandes figures du mouvement, elles relaient la mémoire des soldats morts pendant les guerres d'Israël ou celle des victimes de la Shoah. La forêt redevient texte. Mais un texte ambigu. À la fois livre saint et livre d'histoire. Planter un arbre n'est pas seulement un acte écologique, mais un acte politique. Déraciner l'arbre de l'Autre, incendier ses forêts, l'est tout autant. L'arbre est ainsi un enjeu dans les années de révolte arabe, entre 1936 et 1939. Il l'est à nouveau dans les années 1980 et 1990, entre Israéliens et Palestiniens, dans le contexte d'appropriation de nouveaux territoires. Et si, d'un côté, on opte pour une stratégie de reboisement, de l'autre, on initie une contre-stratégie de destruction : l'Intifada contre les arbres. C'est naturellement à *Tou bi-shevat*, en 1989, après l'incendie des forêts du Carmel, que le Fonds national juif appelle à remplacer le million d'arbres calcinés par la plantation de trois nouveaux millions d'arbres. Inversement, les Israéliens déracinent 170 000 arbres en Cisjordanie entre 1987 et 1994.

Jusqu'à aujourd'hui, plantations et forêts ne cessent d'être aux premières lignes de la longue lutte historique pour l'appropriation de la terre. En Terre sainte, en Palestine, en Israël, un arbre n'est jamais seulement un arbre. Il est plus que cela – et moins que cela. Il est, selon qui le regarde, un allié – ou un ennemi. Otage d'un conflit qui exclut le partage, il est malgré lui et l'un et l'autre. Il est à la fois le bois, et le fer. Le bois qui, tel le bâton d'Aaron, se couvre de feuilles, de fleurs et de fruits, et ressuscite. Le fer planté, pour le tuer et le spolier, dans la chair vivante – dans la terre – de l'Autre…

N*ous sommes à la fin de l'hiver, mais ce n'est pas encore le printemps, ici.* Le froid est vif, il pleut, la terre est trempée et lourde. On est cinq ans plus tard. Non point dans la chambre au volet clos. Mais dans le jardin qui entoure la maison. Et bien des choses ont changé. L'adolescent est devenu jeune homme, il a presque vingt-deux ans. Il a quitté la religion de sa mère. Et ce n'est pas un livre qu'il tient fermement à la main. Mais un arbuste. En fait, cet arbuste, c'est peut-être un livre aussi.

Il y a déjà un arbre au milieu du jardin. Celui-ci sera le deuxième. À vrai dire, des arbres, il y en a beaucoup, choisis et plantés là par les parents du jeune homme. Il y a même un arbre de Judée, voyez-vous. Et il y a un figuier, qui ne donne guère de figues. Mais ce n'est pas de ces arbres-là que je parle. Je ne parle que des arbres qui, pour lui, pour le jeune homme, seront toujours au milieu du jardin.

L'arbre de vie, pour commencer. Celui que, sous le regard de sa grand-mère maternelle, qui l'a choisi, il a planté lui-même, il y a bien longtemps, quand il n'était encore qu'un enfant et que la maison venait d'être construite. Son arbre. Son double. Dont au fil des années il a surveillé la croissance, se regardant en lui. Il ne devait manquer de rien, cet arbre, ni d'eau, ni de soleil. Il devait, vaillant et vigoureux, continuer de monter vers le ciel. Parce qu'il disait quelque chose, cet arbre, de celui qui l'avait planté – de son avenir et de sa vie.

Depuis, l'enfant est devenu jeune homme, et le jeune homme est devenu juif. Il est grand temps pour lui de s'occuper du deuxième arbre : celui de la connaissance. Cette connaissance est encore imparfaite, fautive peut-être. Il va planter un arbre en ce jour de *Tou bi-shevat* 1980 et, à bien considérer les choses, ce qu'il va faire là n'a guère de sens.

Sauf pour lui. Il est dans le jardin de ses parents, au fin fond de l'Exil, il n'est pas en Terre sainte. Peu importe. C'est pour le juif qu'il est qu'il plante cet arbre-ci. Pour le juif qui a lu d'autres livres que les romans d'autrefois et qui, ayant commencé à s'instruire de la Loi, s'imagine en cet instant, sûrement à tort, l'accomplir.

La tâche est ardue. La terre colle à la bêche. Il pleut toujours. C'est qu'il n'a pas trop l'habitude, le jeune homme. Ses mains sont plus agiles à tourner les pages des livres qu'à planter des arbres. Mais il s'obstine. Il ne veut pas se faire aider. Et il finit par le planter, son arbuste, et il le fait si bien que, quarante années plus tard, il est toujours là, au milieu du jardin. Non loin de l'autre.

C'est du moins ce que je crois. Je ne peux plus vérifier. La maison et son jardin ont été vendus il y a plus de trois ans. Mon père y est mort, ma mère, elle, est morte ailleurs. Et mes deux arbres, le *goy* et le juif, l'arbre de mon enfance et l'arbre de ma jeunesse, celui de la vie et celui de la connaissance, poussent désormais loin de moi. Peut-être sont-ils oublieux de moi. Je ne le suis pas d'eux. J'en ai même fait une histoire. Que je raconte, là, maintenant. Une histoire à laquelle il me faut bien trouver un sens.

Mon *Tou bi-shevat* 1980. Les deux arbres qui sont au centre d'un jardin désormais hors d'atteinte. Ni en Terre sainte, ni au pays de Moab. À la jonction du singulier et de l'universel. En un lieu où le juif et le Gentil* se rencontrent sans s'opposer, sans s'affronter, et où l'un et l'autre, enfin, lâchent prise. Aucun des deux n'est un arbre fruitier. Et la Terre sainte est partout. Nous savons désormais que notre vie, la « vie de l'homme », comme l'eût dit Ibn* Ezra, dépend de *tous les arbres*, et point seulement de ceux qui, concrètement, nous donnent leurs fruits. Nous savons que notre vie dépend de *tous les arbres du monde*, et point seulement de ceux qui poussent au bout de notre champ, au pied des murailles de notre ville, ou dans notre pays. C'est la planète entière que voici assiégée. Et par nous-mêmes, les hommes. Ce siège, il faut que nous le perdions. Pour le perdre, nous n'avons qu'une chose à faire. Obéir enfin à l'injonction de Deutéronome 13, 5 : « C'est derrière l'Éternel, votre Dieu, que vous irez… À lui que vous vous attacherez. »

Folie, penserez-vous d'abord. Pauvres êtres de chair et de sang que nous sommes, comment pourrions-nous en effet, sans nous noyer et nous perdre, suivre en ses chemins ce Dieu dont il est dit : « Ta route traverse la mer, tes sentiers les eaux épaisses, tes traces sont invisibles[1] » ? Comment pourrions-nous, sans nous brûler, nous approcher du Ciel pour nous attacher à lui, lui dont il est dit : « Il est un feu dévorant[2] » ? R. Judah bar Siméon (IIIe-IVe s.), lui, ne l'entend pas de cette oreille et enseigne[3] : « Au tout début de sa création du monde,

1. Psaumes 77, 20.
2. Deutéronome 4, 24.
3. *Lévitique Raba, Kedoshim* 25, 3.

de quoi le Saint béni soit-il s'occupa-t-il d'abord ? De plantation. Ainsi qu'il est écrit : "L'Éternel-Dieu planta un jardin en Éden (et y plaça l'homme qu'il avait façonné)[1]." Vous aussi, quand vous entrerez dans la Terre, ne vous occupez d'abord de rien d'autre que de planter, ainsi qu'il est écrit : "Quand vous entrerez dans la Terre et que vous y planterez quelque arbre fruitier...[2]" »

« Aller derrière » l'Éternel, « suivre » Dieu, ça n'est point rêver de l'approcher, c'est l'imiter. Et l'imiter, c'est l'imiter en ses actions. C'est faire soi-même ce que Dieu fit aux origines mêmes du monde, c'est faire pour soi-même ce que Dieu fit pour l'homme après l'avoir façonné : planter. Planter des arbres. Et comme la Terre, aujourd'hui, c'est le monde, et qu'aucun horizon ne la borne, planter *partout*. Et comme les arbres, *tous les arbres*, sont, aujourd'hui, la vie de l'homme, c'est donc planter des arbres, fruitiers ou pas. Planter un arbre, et puis un autre, dans un petit jardin charentais, c'est encore la meilleure façon, pour l'homme, de « se faire » Dieu. Il n'est peut-être même pas indispensable d'y croire pour cela. La seule chose qui soit vraiment importante, quand on plante un arbre, c'est d'aller jusqu'au bout de son geste sans se laisser distraire par aucune pensée importune, si pieuse qu'elle puisse paraître. Raban Yohanan ben Zakaï (Ier s.) disait : « Si tu as une plante entre les mains et que les gens te disent : "Vois, le Messie vient vers toi !", va tranquillement mettre ta plante en terre et ensuite seulement, sors pour le recevoir[3] ! »

L'annonce était peut-être fausse. Le Messie ne viendra peut-être pas. Qui sait seulement si le Dieu qui l'envoie – et

1. Genèse 2, 8.
2. Lévitique 19, 23.
3. *Avot de-R. Natan* B, 31. Je cite ici la traduction d'É. Smilévitch, *Leçons des Pères du monde*, p. 379.

que vous imitez – existe bien ? La seule chose qui compte : ne pas lâcher la plante pour l'ombre. Il sera toujours temps d'accueillir le sauveur espéré. Garder la tête froide. Planter son arbre. C'est peut-être de l'arbre, finalement, que le salut viendra. Vous-même ne le verrez peut-être pas grandir. Vous-même n'en tirerez peut-être pas le moindre profit. Vos enfants le feront à votre place. Ou d'autres à leur place. N'importe qui d'autre. Un simple promeneur, par exemple.

Un promeneur qui, passant par là un jour de forte chaleur tout en méditant la Loi, suspendra soudain son étude, et s'exclamera : « Que cet arbre est beau ! », et qui, après avoir étanché sa soif en mangeant l'un de ses fruits, si c'est un arbre fruitier, ou s'être simplement assis dans la fraîcheur de son ombre, s'il n'a que de l'ombre à offrir, reprendra son étude en bavardant avec un compagnon qui ne sera peut-être que lui-même.

II

UN JUIF ET SON COQ, LE SOLEIL ET LA LUNE

Je me suis parfois présenté comme un enfant de la campagne. Ce n'était pas tout à fait faux. Pas tout à fait vrai non plus. J'ai passé tous mes étés d'enfance et de jeunesse « à la campagne », d'abord chez mon grand-père maternel, puis dans la maison que mes parents finirent par se faire construire dans le village. J'ai joué dans l'herbe, je me suis caché dans les champs de maïs, et j'ai vu la rivière, en pleine canicule, se vider de son eau. J'ai cent fois traversé à vélo les mêmes paysages. Et puis un jour, je me suis enfermé pour lire dans ma chambre au volet clos.

Le reste de l'année, c'est ailleurs, en ville, que je vivais. J'avais bien un peu de terre accrochée à la semelle de mes souliers. Mais si peu. Je savais, à l'horizon, la couleur de la forêt à l'heure du crépuscule. Je savais le froid et la chaleur. La caresse du vent et le feu de l'orage. Rien d'autre. Je ne reconnaissais pas le chant des oiseaux. J'ignorais tout de la vie des bêtes. Toutes les fleurs étaient semblables. Et quand, à dix-sept ans, je suis arrivé à Paris, la ville par excellence, j'ai oublié le peu que je savais. J'ai oublié la lune et le soleil. J'ai oublié le coq qui chantait au matin. J'ai oublié le jour et la nuit.

Mais je suis devenu juif. Or le judaïsme est du monde. Il est de la nature. Et il m'y a ramené.

Entre la troisième et la quinzième nuit de chaque nouveau mois, à l'issue du shabbat*, et pourvu que le ciel soit dégagé et l'astre bien visible, je suis sorti de ma synagogue, avec mes compagnons de prière et, le nez pointé vers le haut, j'ai sanctifié comme eux la lune, remerciant Dieu d'avoir soumis les cieux à une loi immuable et de renouveler régulièrement les mois. Il y a longtemps que je n'ai pas sacrifié à ce rite. Mais la lune, elle, je la regarde toujours. Je sais à quel moment du mois nous sommes.

J'ai sanctifié le soleil, aussi. Cela n'arrive qu'une fois tous les vingt-huit ans à l'aube d'un mercredi du mois de *nissan*, au printemps, le jour où notre étoile est censée retrouver la position initiale que Dieu lui avait assignée le quatrième jour de l'œuvre de la création. Les yeux tournés vers les larges baies du dernier étage, loué pour l'occasion, d'un grand hôtel parisien, j'ai sanctifié le soleil et béni son Créateur – et le mien. Une seule fois, le 8 avril 1981. Jamais plus depuis. Mais j'ai gardé intact le souvenir de ce matin-là.

Chaque jour de l'année et chaque jour du mois, à chaque heure du jour et de la nuit, devenu juif, humblement, j'ai béni Dieu de cent façons. Ces bénédictions, aujourd'hui, mes lèvres s'en sont déshabituées, je les ai oubliées. Sauf une, la première, la plus insolite, la plus ridicule peut-être, que tout juif, partout, se doit de prononcer au début de sa journée : « Béni sois-tu, Éternel notre Dieu, roi du monde, qui as donné au coq l'intelligence de distinguer le jour de la nuit. » Tout est là. Dieu. Le monde. La Loi. L'intelligence aussi. Je ne l'ai pas oublié.

COMMENCEMENTS
Du monde et de la Loi

Vous vous dites : y a-t-il donc lieu de tant épiloguer sur les commencements ?

Vous vous dites : c'est raconté comme ça, à peu près dans cet ordre, Dieu a créé le monde, le ciel et la terre, le jour et la nuit, le firmament qui sépare les eaux d'en-haut et les eaux d'en bas, la mer et la terre sèche, les arbres et les plantes, le soleil et la lune, tous les êtres animés qui se meuvent dans les eaux, le bétail, les reptiles et les bêtes sauvages, et puis il a créé l'homme – et la femme – à son image et les a incités à croître et à se multiplier, ça lui a pris six jours en tout, il a estimé qu'il avait bien travaillé, et comme il s'était un peu fatigué, il s'est reposé le septième, le shabbat*.

Vous vous dites : on ne va pas chercher plus loin, on ne va pas se demander s'il a tiré tout cela du néant – ou pas, l'essentiel est dit et ça ne tient pas la route, qui peut croire pareilles sornettes ? Les enfants, peut-être, et encore, les enfants ne sont pas si bêtes.

Je le confesse moi-même : vous n'avez pas tout à fait tort. De ce point de vue qui est le vôtre et qui, à certaines heures du moins, est aussi le mien, célébrer celui qui a créé la lune, ou le soleil, ou le coq, est plutôt ridicule. Dieu n'existe pas, pas comme ça en tout cas, le monde ne s'est pas fait en six jours et on a le droit de s'étonner que le jeune homme que je fus, dans la seconde moitié du XXe siècle, formé à bonne école et pas complètement idiot, ait pu, sans réticence, se livrer à des rites aussi grossiers (bénir la lune, bénir le soleil), dont le vieux fonds « païen » n'échappe pas à qui veut seulement bien le voir.

Et vous vous dites pour finir : les croyants, ces pauvres gens, n'ont le choix, en ces matières, qu'entre deux options également absurdes.

Première option : faire fi des acquis de la science, croire à la lettre et dur comme fer à toutes ces fadaises, et nier, en passant, qu'il y ait jamais eu de dinosaures sur la terre. Auquel cas, faire comme le recommandait Moshe Feinstein, l'un des grands décisionnaires du judaïsme orthodoxe américain contemporain mort en 1986 proscrire des écoles juives tous les livres d'inspiration darwinienne ou, si l'on ne peut s'en procurer d'autres, en arracher avec soin les pages qui y développent des doctrines hérétiques. On voit pourtant mal le jeune homme de la seconde moitié du XXe siècle se livrer à pareil saccage.

Deuxième option : réinterpréter le chapitre I de la Genèse à la lumière des plus récentes découvertes. Les théologiens juifs ne s'en sont pas privés. Au Moyen Âge déjà, on les voit – du moins certains d'entre eux – développer des stratégies d'accommodation permettant, par exemple par le moyen d'une exégèse allégorisante, de retrouver dans les textes sacrés l'essentiel des acquis de la science du moment. Le problème, c'est que la science du moment, justement, ne dure qu'un moment, et qu'injecter dans la Bible, pour la sauver, la philosophie d'Aristote et la science des anciens Grecs, acclimatées, par la traduction et le commentaire, à la culture savante juive après l'avoir été à la culture savante arabo-musulmane, ça ne peut marcher qu'un temps. On n'en est plus là, tout de même. Inutile de perdre son temps. Chacun sait que demain sera encore autre chose, qui révélera l'inanité de tous les efforts d'aujourd'hui…

En fait, et vous n'y aviez peut-être pas pensé, il y a une troisième option. Et même une quatrième. La troisième ne risque pas de vous plaire plus que les deux précédentes, mais je ne peux la passer sous silence : développer une stratégie de dissociation, visant à distinguer le champ de la Science et celui de la Révélation, la seconde ayant pour finalité essentielle non d'émettre des vérités scientifiques, mais de faire connaître aux hommes les commandements divins et de les guider dans la voie du bien-agir et de la juste conduite. Mais alors, objecterez-vous, pourquoi toutes ces histoires ? Ne suffisait-il pas de dire la Loi sans broder tout autour ?

Vient alors la quatrième option : il serait bien possible que ce récit ne vienne pas répondre aux questions que nous nous posons spontanément – sur la vérité des choses, sur la définition de la juste conduite – mais plutôt soulever des questions que nous n'avons justement pas songé à nous poser…

☆

Voilà bien le seul verset biblique que tout le monde ou presque a plus ou moins gardé en tête : « Au commencement (*réshit*), Dieu créa le ciel et la terre[1]. »

Sept mots en hébreu. Un peu plus en français. Cela semble clair. Cela ne l'est pas. Comme le précise Rashi*, « ce verset biblique ne dit rien d'autre que : "Explique-moi !" » Ce verset, en fait, ne dit rien, il interroge. Il ne raconte pas, il fait signe. Il n'est pas ce qu'il paraît être, il est même le contraire. La Torah* est bien un livre, mais elle n'est pas une histoire. Où commence la Torah* ? Ailleurs. La Torah* est la Loi transmise par Dieu à son peuple. Où commence la Loi, en ce cas ? Par le premier commandement donné par Dieu aux Hébreux comme peuple. Un certain R. Isaac cité par Rashi* le rappelle : « Il n'aurait fallu commencer la Torah* que par "Ce mois

1. Genèse 1, 1.

sera pour vous…"[1] ». Par les premiers versets du chapitre XII de l'Exode : « Ce mois-ci sera pour vous le commencement (*rosh*) des mois, il sera pour vous le premier (*rishon*) des mois de l'année… Au dixième jour de ce mois, que chacun se procure un agneau… Au quatorzième jour de ce mois, toute la communauté d'Israël l'immolera vers le soir[2]… »

La Torah* s'ouvre sur le commandement de fixer le début des mois, le premier des mois étant : « celui-ci » – ce mois du printemps où sera célébrée la première Pâque selon toutes les prescriptions qui l'organisent et qui sont précisées dans le texte (le choix de l'agneau qui sera sacrifié, son immolation, l'usage à faire de son sang, la cuisson de sa chair, la façon de le consommer, accompagné d'azymes et d'herbes amères[3]). La pratique de ce rite, décrit ici pour la première fois à la veille de la sortie des Hébreux d'Égypte, se répétera inchangée – ou presque – le même mois de chaque année, de génération en génération, « comme une institution perpétuelle[4] ». C'est l'édiction et l'observance de ce rite, à ce moment précis de l'année, qui, pour la première fois, érigent Israël en « communauté » soumise à la Loi de ce Dieu qui la sauve de l'esclavage. Le verset qui en ouvre l'annonce, Exode 12, 2, qualifie donc de « premier » le mois où la Pâque est célébrée, et il le fait avec deux mots, *rosh* (« commencement », littéralement « tête ») et *rishon* (premier), construits sur la même racine (*resh-alef-shin* / ראש) qui se retrouve dans le tout premier mot de la Genèse : *réshit* (ראשית), dans « *be-réshit* », que vous croyiez devoir traduire par « Au *commencement* ».

Vous le savez maintenant : le vrai commencement de la Loi n'est pas dans son premier mot, en Genèse 1, 1, mais dans

1. Exode 12, 2.
2. Exode 12, 2, 3 et 6.
3. Exode 12, 1-11.
4. Exode 12, 17.

le premier de ses commandements, en Exode 12, 2. Reste bien sûr à savoir pourquoi la Torah*, dans la matérialité de son texte, ne commence pas par le commencement. Et reste à préciser ce que peut bien vouloir dire *réshit*, en ce cas, en Genèse 1, 1.

L'enjeu est évident. Rashi*, comme d'autres commentateurs juifs avant et après lui, en est conscient. Ce qui est en cause n'est rien d'autre que l'équilibre entre l'universel et le particulier, entre, *d'un côté*, le monde, dites même la « nature » si vous le préférez, l'histoire de ce monde et de tout ce qu'il contient (le soleil, la lune et le reste, coq et « nations du monde » compris) et, *d'un autre côté*, ce qui n'est pas exactement le monde, ce qui n'est pas seulement la nature, ce qui s'en distingue, ou au moins *s'y* distingue : le peuple d'Israël, son histoire, et plus que son histoire encore, sa Loi. Ce qui se joue est la manière dont on fera pencher ou non la balance du côté d'Israël, et dont on soumettra ou non le monde, la nature, à sa Loi.

Pour faire pencher la balance du bon côté, il suffit de démontrer que le mot *réshit* n'a pas le sens qu'on est tenté de lui donner spontanément. En Genèse 1, 1, *réshit* ne désigne rien d'autre, en fait, que… la Torah*. Ainsi s'exprime en effet la Sagesse (comprenez la Torah*) en Proverbe 8, 22 : « L'Éternel me créa (au) commencement (*réshit*) de son chemin, antérieurement à ses œuvres, depuis l'origine. » Si *réshit* veut dire Torah*, que veut donc dire, en Genèse 1, 1, « *be-réshit* » ? Deux choses. « Par la Loi ». Et « pour la Loi ». Dieu ne créa le ciel et la terre et tout ce qu'ils contiennent que *par* la Torah* et *pour* la Torah*.

Selon un enseignement célèbre des anciens rabbins, « six choses ont *précédé* la création du monde[1] ». Certaines furent

1. Voir *Genèse Raba* 1, 4.

projetées, pensées par Dieu comme des créations à venir : les Patriarches, Israël, le Temple et le nom du Messie. Certaines furent *créées*, vraiment, avant le monde : le Trône de Gloire[1] et la Torah*[2]. Et il se pourrait même que la Torah*, une fois créée, soit devenue plus que cela encore. Plus que ce qui précède. Ce qui préfigure. Ne dit-elle pas d'elle-même, toujours dans le livre des Proverbes : « Quand il affermit les cieux, j'étais là, et quand il traça un cercle autour de la surface de l'abîme ; quand il consolida les nuées dans les régions supérieures, quand jaillirent avec force les sources souterraines ; quand il imposa à la mer ses limites, empêchant les eaux d'enfreindre son ordre, et qu'il fixa les fondements de la terre. Alors j'étais à ses côtés, habile ouvrière (*amon*)[3]. »

Le mot hébreu *amon*, ici traduit par « habile ouvrière », est de sens assez obscur. Certains croient y retrouver *ouman*, artisan, la Torah* jouant alors le rôle d'auxiliaire, d'exécutant, ou même d'instrument. Voire, plus précisément encore, de plan et de modèle, si l'on en croit le Midrash* : « Aucun artisan ne bâtit (son œuvre) selon l'idée qu'il en a, mais selon les parchemins et les tablettes dont il dispose, de sorte à savoir comment faire salles et portes. Ainsi le Saint béni soit-il consultait-il la Torah* et créait-il le monde[4]. »

Architecte, Dieu crée la Loi comme on dessinerait un plan. Artisan, il consulte le plan pour construire le monde. La Loi d'Israël est créée *avant* le monde, et le monde est créé *selon* elle. Plus que cela encore : il est créé *pour* elle et pour ceux à qui elle sera transmise. Rashi* rassemble tout cela en une

1. Voir Psaumes 93, 2 : « Dès l'origine ton trône est ferme. »
2. Voir Proverbes 8, 22-23 : « L'Éternel me créa au début (*réshit*) de son action, antérieurement à ses œuvres, dès l'origine des choses. Dès les temps antiques, je fus formée, tout au commencement (*mé-rosh*), bien avant les commencements de la terre. »
3. Proverbes 8, 27-30.
4. Voir *Genèse Raba* 1, 1.

seule phrase : « Comme nos Maîtres l'ont expliqué, (Dieu ne créa le monde que) pour la Torah* qui est appelée *réshit darko*, le "commencement de son chemin[1]", et pour Israël qui a été appelé *réshit tevouato*, le "commencement de sa récolte"[2]. »

Réshit, au tout début de la Genèse, est ce particulier qui précède l'universel qu'est le monde, il en est aussi la fin et il en est le sens. C'est parce qu'il avait prévu qu'au bout de vingt-six générations Israël y recevrait la Torah* que Dieu créa ce monde. La Loi domine le monde, la nature, et dès le « commencement » les justifie. Reste à savoir tout de même pourquoi le premier mot de la Loi – par et pour laquelle le monde est créé – n'est pas le premier mot du premier commandement que Dieu donna à Israël...

☆

Pour une raison très simple, me direz-vous. On a juste suivi l'ordre des choses, la chronologie, plutôt que l'ordre du sens, la succession des événements ici-bas plutôt que l'enchaînement des causes là-haut, dans la tête d'un Dieu partant de loin et voyant loin. Ainsi doit nécessairement se construire un récit si l'on veut que ses lecteurs le suivent et aient plaisir à le lire. Mais encore faudrait-il, pour cela, que la Torah* soit un livre, un récit comme un autre. Or elle ne l'est pas. Elle ne raconte jamais seulement pour raconter. Elle fixe un point de droit, elle nous rappelle qu'elle est d'abord la Loi. Et quand elle paraît raconter les premiers jours du monde pour planter un décor, pour fixer le cadre général de l'histoire qui va suivre, et qui au fil du temps se singularisera

---

1. Proverbe 8, 22.
2. Jérémie 2, 3. *Réshit* peut aussi désigner les « premiers fruits », les « prémices » (voir *infra*, p. 82.)

toujours plus pour se fixer sur un homme, Abraham, et sur ses descendants, elle vise déjà à garantir les droits de ces derniers sur une partie de ce monde.

Voici en effet ce qu'enseigne le R. Isaac que cite Rashi* :

> Pourquoi a-t-on ouvert (la Torah*) avec *Be-réshit* (avec le récit de la Genèse) ? « La puissance de ses œuvres (la création du monde), il l'a dite à son peuple pour lui donner l'héritage des nations[1] .» Ainsi, si les nations du monde viennent à dire à Israël : « Vous êtes des voleurs, vous qui avez conquis les terres des sept nations[2] ! », il pourra leur répondre : « Toute la terre est au Saint béni soit-il. C'est lui qui l'a créée et il l'a donnée à qui lui semblait bon. C'est par sa volonté qu'il la leur a donnée (à ces peuples), et c'est par sa volonté qu'il la leur a reprise et qu'il nous l'a donnée ! »

Au commencement fut donc créée la Loi par laquelle et pour la révélation de laquelle ce monde fut créé. Un monde où, avant même qu'ils n'aient émergé du chaos, un peuple, Israël, est distingué, et une terre, Canaan, lui est promise, où il accomplira la Loi. Dès le premier verset, l'écharde du singulier est plantée dans la chair de l'universel. Et dès le premier mot de ce verset, le Dieu créateur est un Dieu législateur. Un Dieu qui sépare.

1. Psaumes 111, 6. J'ai modifié la traduction du Rabbinat qui rend ainsi le verset : « La puissance de ses hauts faits, il l'a révélée à son peuple, en lui donnant l'héritage des nations. »

2. Voir Deutéronome 7, 1, qui cite les sept peuples qui seront dépossédés de la Terre.

FRONTIÈRES
De la terre et de ses fruits

Le monde, en effet, comme la Loi, naît de la séparation et la consacre. Séparation de la lumière et des ténèbres, séparation des eaux qui sont au-dessous et des eaux qui sont au-dessus. À deux reprises, le mot est là : *va-yavdel*, « il sépara[1] ». Le monde va par deux : le jour et la nuit, le ciel et la terre, la terre et la mer, l'homme et la femme. Le monde est ordre : les herbes portant semences et les arbres fruitiers, la multitude fourmillant dans les eaux, les oiseaux volant dans l'espace du ciel, les animaux paissant sur la terre et les reptiles rampant sur le sol, tous naissent, vivent, se perpétuent, croissent et se multiplient « selon leurs espèces[2] ». Le principe de distinction est inscrit dans le monde comme il est inscrit dans la Loi. Tout ce qui l'ébranle est source de malheur – retour au chaos, ainsi que le prophète Isaïe le soulignera un jour : « Malheur à ceux qui appellent le mal bien et le bien mal, qui changent les ténèbres en lumière et la lumière en ténèbres, qui changent l'amer en doux et le doux en amer[3] ! »

Nul ne le sait mieux ni n'est plus régulièrement appelé à s'en souvenir que le juif qui, chaque samedi soir, à la sortie du shabbat*, après avoir béni le fruit de la vigne (le vin), après avoir béni les herbes ou les arbres odorants, et après avoir

1. Genèse 1, 4 et 7.
2. Genèse 1, 11, 12, 21, 25.
3. Isaïe 5, 20.

béni la lumière, bénit la séparation elle-même, la *havdala*, en des termes qui intriquent l'universel (le monde créé) et le particulier (le peuple élu), les lois de la nature et la Loi révélée : « Béni sois-tu, Éternel notre Dieu, roi du monde, qui sépares (ou distingues entre) le sacré et le profane, la lumière et les ténèbres, Israël et les nations, le septième jour et les six jours de la semaine. Béni sois-tu, Éternel, qui sépares (ou distingue entre) le sacré et le profane. »

Dieu a posé des frontières. L'homme en est le gardien. Et le juif l'est aussi, plus ou autrement que l'homme. Tout franchissement de la limite entre le permis et l'interdit, entre le bien et le mal, toute transgression de la Loi altère le rapport de l'homme – et du juif – au monde, altère le monde lui-même, et le rapport de Dieu au monde. Sans doute n'est-ce pas par hasard que la bénédiction récitée par les juifs avant de consommer du pain est ainsi formulée : « Béni sois-tu, Éternel notre Dieu, roi du monde, qui fais sortir le pain de la terre. » Oubliés, le laboureur, le moissonneur, le meunier, oubliés celui qui pétrit et celui qui fait cuire. C'est Dieu qui rend la terre fertile et qui en fait « sortir » le pain. C'est cela que compromettent la révolte contre Dieu et le péché contre la Loi.

Lorsqu'Adam consomme le fruit de l'Arbre de la Connaissance, il est chassé du jardin qu'il était chargé de garder et son entrée lui est fermée, la terre lui refuse ses fruits, il en tirera son pain à la sueur de son front. Lorsque Caïn tue Abel, la terre cesse de lui prodiguer sa force, il devient errant et fugitif par le monde[1]. Lorsque les « méfaits de l'homme se multiplient sur la terre[2], » et que la terre elle-même se corrompt devant Dieu[3], le Déluge l'anéantit, elle et « toutes

1. Voir *supra*, p. 50-52.
2. Genèse 6, 5.
3. Genèse 6, 11.

les créatures» qui étaient sur sa face, «depuis l'homme jusqu'à l'animal, jusqu'au reptile, jusqu'à l'oiseau du ciel[1] ». Lorsque les hommes construisent une ville et une tour pour atteindre le ciel et faire la guerre à Dieu[2], leur langue est confondue et ils sont dispersés «sur toute la face de la terre[3] ». Lorsque les gens de Sodome et de Gomorrhe se montrent «pervers et gravement pécheurs devant l'Éternel[4],» du soufre et du feu s'abattent en pluie sur eux depuis le ciel, et « renversent» leurs cités, toute la plaine, et jusqu'à « la végétation du sol[5] ».

Comme s'il n'était au fond de péché qu'écologique, et de châtiment qu'environnemental, l'homme qui transgresse la Loi détruit le monde où il vit et se condamne à l'Exil. Et ce qui vaut pour l'homme vaut aussi et plus encore pour le juif à qui Dieu, par l'entremise de Moïse, a révélé la Torah*. L'interdépendance de l'homme et du monde se décline alors en interdépendance du juif et de sa terre – celle-là même que Dieu, depuis le «commencement», lui avait réservée.

Lorsqu'elle jouit de l'attention divine, parce qu'Israël est fidèle à la Loi, la terre de Canaan est une contrée fertile et spacieuse, où ruissellent le lait et le miel, où les pluies, en leur temps, tombent en abondance :

> Car l'Éternel, ton Dieu, te conduit dans un pays fortuné, un pays plein de cours d'eau, de sources et de torrents, qui s'épandent dans la vallée ou sur la montagne ; un pays qui produit le froment et l'orge, le raisin, la figue et la grenade, l'olive huileuse et le miel ; un pays où tu ne mangeras pas ton

---

1. Genèse 7, 23.
2. Voir Rashi sur Genèse 11, 1.
3. Genèse 11, 8. Sur l'épisode de la tour de Babel, voir aussi *infra*, p. 221-222.
4. Genèse 14, 13.
5. Genèse 19, 25. Sur l'épisode de Sodome et Gomorrhe, voir aussi *infra*, p. 203-204.

pain avec parcimonie, où tu ne manqueras de rien ; les cailloux y sont du fer, et de ses montagnes tu extrairas du cuivre. Tu jouiras de ces biens, tu t'en rassasieras. Rends grâce alors à l'Éternel, ton Dieu, du bon pays qu'il t'aura donné[1] !

Le bonheur biblique est un bonheur agricole, dont le sommet est atteint à la période idéale de la souveraineté d'Israël sur son sol, sous le règne de Salomon : « Juda et Israël étaient nombreux comme des grains de sable de l'Océan ; on mangeait, on buvait et on était tout à la joie[2] ». Inversement, le malheur est de bâtir des maisons qu'on n'habitera pas, de planter des vignes dont on ne boira pas le vin. Le châtiment du péché est à la fois l'Exil et la ruine de la terre : la campagne fertile devient désert, les villes sont renversées par le feu de la colère divine, tout le pays devient une solitude. Quant aux espoirs de retour et de restauration, que seuls rendront possible le repentir et le retour à la Loi, c'est aussi en termes agricoles que les prophètes les expriment : le laboureur se rencontrera avec le moissonneur, celui qui foule le raisin avec celui qui répand les semences, les montagnes ruisselleront du jus de la vigne, les collines feront couler du lait et tous les ruisseaux de Juda seront pleins d'eau[3]...

☆

La jouissance que l'homme a du monde, ou que le juif a de sa terre, se heurte ici à sa première limite : celle de la Loi. Mais il en est une autre : celle de son statut en ce monde, et du juif sur cette terre. Il n'en est pas le créateur. Mais en est-il seulement le maître ?

1. Deutéronome 8, 7-10.
2. I Rois 4, 20.
3. Sophonie 1, 13 ; Jérémie 4, 26-27 ; Amos 9, 13 ; Joël 4, 18.

Sur ce point, les récits de la Genèse ne délivrent pas un message homogène. La création de l'homme et de la femme paraît clore, en le couronnant, un processus. Ils sont les seuls que Dieu fait « à (son) image et à (sa) ressemblance[1] ». Quel que soit le sens précis que l'on donne à l'expression, elle tend à leur conférer dans le monde une place éminente, centrale. Et même dominante si l'on tient compte de l'intention qui justifie de les créer : « (pour) qu'ils dominent sur les poissons de la mer, sur les oiseaux du ciel, sur le bétail, enfin sur toute la terre et sur tous les êtres qui s'y meuvent[2]. »

Rashi* nous met pourtant en garde. « Qu'ils dominent ». En hébreu, *ve-yirdou*. Dans ce verbe, le commentateur champenois voit se mêler deux idées antithétiques : celle de *ridouy*, de domination, mais aussi celle de *yerida*, de chute, de déchéance. Et il explique : « Si (l'homme) a du mérite, il dominera la bête, sauvage ou domestique. S'il n'en a pas, il descendra plus bas qu'elle, et c'est elle qui le dominera. » Il ne suffit peut-être pas d'avoir été créé à l'image et à la ressemblance de Dieu pour dominer les êtres qui, eux, n'ont pas été créés ainsi. Encore faut-il soi-même, par ses actes, *rester* à la hauteur de cette image et de cette ressemblance[3]. De fait, nul ne saurait oublier que l'homme a été créé *après* le moustique[4], et que sa supériorité sur la bête reste sujette à caution, ainsi que le rappelle l'Ecclésiaste : « Car telle la destinée des fils d'Adam, telle la destinée des animaux ; leur condition est la même, la mort des uns est comme la mort des autres ; un même souffle les anime : la supériorité de l'homme sur l'animal est nulle, car tout est vanité[5]. »

1. Genèse 1, 26.
2. *Ibid.*
3. *Genèse Raba* 8, 12.
4. Talmud de Babylone, *Sanhédrin* 38a.
5. Ecclésiaste 3, 19.

Reste qu'une fois que Dieu a créé l'homme, « mâle et femelle », il les bénit et transforme son projet en injonction : « Croissez et multipliez-vous ! remplissez la terre et dominez-la ! commandez aux poissons de la mer, aux oiseaux du ciel, à tous les animaux qui se meuvent sur la terre[1] ! » Le privilège humain est éclatant[2]. Moïse Nahmanide* en précise la portée d'une manière qui laisse peu de place au doute. L'extension du pouvoir imparti à l'homme sur le monde animal est sans limite : elle concerne autant les êtres naturellement hors de sa portée – les poissons, qui se cachent de lui dans la profondeur des eaux, et les oiseaux, qui sont dans le ciel – que les autres, elle concerne autant la bête sauvage que la domestique. Quant à la domination de la terre, elle non plus ne semble souffrir aucune restriction : « … Selon mon opinion, il les bénit de sorte qu'ils remplissent la terre entière et que les nations se dispersent selon leurs familles, peuplent jusqu'aux confins du monde en raison de leur grand nombre, et ne se concentrent pas en un seul lieu… Il leur donna pouvoir et domination sur la terre de sorte qu'ils fassent ce qu'ils souhaitent du bétail, des reptiles et de ce qui rampe dans la poussière, construisent, arrachent ce qui est planté, extraient le cuivre des montagnes, et autres choses semblables[3]… »

Explosion démographique, peuplement de la nature entière, exploitation libre de toutes ses ressources…

1. Genèse 1, 28.

2. Même si Psaumes 8, 4-9 continue de s'en étonner pour s'en émerveiller : « Lorsque je contemple tes cieux, œuvre de ta main, la lune et les étoiles que tu as formées… Qu'est donc l'homme, que tu penses à lui ? Le fils d'Adam, que tu le protèges ? Pourtant tu l'as fait presque l'égal des êtres divins ; tu l'as couronné de gloire et de magnificence ! tu lui as donné l'empire sur les œuvres de tes mains, et mis tout à ses pieds : brebis et taureaux, tous ensemble, et aussi les bêtes des champs, oiseaux du ciel et poissons de la mer, ce qui parcourt les routes des océans. »

3. Nahmanide sur Genèse 1, 28.

À d'aucuns le modèle paraîtra effrayant : on sait à quoi il nous a menés. Nahmanide* n'omet pourtant pas de rappeler l'opinion des anciens rabbins pour qui, on l'a vu, la possibilité de la déchéance est inscrite dans la domination elle-même. Il signale aussi que la dispersion des humains à la fois assure et bride leur pouvoir sur la terre, signalant que c'est précisément cette limite que la génération de la tour de Babel a voulu effacer en se rassemblant en un seul lieu pour menacer le pouvoir de Dieu lui-même sur le monde. On constatera aussi qu'à ce moment de l'histoire humaine, dominer l'animal n'implique pas encore de s'en nourrir. À cet égard, comme Rashi* le souligne[1], « (Dieu) rendit hommes, bétail et bêtes sauvages égaux face à la nourriture, il ne permit pas à Adam et à sa femme de mettre à mort une créature pour en manger la chair, mais tous mangeaient ensemble herbes et végétaux, ce n'est que plus tard, quand vinrent les fils de Noé, qu'il leur autorisa la viande[2] ».

Il faut enfin rappeler que Genèse 1 n'offre que l'un des deux récits bibliques de la création de nos premiers ancêtres. Genèse 2 en fournit un second, de tonalité différente, où le rapport de l'homme à la nature est autrement défini. Il n'est plus ici question de conquête, de puissance ou de domination. Mais seulement de « garder », de protéger, de préserver. Dieu et l'homme agissent en partenaires : le premier fait pleuvoir sur la terre, le second la « cultive[3] ». Le pouvoir de l'homme sur le monde animal n'est pas de l'asservir, mais, comme Dieu l'y invite, de nommer chacune de ses composantes, chacune de ses espèces – de les classer, en somme, et d'en faire un objet de science[4].

1. Rashi sur Genèse 1, 29-30.
2. Voir *infra*, p. 101-102.
3. Genèse 2, 5.
4. Voir Genèse 2, 19, Rashi précisant : « Tout être vivant auquel l'homme aurait donné un nom, ce nom serait le sien pour toujours. »

Contradiction ? Tension ? Les deux récits, celui de Genèse 1 et celui de Genèse 2, ne convergent pas. Ils sont pourtant donnés ensemble, et si les rabbins considèrent que le second ne fait que préciser le premier sans l'infirmer ni le contredire[1], reconnaissons au moins qu'il le nuance, qu'il en émousse la pointe, en atténue la violence. Là est précisément la limite : dans cette ambiguïté.

☆

La même ambiguïté qui marque le rapport de l'homme au monde marque celui d'Israël à sa terre. Une terre qui lui est promise depuis le premier mot du premier livre (*réshit*), une terre dont il hérite, mais qu'il doit conquérir et arracher à d'autres. Ce n'est point seulement d'un sol ou d'un espace qu'il s'empare sous la conduite de Josué, successeur de Moïse, mais de tout ce qu'il contient, de ce que ses premiers détenteurs y ont édifié et semé, de villes qu'ils ont bâties, de vignes et d'oliviers qu'ils ont plantés[2]. Preuve de l'amour que Dieu porte à son peuple, témoignage de sa fidélité à la promesse qu'il a faite à Abraham et à ses descendants, ce transfert de jouissance a toutes les allures d'un don généreux et gratuit.

Rien de gratuit, en revanche, dans la dépossession. Il a fallu que le crime des Cananéens ait atteint sa pleine mesure, et justifie désormais leur anéantissement. À cause des abominations qu'ils ont commises, le pays est devenu impur, Dieu en a demandé compte, il en a rejeté les habitants. Et si Israël devait à son tour se livrer à de semblables agissements, une sanction identique s'abattrait nécessairement sur lui : « Craignez que cette terre ne vous vomisse si vous la souillez,

1. Voir *infra*, p. 171-178.
2. Josué 24, 13.

comme elle a vomi le peuple qui l'habitait avant vous[1]. » Résidence par vocation de la vertu et de la justice – de la Loi –, c'est naturellement, comme un organisme rejetant l'aliment qui lui est nocif, que cette terre expulse de son sein le vice et l'iniquité.

C'est à dessein que j'ai parlé de transfert de jouissance, et non de transfert de propriété. Le lien qui unit Israël à cette terre est à la fois conditionnel, dépendant de la rectitude de sa conduite et de sa fidélité aux termes de l'Alliance qu'il a contractée avec Dieu – et éternel, le repentir lui ouvrant toujours les portes du retour après la sanction de l'Exil. Mais la terre elle-même n'appartient pas plus à Israël qu'à ses précédents occupants. Elle n'appartient qu'à Dieu, son créateur, qui en dispose pour cette raison librement, ainsi que R. Isaac et Rashi* l'ont rappelé, et ainsi que la Torah* elle-même le dit non sans une certaine brutalité : « car la terre est à moi, car vous n'êtes que des étrangers domiciliés chez moi[2]. »

Rien ne le manifeste mieux que certaines dispositions agricoles de la Loi. L'exploitation du sol est soumise à des restrictions. Tous les sept ans, pendant l'année sabbatique, toute terre doit être laissée en jachère, et au terme de sept cycles sabbatiques, l'année du jubilé, les terres vendues au cours des quarante-neuf années précédentes reviennent à leurs premiers propriétaires. La jouissance effective des produits de la terre n'est pas immédiatement ni intégralement accordée : ces produits viennent de Dieu et doivent pour partie lui être restitués. Les trois premières années de récolte des arbres fruitiers nouvellement plantés ne peuvent être consommées ; les fruits de la quatrième année doivent être mangés à Jérusalem, en l'honneur de l'Éternel ; et ce n'est

1. Lévitique 18, 25 ; 28.
2. Lévitique 25, 23.

qu'à partir de la cinquième année qu'ils peuvent être librement utilisés. Toute récolte donne lieu à des prélèvements divers, qui sont la part de Dieu, des prêtres et des lévites, auxquels il est interdit de posséder des terres. Les fruits de la terre n'appartiennent jamais totalement à celui qui la possède et la travaille. Ils appartiennent aussi au pauvre, à celui qui ne détient nulle terre en propre. Ainsi abandonnera-t-on au nécessiteux les épis et les grains de raisin qu'on a laissé tomber, les petites grappes qu'on a omis de vendanger, les gerbes oubliées dans la campagne lors de l'enlèvement de la récolte. De même s'interdira-t-on, toujours au profit des pauvres, de moissonner le coin de son champ[1].

Ce n'est point la terre qui dépend de l'homme, mais l'homme qui dépend de la terre, ou pour le dire plus précisément encore, ce n'est que par la grâce que, tenant sa promesse, Dieu lui a faite d'hériter cette terre, que l'homme, tant qu'il conforme ses actes à la Loi, peut jouir des fruits que cette terre lui donne. Les dons de la nature sont le salaire de la rectitude humaine, mais ils sont beaucoup plus que cela : l'effet d'une libéralité divine supérieure, un acte d'amour et de pure bénévolence – qui justifie la gratitude et impose son expression solennelle, ainsi que le rappelle le Deutéronome :

> Quand tu seras arrivé dans le pays que l'Éternel, ton Dieu, te donne en héritage, quand tu en auras pris possession et y seras établi, tu prendras des prémices[2] de tous les fruits de la terre, récoltés par toi dans le pays que l'Éternel, ton Dieu, t'aura donné, et tu les mettras dans une corbeille ; et tu te

1. Sur toutes ces prescriptions, voir Lévitique 25, 2-7 ; 8-17 (année sabbatique et jubilé) ; Lévitique 19, 23-25 (récolte des fruits) ; Deutéronome 26, 1-10 (prémices) ; Nombres 18, 15-18 (premiers-nés mâles du bétail), Nombres 18, 11 (*terouma*, « prélèvement ») ; Nombres 18, 24 (première dîme) ; Nombres 15, 17-20 (*'hala*, part de la pâte réservée aux prêtres) ; etc.
2. En hébreu *réshit*. Sur ce mot, voir *supra*, p. 67-72.

rendras à l'endroit que l'Éternel, ton Dieu, aura choisi pour y faire régner son nom. Tu te présenteras au pontife qui sera alors en fonction, et lui diras : « Je viens reconnaître en ce jour, devant l'Éternel, ton Dieu, que je suis installé dans le pays que l'Éternel avait juré à nos pères de nous donner. » Alors le pontife recevra la corbeille de ta main, et la déposera devant l'autel de l'Éternel, ton Dieu. Et tu diras à haute voix devant l'Éternel, ton Dieu : « Enfant d'Aram, mon père était errant, il descendit en Égypte, y vécut étranger, peu nombreux d'abord, puis y devint une nation considérable, puissante et nombreuse. Alors les Égyptiens nous traitèrent iniquement, nous opprimèrent, nous imposèrent un dur servage. Nous implorâmes l'Éternel, Dieu de nos pères ; et l'Éternel entendit notre plainte, il considéra notre misère, notre labeur et notre détresse, et il nous fit sortir de l'Égypte avec une main puissante et un bras étendu, en imprimant la terreur, en opérant signes et prodiges ; et il nous introduisit dans cette contrée, et il nous fit présent de cette terre, une terre où ruissellent le lait et le miel. Or, maintenant j'apporte en hommage les premiers fruits de cette terre dont tu m'as fait présent, Seigneur ! » Tu les déposeras alors devant l'Éternel, ton Dieu, et tu te prosterneras devant lui. Et tu te réjouiras pour tous les biens que l'Éternel, ton Dieu, aura donnés à toi et à ta famille, et avec toi se réjouiront le lévite et l'étranger qui est dans ton pays[1].

1. Deutéronome 26, 1-11. Voir également Exode 23, 19.

Je me souviens de moi, le quinzième jour du mois de tishri, avançant humblement, presque surpris, tenant entre des mains un peu tremblantes les quatre espèces végétales dont parle le troisième livre de la Loi[1] : le *loulav*, la palme de dattier encore non ouverte ; l'*étrog*, le « cédrat », l'agrume magnifique, « fruit du bel arbre », comme dit l'Écriture ; les deux branches de saule ; les trois brins de myrte. Presque surpris, oui, parce que je suis à Paris, pas à Jérusalem, et au début des années 1980, pas en des temps mythiques.

L'automne est presque là. On le sent bien ici, plus qu'en Terre sainte où les derniers feux de l'été ne sont pas encore éteints. Autour de moi, peu de jardins, point de champs, pas de récolte visible à célébrer. Le vert et le jaune de ces quatre végétaux que je tiens entre les mains jettent une note exotique, lumineuse et simplement vivante, dans le décor de métal et de pierre de la ville. Aujourd'hui, ce sont les fidèles qui se transforment en arbres.

Le Temple n'est plus, il n'y a point d'autel. Nous ferons donc comme si. Pendant une semaine, à l'office du matin, nous tournerons autour de la *bima*[2], dans notre petit oratoire, brandissant et agitant en direction des quatre points cardinaux ces quatre espèces végétales. *Soukot.* La fête des « cabanes ». Car ce n'est point là seulement la fête de l'automne, de la récolte, des fruits que nous prodigue, généreuse, la Terre que Dieu nous a donnée. *Soukot* est aussi la fête de l'errance.

---

1. Lévitique 23, 40.
2. La *bima*, ou *téva*, est l'estrade disposée, selon les cas, au centre de la synagogue ou à proximité de l'arche où sont rangés les rouleaux de la Torah*. C'est depuis cette estrade que l'on procède à la lecture rituelle de la Torah*, notamment le samedi matin et le matin des jours de fête.

On le sent bien ici, au Nord où nous sommes, loin de l'Orient. Le temps est frais, humide déjà, nul ne sait si l'on pourra s'asseoir beaucoup dans la cabane que l'on a plantée là où l'on a pu, sur le balcon, dans la cour, espérant ne pas s'attirer les remarques étonnées des voisins. Ils sont en effet un peu bizarres, ces juifs qui, l'automne venu, s'installent une semaine dans une sorte de hutte qu'ils ont construite eux-mêmes, et dont le toit de feuilles et de branchages laisse passer la lumière, quand il y en a, et la pluie, bien sûr, quand il en tombe.

Ils s'installent là, se réunissent là, mangent, chantent, prient, et ils dormiront là aussi, plutôt que dans leur maison, si le climat de la nuit le permet. Ils prétendent qu'ils se rappellent ainsi, pendant la semaine que la fête dure, les pérégrinations dans le désert de leurs ancêtres hébreux. Qu'ils se rappellent un temps, quarante années tout de même, où, vivant sous la tente, errant au milieu d'une nature aride, hostile, ils dépendaient de Dieu pour tout : le boire et le manger, le repos et la sécurité.

Les parois de la cabane sont minces, fragiles. Son toit laisse voir le ciel. Et d'ailleurs je lève les yeux, distrait par le ciel du rituel en cours, oublieux de ceux, humains, avec qui je partage ce moment. Je me dis : peut-être vais-je voir passer un oiseau. Mais le ciel se couvre, devient menaçant. Je retourne dans mon logis de métal et de pierre. J'attends le soir pour revenir. On ne sait jamais. La nuit chassera peut-être les nuages.

Et je verrai alors la lune à travers les branchages et les feuilles du toit.

TEMPS
Politiques de la lune et du soleil

La lune est à tout le monde, me direz-vous. Non moins que le soleil. Et vous avez raison. Le soleil et la lune sont du monde. Ils étaient au firmament avant que nous-mêmes, les humains, ne soyons là pour les voir. Histoire du quatrième jour de l'œuvre de la création :

> Dieu dit : « Que des corps lumineux apparaissent dans l'espace des cieux, pour distinguer entre le jour et la nuit ; ils serviront de signes pour les saisons, pour les jours, pour les années ; et ils serviront de luminaires, dans l'espace céleste, pour éclairer la terre. » Et cela s'accomplit. Dieu fit les deux grands luminaires : le plus grand luminaire pour la royauté du jour, le plus petit luminaire pour la royauté de la nuit, et aussi les étoiles. Et Dieu les plaça dans l'espace céleste pour rayonner sur la terre ; pour régner le jour et la nuit, et pour séparer la lumière des ténèbres. Dieu considéra que c'était bien[1].

Simplicité biblique, simplicité trompeuse. Si le soleil et la lune sont à tous et rayonnent sur toute la terre depuis l'espace céleste où le Saint béni soit-il les a placés, ils ne sont pas en eux-mêmes principes d'universalité ni facteurs d'unité. Ils sont *du* monde, et c'est pour cette raison que leur pouvoir *sur* le monde, et sur le temps du monde, est limité. Par le pouvoir de la Loi. Ils ordonnent en distinguant, ils

---

1. Genèse 1, 14-19.

ordonnent en séparant ? En fait, c'est la Loi qui fait l'ordre. Les deux grands luminaires ne sont au mieux que ses instruments. Et ils ne sont pas toujours nécessaires.

S'ils nous servent à distinguer le jour de la nuit, ils ne nous disent pas quand commence la journée. C'est la Torah* qui le dit, et elle seule. La journée commence à la nuit, finit à la nuit : « Il fut soir, il fut matin, un jour[1]. » Certains croient que tout commence et finit à minuit. Les autres non. Les juifs, en ce qui les concerne, s'en tiennent à la Loi : ils ne regardent pas leur montre, ils regardent le ciel, comme la Loi le leur prescrit.

À ce propos, que faudra-t-il penser du crépuscule, qui n'est ni jour ni nuit, ou à la fois l'un et l'autre, et que faudra-t-il en faire ? Quand commencera le shabbat*, quand s'achèvera-t-il ? Et à Kippour*, à quelle heure débutera donc le grand jeûne ? De la décision prise dépendent le respect ou la transgression de la Loi. Et c'est naturellement la Loi, ici encore, qui tranche : le crépuscule du vendredi soir sera intégré au shabbat*, le crépuscule du samedi soir aussi, le sacré mordra sur le profane. De même, le soir de Kippour*, le jeûne commencera une heure avant la nuit, il durera vingt-cinq heures, et non vingt-quatre.

De la semaine et de l'ordre de ses jours, la lune et le soleil ne nous disent rien non plus. La première semaine commença sans eux, le dimanche où tout commença, et elle s'acheva avec le premier shabbat*, quand Dieu eut achevé son œuvre. Et c'est Dieu et la Torah*, la Loi, qui, en le sanctifiant, firent, pour Israël, de ce jour-là, le septième jour, un jour de repos distinct de tous les autres.

1. Genèse 1, 5. Le premier jour de la semaine, qui n'équivaut qu'en partie à notre dimanche, commence ainsi le samedi à la nuit tombée pour finir le dimanche soir à la nuit.

Quant à l'autre et principale fonction du petit et du grand luminaire, celle de servir « de signes pour les saisons, pour les jours, pour les années », elle n'est décisive qu'en apparence. Encore faut-il savoir interpréter les « signes », leur imposer un sens. Quand donc commence l'année ? Quel en est le premier jour ? Là encore, à la fin, c'est la Loi qui tranche, pas les astres, simples repères.

Il n'y a d'ailleurs pas un, mais quatre jours de l'an[1]. Le 1er *nissan* (mars-avril), mois de la libération d'Israël, mois de Pâque, première des fêtes de pèlerinage de l'année, premier mois de l'année pour le compte des règnes et des fêtes[2]. Le 1er *éloul* (août-septembre), premier mois de l'année pour ce qui concerne la dîme prélevée sur les bêtes. Le 1er *tishri* (septembre-octobre), jour anniversaire de la création du monde, premier mois de l'année civile, pour le repos sabbatique de chaque septième année, les jubilés, les dîmes sur les légumes[3]. Le 1er *shevat* (janvier-février), enfin, ou le 15 selon une autre école, premier jour de l'année pour les dîmes des fruits d'arbres[4].

Dernière question que le soleil et la lune ne sauraient trancher eux-mêmes, sauf à donner à l'un plus de pouvoir qu'à l'autre : comment sont calculés les mois ? comment est calculée l'année ? Le calendrier* juif est, de fait, luni-solaire, par quoi il se distingue à la fois du calendrier occidental (solaire) et du calendrier musulman (lunaire). Ses mois, de 29 ou de 30 jours, sont lunaires, comme son année, plus courte que l'année solaire de 11 jours. Si l'on s'en tenait là, à la lune, le retard pris s'aggraverait chaque année davantage, comme c'est le cas dans le monde islamique.

---

1. Mishnah, *Rosh ha-shana*, 1, 1.
2. Voir *supra*, p. 67-68.
3. C'est le 1er *tishri* qu'est célébré le Nouvel An juif, *Rosh ha-Shana*.
4. Voir *supra*, p. 53.

C'est ici qu'intervient le soleil, ou plutôt la Loi le fait intervenir, car il n'y a pas que les jours, les mois, et les années, il y a aussi les saisons, et il faut bien en tenir compte si l'on ne veut pas déconnecter le cycle liturgique du cycle naturel. Si elles sont bien, en effet, des fêtes « historiques », commémorant des moments du parcours biblique d'Israël, les grandes fêtes juives sont aussi des fêtes agricoles. Et si elles sont associées à des jours et à des mois précis de l'année lunaire juive, elles le sont aussi à des saisons particulières. De sorte que, pour éviter d'avoir à célébrer une fête du printemps à l'automne ou au beau milieu de l'hiver, il convient de rattraper le retard pris par l'année lunaire sur le cycle solaire en ajoutant périodiquement un treizième mois à l'année en cours (sept fois par cycle de 19 ans).

En s'accrochant à la nature, au monde, à ses saisons, et notamment à ses astres, les juifs se sont certes faits astronomes. Un texte talmudique* insiste déjà sur l'importance de la science astronomique : « Comment savons-nous que c'est une obligation de calculer les cycles et le cours des planètes ? Parce qu'il est écrit : "Observez-les et pratiquez-les (les lois et statuts ordonnés par Dieu), ce sera là votre sagesse et votre intelligence aux yeux des peuples[1]." Qu'est-ce qui est sagesse et intelligence aux yeux des peuples ? Il s'agit de la science des cycles et des planètes[2]. »

Cette science a sa valeur propre et elle a de fait tenu une place de choix dans le cursus des études et dans les productions des intellectuels juifs anciens et médiévaux. Mais elle prend ici la valeur d'une obligation religieuse. Et elle sert une fin qui la surplombe. Le calendrier* est en effet toujours plus que le simple produit d'une science de la nature ou du ciel. Il intègre d'autres contraintes, religieuses, sociales, politiques.

1. Deutéronome 4, 6.
2. Talmud de Babylone, *Shabat* 74a.

Tout peut parfois dépendre d'un choix exégétique, et là, ni le soleil ni la lune, ni même la moindre étoile, n'auront leur mot à dire. La fête des Semaines (*Shavou'ot*, seconde des fêtes de pèlerinage), qui commémore le don de la Loi sur le Sinaï est ainsi censée être célébrée sept semaines après Pâque. Quel jour commence le calcul de ces sept semaines ? Lévitique 23, 11 semble clair : « le lendemain du shabbat* ». Le problème est que l'on peut entendre ici shabbat* en deux sens. Soit celui, large et plus rare, de « fête », et l'on comptera alors 49 jours dès le lendemain de Pâque. Soit, celui, étroit et plus courant, de « samedi », et l'on commencera à compter à partir du lendemain du premier shabbat* suivant Pâque, la fête des Semaines tombant dans ce cas toujours un dimanche. La première interprétation a fini par s'imposer largement. L'autre n'en a pas moins été retenue, aux périodes antique et médiévale, par divers secteurs du monde juif, ce qui ne manqua pas de susciter polémiques et conflits.

En s'accrochant au ciel de cette façon-là, problématique, ambigüe et singulière, le peuple juif ne s'inscrit pas simplement dans je ne sais quel ordre universel et absolu. Il y imprime sa marque – humaine et arbitraire – particulière, il le lit, l'interprète, le contraint symboliquement, et de cette façon, s'affirme et se distingue lui-même entre toutes les nations. Tout calendrier* vaut en effet revendication d'autonomie et affichage identitaire pour le collectif qui le *fabrique*, l'adopte et le respecte.

☆

Loin de nous rassembler, le soleil et la lune, les mois et les saisons, et la Loi qui s'en saisit, nous divisent. Nous les faisons servir à notre division. Pas seulement entre juifs et non-juifs, d'ailleurs.

Dans l'Antiquité, la détermination des néoménies[1] et la décision de l'intercalation d'un mois supplémentaire dépendaient de l'observation de la nature et du ciel et relevaient de la compétence du Sanhédrin, haute cour siégeant à Jérusalem dont l'autorité s'étendait à une population juive dispersée aux quatre coins du monde. Les aléas de l'observation, les difficultés de communication, ainsi que la perte d'ascendant du pôle palestinien, entrainèrent une modification en profondeur du système jusque-là en vigueur. Et à partir du milieu du IVe siècle, un calendrier* fondé sur des calculs mathématiques et astronomiques permet de se passer des témoignages oculaires. Conflits de pouvoir et discordes de fond ne cesseront pas pour autant.

Ainsi, au début du Xe siècle, cherchant à faire retrouver aux juifs de Palestine leurs prérogatives en matière de calendrier*, Aaron ben Méir conteste la justesse des calculs babyloniens et les corrige. Le conflit s'envenime au point de conduire à un quasi-schisme et d'amener, en 922, les juifs de Palestine et sans doute d'Égypte à célébrer la Pâque deux jours avant leurs coreligionnaires de Babylonie, et à faire de même pour la célébration du Nouvel An qui suit. La bataille se conclut par la défaite des sages de Palestine et la confirmation de la suprématie du centre babylonien.

Reste que le plus exemplaire et le plus long des conflits calendaires qui aient marqué l'histoire du judaïsme rabbinique est celui qui l'opposa, pendant des siècles, à l'« hérésie » karaïte*. Un récit de la naissance du karaïsme fourni par une source rabbanite[2], elle-même citée par un karaïte du XIIe siècle, pour tendancieux, malveillant et historiquement

---

1. Nouvelle lune, début du mois lunaire, en hébreu *rosh 'hodesh* (littéralement « tête du mois »), marqué encore aujourd'hui par quelques pratiques liturgiques spécifiques.
2. Fidèle à l'« orthodoxie » rabbinique.

sujet à caution qu'il soit, n'en est pas moins révélateur des dimensions identitaires et politiques de tels affrontements.

Qu'y apprend-on en effet ? Que Anan ben David, un maître juif babylonien du VIIIe siècle, aurait contesté la nomination de son frère au poste d'exilarque[1], une nomination pourtant ratifiée par le pouvoir musulman. Il se serait fait proclamer lui-même exilarque par ses partisans et aurait été emprisonné. Pour tenter d'obtenir le pardon du calife, Anan aurait alors cherché à démontrer qu'il était en réalité le chef d'une confession autre que celle à la tête de laquelle son frère avait été placé. En quoi la religion d'Anan diffère-t-elle donc de celle de son frère et concurrent ? Voici ce qu'en aurait dit Anan lui-même : « La religion de mon frère (s'appuie) sur le calcul (de la nouvelle lune) et l'intercalation (de l'année embolismique) par cycles ; et ma religion sur l'observation de la lune, et l'intercalation par la maturité des épis[2]. »

C'est donc ainsi que le karaïsme* aurait vu le jour, si l'on en croit ce récit : en se distinguant de la norme rabbanite par son refus du calendrier* précalculé, invention humaine dénuée d'appui dans l'Écriture. Retour, en conséquence, à l'observation du ciel pour la fixation de la néoménie. Et examen du degré de maturation de l'orge en Terre sainte pour décider, en cas de retard, de l'ajout d'un treizième mois de sorte à célébrer Pâque au printemps, et pas en plein hiver. Et le texte d'ajouter, non sans perfidie : « Comme le roi (musulman) comptait aussi d'après l'observation de la lune et la maturité des épis, Anan gagna ses bonnes grâces et s'attira sa bienveillance[3]... »

---

1. Chef de la communauté juive de Babylonie et son représentant auprès des autorités non juives.

2. Je cite ce texte dans la traduction d'André PAUL, *Écrits de Qumran et sectes juives aux premiers siècles de l'islam. Recherches sur l'origine du qaraïsme*, Paris, Letouzé et Aney, 1969, p. 16.

3. *Ibid.*

La bataille durera des siècles. Les décalages entre les calendriers* rabbanite et karaïte étaient inévitables. Ils conduisaient les uns à considérer comme profanes des jours sacralisés par les autres, les deux communautés – souvent voisines – observant la même fête à des dates différentes. Le monde karaïte lui-même se divisa souvent sur ces questions. Au point de convaincre certains juristes karaïtes d'envisager des compromis, voire de se rapprocher de l'usage rabbanite. Ainsi à Andrinople, puis à Constantinople, au XVe siècle, où le karaïte Caleb Afendopolo, n'en continuait pas moins de rappeler : « Et tu sais déjà *la différence entre eux et nous* dans les commandements, et la racine de tout cela se trouve dans la fixation de la néoménie[1]... »

☆

Telle qu'elle se forme dans la Bible, et telle qu'en débattront les Sages cités dans les grands corpus de la Tradition orale (Mishnah*, Talmuds*, etc.), la Loi est en fait tout occupée de la « nature ». Rien ne le manifeste mieux que ses dispositions agricoles innombrables, exigeantes, qui rappellent la portée et déterminent les modalités du rapport d'Israël à sa Terre. Elles ne cesseront pas d'être étudiées dans l'Exil, loin de la Terre, et jusque dans les ghettos les plus obscurs. De la même façon que continueront d'être discutées les dispositions relatives au service du Temple de Jérusalem, des siècles après sa destruction par les Romains en 70.

Il y eut en outre toujours, en Diaspora, des Juifs des champs et des villages. En Champagne, aux XIe-XIIe siècles, certains vivent ainsi de leurs vignes et de leurs jardins. Et si,

---

1. 'Hayim Yona GURLAND, *Guinzei Yisra'el be-St. Petersbourg*, vol. 3, Saint-Pétersbourg, M. Ettinger, 1866, p. 17. Sur toutes ces questions, voir mon ouvrage *Le Commentaire biblique...*, p. 80-89.

au XIIIe siècle, dans la France du Nord, ils sont peu à peu confinés dans un nombre limité d'occupations, tel, notamment, le prêt à intérêt, dans le Languedoc, on les trouve en revanche encore dans le commerce des céréales ou la culture du sol, ils tiennent à fief des terres et des maisons[1]. Ce n'est que peu à peu, souvent sous la contrainte, que les Juifs deviennent des urbains, sont éloignés d'activités en lien avec la terre, voire enfermés dans des quartiers à eux.

Le rapport des Juifs à la nature qui finit par s'instaurer est juste « décalé ». L'ambiguïté du calendrier* liturgique est à cet égard révélatrice. Ce calendrier est tributaire de deux astres aux révolutions (réelles ou apparentes) hétérogènes, aux rythmes propres et non superposables. Il exalte à la fois le Dieu créateur du monde et juge de ceux qui l'habitent, et le Dieu agissant sur la destinée propre d'un peuple singulier. Plus important peut-être : les grandes fêtes de pèlerinage, celles qui impliquaient, lorsque le Temple existait encore, un pèlerinage à Jérusalem, ont deux visages indissociables, un visage « historique » – commémoratif –, et un visage « naturel » – saisonnier et agricole. Pâque commémore l'Exode, la sortie de l'esclavage d'Égypte, la constitution d'Israël en peuple libre, mais célèbre aussi le printemps et le renouveau. Quarante-neuf jours plus tard, *Shavou'ot*, la fête des « Semaines », évoque la théophanie du Sinaï et le don de la Loi à Israël, mais c'est aussi la fête des moissons, l'occasion, autrefois, d'une présentation au Sanctuaire des premiers fruits de la saison[2]. Enfin, *Soukot*, on l'a vu, renvoie à la précarité de l'existence des campements d'Israël au long de sa traversée du désert, mais c'est aussi la fête des récoltes et du début de l'automne.

---

1. Voir là-dessus Esther BENBASSA, *Histoire des Juifs de France*, nouvelle éd. revue et mise à jour, Paris, Éd. du Seuil, 2000, p. 61-64.
2. Voir *supra*, p. 82-83.

À ces premiers niveaux d'ambiguïté, il faut en ajouter deux autres. Les trois fêtes dont on parle sont à la fois remémoration de l'errance et de la migration, et célébration de l'enracinement, de l'appropriation d'un sol. D'un côté, le monde sans limites, abandonné à tous et dépourvu d'ancrage : le désert. De l'autre, la terre cultivée, le territoire habité, la frontière héritée, conquise et défendue. Paradoxe supplémentaire, cette terre, ce territoire, cette frontière, on les célèbre désormais dans l'Exil. On n'y vit pas, on n'y vit plus, même quand concrètement on s'y trouve. Lors même qu'il réside en Terre d'Israël, un juif continuera de formuler l'espoir d'un retour : « Cette année ici, lira-t-il au début du rituel du repas de Pâque, l'an prochain en Terre d'Israël. » Parce que la Terre qu'on espère n'est pas exactement la Terre que l'on a perdue, parce que la Terre de l'attente eschatologique ne se confond pas exactement avec celle dont on peut concrètement fouler la poussière.

Dernière interrogation, ultimes ambiguïtés : quelles sont, en fait, les saisons que marque effectivement, explicitement, le rituel ? Il n'est pas sûr, pour commencer, qu'il y en ait quatre, comme nous sommes habitués à le penser, mais peut-être juste deux, comme le suggère le texte des prières quotidiennes : d'une part l'hiver, où l'on bénit le Dieu « qui fait souffler le vent et fait tomber la pluie », et d'autre part l'été, où l'on bénit celui « qui fait tomber la rosée[1] ». Et quand bien même il y en aurait quatre, quelles saisons célèbre-t-on et marque-t-on vraiment ? Celles d'ici (de Moscou, de Paris, de New York, de Buenos Aires), ou celles de là-bas (de Terre sainte) ? On l'a vu pour la célébration de *Tou bi-shevat*[2] : ce

1. Voir par exemple le texte, comportant ces variantes, de la seconde des bénédictions de la *'amida*, la prière dite « debout » et en silence par le fidèle, qui est le cœur des trois offices quotidiens. Voir également les textes alternatifs correspondants de la 9e bénédiction.

2. Voir *supra*, p. 53-56

qui est là-bas la fin de l'hiver et le début du printemps est encore pour nous, à Paris par exemple, le cœur de la saison froide. Ce décalage marque tout le cours de l'année liturgique. La nature, les saisons dont on célèbre les rythmes sont celles de *là-bas*, où l'on n'est pas (ou pas vraiment), pas celle d'*ici*, où l'on est.

Chaque fête est en outre marquée par la préparation de plats parfois imposés par le rituel, mais qui sont aussi, en tout cas, des plats de saison. On procède bien sûr en principe avec les ingrédients disponibles là où l'on se trouve et selon les coutumes culinaires locales. Mais on garde aussi la nostalgie de ce que l'on mangeait dans un exil antérieur, sous d'autres latitudes, peut-être plus clémentes. Juif originaire du Maghreb ou d'Orient, juif originaire de Pologne ou des Balkans, chacun a ses saisons et les marque à sa façon, en adéquation ou pas avec celles du lieu (France, Amérique, Israël, etc.) où il vit effectivement, parfois depuis plusieurs générations.

Comme si l'histoire du peuple, ses migrations, son exil et sa dispersion, ce que d'aucuns pourraient qualifier sa condition « non naturelle » (toute condition « naturelle » supposant l'adéquation peuple/territoire), comme si l'« anormalité » de son existence historique condamnait ce peuple, au moment même où il réaffirme la distinction naturelle des temps, à en redéfinir perpétuellement les limites[1].

1. On notera enfin, à titre de « décalage » supplémentaire, que certaines des grandes fêtes du calendrier liturgique sont célébrées pendant une journée en Terre sainte (aujourd'hui en Israël) et deux jours en Diaspora. L'instauration de ce « second jour de fête des dispersions » (en hébreu *yom tov sheni shel galouyot*) remonte à l'époque où le calendrier juif était fixé sur la base d'une observation en Terre sainte et où les difficultés de communication pouvaient gêner la transmission de l'information entre la Terre sainte et les communautés éloignées de la Diaspora. Le recours à un calendrier précalculé n'a pas mis fin à cette pratique.

L*e temps de mon enfance était plus simple, et ses saisons plus ordinaires.* La lune n'y jouait aucun rôle, et le soleil à peine. Cela viendrait plus tard. Il y avait l'été et le reste de l'année. Le reste de l'année, c'était l'automne, l'hiver, le printemps, le temps où le ciel était gris, où l'on vivait en ville, où l'on allait à l'école. L'été était le temps où l'on vivait ailleurs : sous un ciel bleu, à la campagne, chez mes grands-parents. Là, oui, on entendait le coq chanter, et j'y prêtais l'oreille, ou pas. Mais je ne savais pas encore qu'il convenait de bénir l'Éternel de lui avoir donné « l'intelligence de distinguer le jour de la nuit ». Cela viendrait plus tard.

Ma mère me montrait ses poignets. Elle me disait : « Tu vois, je n'ai pas les attaches fines, moi. Ces poignets disent d'où je viens et de qui je descends. De gens qui travaillaient la terre. Ce n'est pas comme ton père. » Elle en avait peut-être un peu honte, ma mère, de ses « attaches ». Peut-être pas. Et je songeais aux poignets si fins de mon père, l'homme venu d'ailleurs, urbain s'il en fut, et que tout ou presque, dans la nature, effrayait. Qui, dans sa jeunesse, eut sans doute l'occasion de bénir « l'intelligence » des coqs, mais n'en entendit guère chanter, alors, je suppose. Et qui, à l'âge mûr, ne se soucia jamais que de la santé de ses lauriers roses, sages et silencieux…

Quant à ma mère, elle exagérait. Il y avait longtemps que personne, dans sa famille, ne travaillait plus la terre. Tous étaient devenus ouvriers. Tel mon grand-père, et déjà le propre père de ce dernier. Mon grand-père avait acheté quelques terrains, quelques bois, il avait un chien, dont j'avais peur, et il était chasseur, pour quoi je le jugeais un peu « barbare ». Rien d'autre. Seule ma grand-mère avait, à peu de distance du garage, un jardin qui n'était pas d'agrément.

L'endroit était exotique, un peu mystérieux, presque inquiétant, à mes yeux de petit citadin tout au moins. On y trouvait un cerisier et quelques noisetiers. Il y poussait toutes sortes de choses qu'on pouvait manger. Des fraises, par exemple, bizarrement énormes, de la sorte que devaient en récolter les géants qui peuplaient la Terre sainte avant sa conquête par les Hébreux...

Il y avait là aussi un clapier et un poulailler. Les lapins, on ne se contentait pas de les caresser et de les nourrir. On les servait à table. Même chose pour la volaille. Il n'y avait pas que les œufs. On les mangeait aussi, ces poulets. Je suis heureux de n'avoir jamais vu ma grand-mère en grand sacrificateur, ce devait être effrayant. Ma grand-mère, si douce, mangeait de la viande. Comme les juifs. Ou plutôt non, pas comme les juifs. Mais ça, je ne le saurais que bien plus tard.

ANIMAUX NON HUMAINS
Le goût sanglant du sacrifice

Les juifs savent les coqs doués d'intelligence. Et pourtant, ils les mangent. Comme ma grand-mère *goy*. Presque comme elle.

Or on l'a vu : Adam et Ève ainsi que leurs premiers descendants étaient végétariens et, en leur temps, dominer le monde animal n'impliquait pas de s'en nourrir[1]. Tout change avec Noé et ses fils, juste sortis de l'Arche, à qui Dieu semble faire soudain une concession : « Tout ce qui se meut, tout ce qui vit, servira à votre nourriture ; de même que les végétaux, je vous livre tout[2]. » Concession faite à la méchanceté native du cœur de l'homme[3] en même temps que tentative d'en contenir les effets ? Peut-être.

Une limite est en tout cas posée à cette consommation carnée : « Toutefois, aucune chair, avec sa vie, avec son sang, vous ne mangerez[4]. » La formule est obscure et la traduction que j'en donne sujette à caution. Les commentateurs juifs, eux, y décèleront l'expression d'un interdit comptant au nombre des sept commandements qui s'imposent aux

1. Voir *supra*, p. 77.
2. Genèse 9, 3.
3. Voir Genèse 8, 21.
4. Genèse 9, 4.

descendants de Noé[1], soit à l'humanité entière : l'interdit de consommer la chair arrachée à un animal vivant, et donc le sang d'une bête vivante (versé alors qu'elle est encore en vie)[2]. Un interdit qui a clairement à voir avec un autre, dont la formulation suit immédiatement dans le texte scripturaire : l'interdit du meurtre, meurtre d'un homme par un animal, ou meurtre d'un homme par un autre homme[3].

À cette restriction initiale, valant pour tous les humains, quelques autres vont s'ajouter pour Israël. Pour ce dernier, en effet, l'interdit central de la consommation du sang[4] implique, s'agissant du moins des animaux terrestres, un type d'abattage (l'égorgement) visant à vider la victime de son sang, de même qu'une préparation de la viande (salage et lavage) censée extraire un maximum de sang de la pièce que l'on va consommer. Par ailleurs, seule est autorisée la consommation des animaux tenus pour « purs ». On retrouve dans ces dispositions la mise en œuvre d'un principe déjà rencontré, de limitation et de distinction. Distinction en amont, entre le pur et l'impur, entre ce qu'il est permis ou non de consommer, garantissant une séparation en aval, celle des juifs eux-mêmes, qui ne peuvent librement imiter les usages des Gentils*, ni librement manger à leur table.

1. La tradition rabbinique considère que la Torah* est l'héritage propre d'Israël et qu'on ne saurait imposer de force aux non-juifs le respect de l'ensemble des prescriptions qu'elle contient. Liées par l'alliance passée par Dieu avec Noé au lendemain du Déluge (Genèse 9), les nations ne sont tenues d'observer que sept commandements : 1) l'obligation d'instituer un système judiciaire ; 2) l'interdiction du blasphème ; 3) de l'idolâtrie ; 4) de l'inceste et de l'adultère ; 5) du meurtre ; 6) et du vol ; 7) l'interdiction de consommer un membre arraché à un animal vivant. Les commandements noachides, qui ne sont pas simplement entendus comme l'expression d'un droit naturel, confèrent ainsi au non-juif un véritable statut juridique et religieux sans exiger de lui une conversion au judaïsme.

2. Voir Rashi sur Genèse 9, 4 et Talmud de Babylone, *Sanhédrin* 56 a-b.

3. Genèse 9, 5-6.

4. Voir Lévitique 17, 10-14 et Deutéronome 12, 23-25.

En limitant le nombre des espèces autorisées, en prescrivant un type d'égorgement rigoureusement défini, en prohibant la consommation du sang, en développant, plus largement, une diététique complexe et contraignante[1], le judaïsme entend apprendre aux juifs à manger « avec modération ». À contenir leur appétit, à se nourrir « humainement ». Pas comme des bêtes féroces.

Certes, Dieu lui-même semble aimer la viande et, de fait, il s'en gave. À cet égard, le culte sacrificiel institué par le Lévitique et pratiqué au Temple de Jérusalem n'est pas pour rassurer. On immole, on dépèce, le sang coule, les graisses fument, gros et petit bétail, volatiles, les victimes s'entassent, et leur combustion dégage, paraît-il, « une odeur agréable au Seigneur[2] ». Et l'on ne peut guère oublier, comme on l'a vu, que le premier des commandements donné à Israël comme communauté touche justement à la préparation du sacrifice pascal[3]. Il ne fait décidément pas bon être agneau ou tourterelle sous ce régime.

Mais de tout cela l'Éternel semble finalement s'être lui-même lassé. Et il le reconnaît par la bouche de ses prophètes. Il prend désormais plaisir « à la bonté, et non au sacrifice », préfère « la connaissance de Dieu aux holocaustes[4] ». En outre, le Temple de Jérusalem a disparu, détruit par les Romains en 70 de notre ère. Depuis, le judaïsme et Dieu se passent fort bien de ce culte effrayant, auquel a été substitué un « culte du cœur », de l'étude et de la prière. Certains espèrent bien sûr, pour la fin des temps, la reconstruction du Sanctuaire,

1. La *kashrout*. Le mot désigne généralement, la qualité de ce qui est *kasher*, litt. « convenable, apte », à savoir rituellement autorisé, et spécialement, l'ensemble des prescriptions religieuses juives régissant l'alimentation.

2. Lévitique 1, 17.

3. Voir *supra*, p. 68.

4. Osée 6, 6.

mais tous imaginent-ils vraiment un retour aux anciennes et sanglantes pratiques ?

Le judaïsme rabbinique, soucieux d'épargner des souffrances inutiles aux animaux, n'a pas manqué de souligner les dispositions de la Loi exprimant, à leur égard, une certaine compassion divine. Ne pas cuire le chevreau dans le lait de sa mère[1]. Ne pas abattre le même jour la mère et son petit. Ne pas s'emparer d'un même geste de la mère et de sa couvée. Et ce n'est pas sans raison que les règles régissant l'abattage rituel lui-même sont interprétées par un Moïse Maïmonide*, dès lors qu'il y a nécessité, pour l'homme, de se nourrir de la chair des animaux, comme un moyen « de leur infliger la mort la plus légère et en même temps d'obtenir cela de la manière la plus facile[2]. » Le Dieu des juifs n'est donc pas ce Dieu cruel que les chrétiens se sont parfois plu à décrire.

Certains soutiennent que les animaux, qui nous ressemblent, souffrent physiquement et affectivement comme nous. Et que Dieu a pitié d'eux. Mais même si tel n'est pas le cas, car d'autres en doutent, Dieu a au moins une visée éducative en mettant des bornes à notre violence : ne pas nous habituer à voir couler le sang trop facilement. Pour un Nahmanide*, l'objectif de ce type de prohibition est clair : « nous enseigner la compassion et nous éviter de devenir cruels, car la cruauté tend (naturellement) à s'emparer de l'âme de l'homme. Il est ainsi connu que les bouchers abatteurs de grands bovins et d'ânes sont "gens de sang[3]", "immolateurs d'hommes[4]" et fort cruels[5]. »

1. Sur cet enseignement et ses prolongements, voir *infra*, p. 131-140.
2. *Guide des égarés* 3, 26. Traduction de l'arabe par S. Munk, rééd., Paris, G.-P. Maisonneuve et Larose, 1981, t. 3, p. 208.
3. Psaumes 55, 24.
4. Osée 13, 2.
5. Nahmanide sur Deutéronome 22, 6.

Le principe de distinction – ici entre l'homme et l'animal – a donc ses limites. La possibilité d'un véganisme juif, sinon d'un antispécisme juif, est là. Qu'elle vaille comme pédagogie ou par elle-même, la compassion pour le monde animal est un impératif. De même, tout ce qui à la fois autorise et vise à limiter les souffrances qui lui sont infligées ne saurait se comprendre autrement que comme concession à la nature imparfaite de l'homme *et* volonté d'en réduire les effets délétères. Derrière tout cela se cache en fait un rêve de retour à la simplicité des origines.

Que dit de la fin des temps le prophète Isaïe ? Comment caractérise-t-il l'ère messianique ? Comme une ère de justice et de paix. Et il l'exprime en ces termes : « Alors le loup habitera avec la brebis, et le tigre reposera avec le chevreau ; veau, lionceau et bélier vivront ensemble, et un jeune enfant les conduira. Génisse et ourse paîtront côte à côte, ensemble s'ébattront leurs petits ; et le lion, comme le bœuf, se nourrira de paille. Le nourrisson jouera près du nid de la vipère, et le nouveau-né avancera la main dans le repaire de l'aspic. Plus de méfaits, plus de violences sur toute ma sainte montagne ; car la terre sera pleine de la connaissance de Dieu, comme l'eau abonde dans le lit des mers[1]. »

Tout cela peut s'entendre allégoriquement, bien sûr. En raison du consensus sur la justice et la foi introduit en ce monde par le Roi-Messie, les guerres disparaîtront, les hommes ne se nuiront plus les uns aux autres, ceux qui s'érigeaient jusqu'alors en maîtres sur le monde, les violents et les pilleurs vivront désormais avec les plus faibles dans la paix et la quiétude. Parce que la terre sera pleine de la connaissance de Dieu, les hommes ne se feront plus de mal les uns aux autres, ils ne viseront plus qu'à la perfection de leur âme, et

1. Isaïe 11, 6-9.

ne chercheront plus à s'entredévorer les uns les autres, ainsi qu'ils le font aujourd'hui.

La métaphore animale est parlante. Mais ne s'agirait-il pas là de plus (ou de moins) qu'une métaphore ? De l'évocation d'une autre nouveauté apparaissant sur la terre ? Nouveauté qui ne serait que retour aux choses « comme elles ont été au début de la création » ? C'est ce que certains suggèrent, ainsi que le souligne un Isaac Abravanel*, rappelant qu'au début de la création, le lion n'était pas une bête fauve, non plus que les autres animaux et oiseaux de proie, et interprétant ce texte comme l'annonce d'une époque nouvelle – l'époque messianique – où, comme au commencement, « les bêtes fauves ne dévoreront plus et où les animaux inoffensifs ne seront plus dévorés ». Le changement miraculeux annoncé ne concernera donc pas que les hommes, mais aussi « les animaux sans intelligence ».

« La consommation de viande engendre dans l'âme de celui qui consomme de mauvaises dispositions, cruelle colère et violent courroux. » Cela vaut pour les humains, et c'est précisément pour cette raison qu'immédiatement après les avoir autorisés à consommer de la viande, Dieu les a immédiatement mis en garde contre le risque et la tentation du meurtre[1]. Mais ce qui vaut pour les humains vaut aussi pour les animaux non humains. C'est en amenant le lion à se nourrir de paille, comme le bœuf, et non de chair animale, que Dieu, à l'ère messianique, fera qu'il cessera d'être cruel, et ne commettra plus de méfaits, ni de violence[2].

Espérance de végétarisme universel, transformant les animaux carnivores eux-mêmes en pacifiques herbivores

1. Voir *supra*, p. 102.
2. Voir Jean-Christophe ATTIAS, *Isaac Abravanel, la mémoire et l'espérance*, Paris, Éd. du Cerf, 1992, p. 198-202.

– simple espérance du retour à une nature première, à un état du monde tel qu'il était au tout début de la création.

☆

Je mange de la viande, je le confesse, comme ma grand-mère *goy*, et comme les juifs. Il est pourtant un usage sanglant auquel je crois ne m'être jamais livré. Celui des *kaparot* (litt. « expiations »). Voici ce qu'en dit le guide du pratiquant auquel il m'arrivait de me référer lorsque je faisais mes premiers pas de juif orthodoxe :

> On a l'habitude d'offrir des kapparoth (animaux offerts à titre d'expiation) la veille du Yome Kippour (Jour du Pardon), tôt le matin, car alors la miséricorde est très grande. On prend pour un homme, un coq non châtré, et, pour une femme, une poule ; pour une femme enceinte, on prendra un coq et une poule, un coq, car l'enfant sera peut-être un garçon, et si c'est une fille, il suffira d'une poule pour la mère et la fille… Chacun prendra sa kapparah de la main droite… et fera tournoyer l'animal au-dessus de sa tête en disant : « Ceci est à ma place »… Il est bon que la che'hitah (l'abattage rituel) ait lieu également le matin, tôt, aussitôt après que l'on a fait tournoyer l'animal. L'on ne doit pas penser que c'est une véritable expiation, mais l'on pensera qu'il aurait dû nous arriver tout ce qui arrive à ce poulet, à cause de nos fautes, et l'on se plaindra de ces fautes, et, dans sa miséricorde, le Saint, béni soit-il, acceptera notre repentir[1].

---

1. Rabbi Chlomoh GANZFRIED, *Abrégé du Choul'hane Aroukh*, texte hébreu ponctué et vocalisé par le rabbin S. Bamberger, trad. française littérale par L. Cohn, 3e éd., vol. II, Paris, Librairie Colbo, 1978, p. 757-758. Je cite ce texte sans modifier les transcriptions de l'hébreu qu'il contient.

De quoi s'agit-il donc ici ? D'une expiation ? La réponse paraît claire : « l'on ne doit pas penser que c'est une véritable expiation. » Mais qu'est-ce alors qu'une expiation qui ne serait pas « véritable », qu'un sacrifice qui n'en serait pas vraiment un ? Cette ambiguïté est l'une des raisons pour lesquelles cet usage, qui n'est qu'un usage, mais un usage ancien et largement répandu et, en tant que tel, consacré, a suscité les réserves, voire la condamnation explicite de plus d'un décisionnaire juif. Aucun sacrifice ne saurait être offert depuis la destruction du Temple de Jérusalem. Les *kaparot* ne sauraient donc, à cet égard, être autre chose qu'une parodie de sacrifice, que certains soupçonnent en outre d'avoir des origines « païennes ». Pour sa part, si l'on en croit la première édition de son *Shoul'han Aroukh* (la Table dressée), Joseph Karo, le grand codificateur du XVIe siècle, les tenait pour un « usage stupide[1] », à abolir[2].

La formule rituelle récitée par le fidèle au moment où le coq tourne au-dessus de sa tête paraît, elle, dénuée de toute ambiguïté : « Ceci est mon remplacement, ceci est mon substitut, ceci est mon expiation, ce coq ira à la mort, et moi j'irai vers une vie bonne et longue et vers la paix. » Et c'est après que ces mots ont été prononcés que l'abatteur rituel égorge l'animal dans les règles, le fidèle ayant l'occasion d'accomplir dans la foulée un commandement d'origine biblique : le recouvrement par une poignée de terre du sang répandu sur le sol[3].

L'utilisation d'un coq (d'une poule, pour les femmes) n'est pas absolument obligatoire. Une oie peut faire l'affaire, voire tout animal vivant que l'on ne pouvait pas offrir au Temple lorsqu'il était en service (donc pas de tourterelles ni de jeunes

1. En hébreu : *minhag shel shtout.*
2. *Ora'h 'Hayim*, par. 605.
3. Voir Lévitique 17, 13.

colombes). « Certains parlent même de poissons », précise le guide qui était une des lectures de ma jeunesse.

Reste que le coq jouit d'un avantage incontestable, alors même que d'autres animaux terrestres (et à cornes) auraient pu sembler mieux convenir, tel le bélier, qu'Abraham avait finalement sacrifié en lieu et place de son fils Isaac[1], ou le bouc, qu'Israël chargeait autrefois de ses péchés avant de l'envoyer mourir dans le désert[2]. Entre autres raisons à ce choix du coq, et outre le fait que, dans le monde où cet usage s'impose, chacun dispose d'un coq chez soi, dans sa basse-cour, et n'a pas besoin d'être très riche pour cela, il y a peut-être aussi une particularité terminologique.

Coq se dit en effet en hébreu de trois façons différentes : *shekhvi*, le coq mentionné dans la bénédiction matinale déjà évoquée, à qui son intelligence permet de distinguer le jour de la nuit[3] ; *tarnegol*, d'utilisation courante, qui désigne le coq et le poulet que l'on abat et que l'on consomme ; et enfin *guéver*[4]. Or, *guéver* peut signifier en hébreu aussi bien « homme » que « coq ». Ainsi certains maîtres juifs médiévaux justifient-ils que le second, le *guéver*-coq, soit préféré pour servir de substitut au premier, le *guéver*-homme – pour mourir à sa place.

Tout homme « est » un coq. Tout coq « est » un homme. Et c'est pour cette raison que le sacrifice du second peut sauver

1. Voir Genèse 22.

2. Voir Lévitique 16.

3. Le mot, d'étymologie et de signification incertaines, n'apparaît qu'une seule fois dans le texte biblique en Job 38, 36, où l'on peut lire (c'est Dieu qui rappelle sa puissance à Job) : « Qui a donné l'intelligence au *shekhvi ?* » Rashi explique : « Il s'agit du coq, dans la langue des Sages (= dans l'usage qui est fait de ce mot en hébreu post-biblique). Et certains disent : c'est le cœur (de l'homme), qui regarde, considère et anticipe les événements à venir. »

4. Les mots *tarnegol* et *guéver* au sens de « coq » appartiennent à l'hébreu post-biblique. *Guéver* au sens d'« homme » est en revanche largement attesté dans l'Écriture.

le premier de la menace de châtiment que ses fautes font peser sur lui. L'équivalence est posée : sans elle, le sacrifice ne serait pas efficace. Et elle est en même temps niée : c'est toujours le coq qui est sacrifié, pas l'homme. Voilà qui fonctionne bien dans un monde où la vie d'un homme est a priori tenue pour infiniment supérieure à celle d'un animal. Or le monde a changé. Moi-même, il y a quarante ans, ce rite me gênait déjà, et je ne l'ai pas pratiqué. Il choque aujourd'hui beaucoup de juifs fidèles à leurs traditions, mais qui voient là, voire plus largement encore, dans l'abattage rituel et la consommation de viande une transgression majeure d'un devoir consacré par le judaïsme rabbinique : le souci de la « souffrance animale », en hébreu *tsa'ar ba'alei 'hayim*, littéralement la « souffrance des (êtres) doués de vie ».

Que fait-on cependant du coq sacrifié ? On le donne aux pauvres. Ou mieux encore, on le « rachète » avec de l'argent – qui est donné aux pauvres. Tout s'achève ainsi par un acte de charité (*tsedaka* en hébreu). La fin de ce rituel « barbare » ne serait-elle pas justement cet acte de charité, et ne serait-ce pas essentiellement cet acte de charité qui sauve l'homme pécheur de la mort ? La liturgie de Kippour* – et n'oublions pas que le rituel dont on parle ici est pratiqué à la veille de Kippour* – le rappelle : la pratique de la charité a une valeur expiatoire, capable d'annuler « la rigueur du décret (divin) ».

Le raccourci est prévu, déjà possible. Et le lion, ici, qu'est l'homme, peut choisir de manger dès aujourd'hui de la paille, renoncer au sacrifice du coq en allant directement à ce qui en est le but ultime : la charité. Car il existe un rituel alternatif largement attesté, couramment pratiqué par nombre de juifs, et auquel j'ai probablement sacrifié moi-même dans ma jeunesse de juif orthopraxe, qui consiste à remplacer le coq par de l'argent, à balancer cet argent – destiné à une œuvre de charité – au-dessus de sa tête, et à dire tout simplement : « Ceci est mon remplacement, ceci est mon substitut, ceci est mon expiation, cet argent ira à la charité, et moi j'irai vers une vie bonne et longue et vers la paix. »

Remplacer la mort du coq par un don en argent est peut-être le moyen d'ouvrir en ce monde non encore rédimé, comme par anticipation, une brève parenthèse messianique. Le rachat de la vie de l'animal humain pécheur n'exige pas que coule le sang innocent de l'animal non humain. Notre salut ne tient qu'à une chose : au souci que nous avons de l'autre homme, indissociable désormais du souci que nous avons de tous les vivants.

III

DE LA LAINE, DU LIN, UN CHEVREAU ET DES MASQUES

M*es grands-parents maternels étaient bilingues.* Ils parlaient le français et le « patois » charentais. Pour ma mère, ce « patois » n'était que du « français déformé ». Je ne l'ai jamais crue. Lorsque, enfant, je l'entendais parler (rarement) dans la cuisine de mes grands-parents, je fournissais un effort surhumain d'intelligence pour tenter de saisir ce qui se disait. Je happais bien, au détour d'une phrase, un ou deux mots de « français déformé ». Mais l'échange, lui, me restait absolument obscur. Personne ne m'a jamais appris le charentais. Je n'ai jamais entendu ma mère le parler.

L'amour du français dans sa pureté : voici quelque chose qu'elle partageait avec mon père. Chacun avait ses raisons. Pour mon père, le français, c'était la France, la langue qui le tenait à distance de celles qu'il avait entendues dans l'Algérie de son enfance : l'arabe, qu'il n'avait jamais appris, le judéo-espagnol*, qu'il avait oublié. Pour ma mère, le français classique, élégant, qu'elle se faisait gloire de maîtriser, était le signe et avait été l'instrument de son ascension sociale. Elle le parlait de sorte que (certains de) ses interlocuteurs comprennent qu'elle le parlait mieux qu'eux. Au français, au lycée, avaient fini par s'adjoindre le latin et le grec ancien – langues dont ses parents avaient méconnu jusqu'à l'existence, et dont ils ne purent jamais, sans doute, se figurer l'utilité. De fait, à ses yeux, le français ne valait que par ses étymologies grecques et latines, que le *vulgum pecus*, bien sûr, ignorait (ce qu'elle avait un peu de mal à lui pardonner).

J'aime les mots. Comme ma mère. Mais autrement. Et d'autres mots. J'aime les mots obscurs. D'étymologie incertaine, de sens douteux, qui sèment le trouble et la confusion. Des mots dont la sonorité insolite égare et dépayse. Des mots comme échappés de quelque « patois » secret, et tombés là juste pour troubler la limpidité d'une phrase. Ces mots, je me les répète parfois sans raison, rêveur et l'esprit soudain vagabond, ainsi que le ferait un enfant. *Sha'atnez* est l'un d'entre eux.

SHA'ATNEZ
Du mélange des fibres

Sha'atnez n'apparaît que deux fois dans la Bible[1]. Le mot ne sonne pas hébreu. Pour les savants modernes, il est d'origine incertaine. Peut-être égyptienne[2]. Un commentateur médiéval très grammairien comme Abraham Ibn* Ezra ne saute pas l'obstacle. Il le décrit : « Les Maîtres de la Tradition ont dit qu'il s'agissait de trois mots, à moins qu'il ne s'agisse d'un de ces mots hébreux formés sur une racine de cinq lettres, et son sens est : "mélangé". Et dans l'Écriture, c'est un mot (qui vient toujours) seul[3]. » Un mot qui en serait trois, quelque chose comme un sigle, constitué de quelques-unes des lettres de trois autres mots[4] ? Un mot hébreu formé sur une racine de cinq lettres, alors que, dans cette langue, la règle est plutôt la racine trilittère ? Un mot qui ne serait jamais associé à un autre dans un état construit[5] ? Voilà qui a de quoi dérouter. Voilà qui fait tache, résonne comme une fausse note, brise la ligne du sens.

1. Lévitique 19,19 et Deutéronome 22, 11.
2. Ernest Klein, *A Comprehensive Etymological Dictionary of the Hebrew Language for Readers of English*, New York, Macmillan, 1987, p. 672.
3. Commentaire sur Lévitique 19, 19.
4. Voir *infra*, p. 126.
5. À savoir qu'on ne voit nulle part ce mot associé à un autre dans une formule grammaticale (l'état construit) qui en ferait un nom suivi de son complément ou qui en ferait au contraire le complément d'un autre nom le précédant (« un *sha'atnez* (de) quelque chose » ou « quelque chose (de) *sha'atnez* »). *Sha'atnez* n'apparaît qu'à l'état absolu, seul.

Que disent les deux fragments de verset où ce mot apparaît dans la Bible ? En Lévitique 19, 19, on lit : « Et de vêtement hybride *sha'atnez* tu ne porteras pas. » Le mot hébreu traduit par « hybride » est *kil'ayim*, qui désigne un composé de deux espèces différentes. Il semble que *sha'atnez* renvoie à un type particulier de mélange de fibres textiles. Il faut aller en Deutéronome 22, 11 pour commencer d'y voir plus clair. On y lit ceci : « Tu ne porteras pas de *sha'atnez*, laine et lin ensemble. » Ce qu'il faut entendre ici par *sha'atnez* est explicité par ce qui suit immédiatement. Un seul type d'hybride textile est interdit : le *sha'atnez*, qui est mélange de laine et de lin.

Le mot, son étymologie, son sens précis n'en demeurent pas moins mystérieux, et de fait nombreux sont les traducteurs qui, dans un aveu d'impuissance, reproduisent le terme hébreu dans leur texte, tel quel, en italiques ou entre parenthèses, comme une incise obscure qu'on ne saurait ni traduire, ni taire. Comme si, fil étranger tissé dans le texte de la Loi et en hybridant la langue, *sha'atnez* échouait à dire ce qu'il désigne par ce qu'il *dit*, mais y renvoyait par ce qu'il *est*, par le désordre qu'il introduit.

Au moins sait-on de quoi l'on parle ici, la nature et la portée exactes de l'interdit prononcé, et l'on ne pourra guère, pour l'instant, aller plus loin. Ibn* Ezra résume assez bien la situation : « On a déjà mentionné la chose d'une manière générale (en Lévitique 19, 19). Et ici (en Deutéronome 22, 11) on précise qu'il s'agit de la laine et du lin, et pas d'autres (fibres). »

☆

Que signifie cet interdit ? Pourquoi prohiber l'association, en un seul vêtement, en un seul tissu, de fibres naturelles, issues les unes du monde animal (la laine), et les autres du monde végétal (le lin) ?

Rashi* clôt d'emblée le débat, ou plutôt s'abstient de l'ouvrir. Lévitique 19, 19 est en effet ainsi formulé : « Mes lois vous garderez : n'accouple point tes bêtes d'espèces différentes ; ne sème point dans ton champ des graines hétérogènes, et qu'un vêtement mixte (*sha'atnez*) ne couvre point ton corps. » Alors même qu'une logique paraît se dessiner – refus de l'hybridation animale, refus de l'hybridation végétale, refus de l'hybridation animal/végétal –, Rashi* marque un arrêt : « Ces lois (*'houkot*) sont des décrets du Roi sans motif (*ta'am*) (explicite). » Bahya Ibn* Pakouda dit à peu près même chose : « Certains devoirs du corps sont fondés sur la raison et seraient obligatoires même si la Torah* ne les imposait pas. D'autres sont des devoirs reçus, que la raison n'exige ni ne repousse, par exemple l'interdiction... de se vêtir de vêtements tissés de fils différents, de planter divers germes en une même terre et autres obligations positives ou négatives dont les raisons nous sont inconnues[1]. »

L'interdit du *sha'atnez* ferait donc partie de ces commandements qui s'imposent du seul fait de leur origine divine et pour lesquels on ne saurait trouver – ni chercher – de justification rationnelle.

Maïmonide*, de son côté, va à peine plus loin : il ne donne pas à ces prescriptions de sens en soi, mais les perçoit, ainsi que d'autres du même genre, comme un instrument de différenciation. Il s'agit pour les Hébreux de ne pas faire comme les païens idolâtres, de faire même le contraire de ce qu'ils font, de sorte à se déshabituer de ce qu'ils faisaient eux-mêmes jusqu'alors et seraient peut-être encore tentés de faire : « C'est par la même raison qu'on a défendu les tissus de matières hétérogènes ; car c'était la coutume des

1. Baya, *Les Devoirs du cœur*, trad. par A. Chouraqui, Paris, Desclée de Brouwer, 1950, p. 12.

prêtres idolâtres de réunir, dans les étoffes qui leur servaient de vêtement, les matières végétales et animales, et de porter en même temps dans la main un sceau fait d'un minéral quelconque. Tu trouveras cela textuellement dans leurs écrits[1]. »

Faut-il pourtant s'arrêter là ? Ne reconnaître à cet interdit aucune raison accessible à l'esprit humain (Rashi*, Ibn* Pakouda) ? Ou lui reconnaître au mieux une utilité pédagogique et un objectif de différenciation religieuse, valables en fait pour beaucoup d'autres stipulations de la Torah* (Maïmonide) ? Le contexte large de Lévitique 19, 19 invite peut-être à reconsidérer les choses.

Les versets qui précèdent immédiatement (Lévitique 19, 10-18) ont une portée morale et sociale explicite, les commandements qu'on y rassemble s'accordent avec les exigences de la raison, la raison seule suffirait à les justifier, leur intégration dans le corpus sacré valant sanction divine et leur apportant comme un surcroît d'autorité : abandon au pauvre et à l'étranger de la moisson abandonnée au bout du champ, ainsi que de la glanure de la moisson, abandon aux mêmes des grains épars oubliés sur la vigne, condamnation du mensonge, de l'extorsion et de la rapine, interdiction de garder le salaire du journalier par devers soi jusqu'au lendemain, égards dus au sourd et à l'aveugle, obligation d'impartialité en toutes affaires de justice, etc. – jusqu'à l'amour du prochain, dont l'obligation est rappelée juste avant notre verset. Certes, Lévitique 19, 19 paraît introduire une césure en commençant par ces mots : « Mes lois vous garderez… » Cela peut signifier que les lois qui suivent sont d'une autre nature que celles qui précèdent.

1. *Guide des égarés* 3, 37. Trad. de l'arabe par S. Munk, t. 3, p. 285.

Abraham Ibn* Ezra n'est pas vraiment de cet avis :

> Et la raison pour laquelle on mentionne ces commandements, « N'accouple point tes bêtes d'espèces différentes, etc. », est de te mettre en garde, dès lors que tu es saint, [non seulement] contre toute violence que tu pourrais commettre contre ton semblable humain, mais aussi contre ce que tu pourrais faire à l'animal et qui changerait l'œuvre de Dieu. Voilà pourquoi il est écrit « Mes lois vous garderez » en gardant les espèces de se mêler l'une avec l'autre... Quant à la raison [d'évoquer l'hybridation] du champ et [celle] du vêtement, c'est de servir de rappel. En effet, beaucoup de commandements ont été institués pour servir de rappel (*zikaron*).

Il existe bien une différence entre les prescriptions énoncées dans les versets 9-18 de Lévitique 19, et celles qu'édicte Lévitique 19, 19. Les premières concernent les rapports entre l'homme et son prochain, elles vous recommandent générosité, bienveillance, rigueur morale, souci de justice – tout cela étant comme résumé, rassemblé, condensé en un ultime impératif : celui de l'amour du prochain, tout à la fin du verset 18. Les injonctions du verset 19, celui qui nous concerne, et dont le sens et la portée ne sont pas moins accessibles à la raison, touchent, elles, aux rapports de l'homme avec le monde et avec celui qui l'a créé. Et elles ont d'abord valeur de « rappel ». De même que la fête de Pâque a été instituée en « rappel » de la sortie des Hébreux d'Égypte, pour que vous ayez chaque année l'occasion de vous en souvenir, l'interdit de l'hybridation du bétail, du champ ou du vêtement vise à vous rappeler un principe : celui de ne pas porter atteinte, par orgueil ou par folie, à l'œuvre de la création – à ces lois de la nature dont le respect et la protection incombe au fidèle de la même façon que le respect et l'observance des prescriptions de la Loi révélée sur le Sinaï.

Le monde, on l'a vu[1], a été créé par un acte répété de différentiation et de séparation : la *havdala.* Tout acte réunissant (mélangeant) ce qui devait rester séparé menace le monde d'un retour au chaos. Chaque herbe renferme une semence, chaque arbre fruitier porte, selon son espèce, un fruit qui perpétue sa semence sur la terre. C'est selon leurs espèces que Dieu créa les oiseaux qui volent à travers l'espace des cieux, les êtres animés qui se meuvent dans les eaux, bétail, reptiles, bêtes sauvages. Brouiller ces différences, apparier ce que Dieu a distingué n'est rien d'autre que tenter de « changer » (= détruire) l'œuvre de Dieu. Voilà l'interdit fondamental auquel renvoie et que « rappelle » au fidèle la prohibition du *sha'atnez* de laine et de lin. Le monde, ou si vous préférez la nature, comme celui qui les a créés, ont horreur du mélange, car le mélange est révolte contre Dieu, germe de destruction pour le monde[2].

Lorsque Dieu a installé l'homme dans le jardin d'Éden, il lui a donné pour mission de le cultiver[3] et de le *garder*[4]. De la même façon, l'Hébreu, le juif, travaille sa terre et en récolte les fruits *en la gardant.* En « gardant » ces « lois » qui préservent d'un même mouvement ordre naturel et ordre divin. C'est sans doute ce que Dieu veut dire quand il dit : « Mes lois vous *garderez*[5]. »

☆

S'agissant du refus du mélange (du tissage ensemble) de la laine et du lin, il y a peut-être encore autre chose, un autre rappel. Le rappel d'un conflit premier, fondateur : celui

1. Voir *supra*, p. 73-74.
2. Voir sur ces questions Nahmanide sur Lévitique 19, 19.
3. De le « travailler », en hébreu *le-'ovda.*
4. En hébreu *le-shomra.*
5. En hébreu : « *Et 'houkotai tishmorou.* »

d'Abel et de Caïn. Au tout début de l'histoire du monde et des hommes, il y eut deux frères, premiers porteurs d'offrandes à leur Créateur. Abel, on s'en souvient, devint berger de menu bétail. Caïn, lui, travailla la terre. Au bout d'un certain temps, Caïn présenta du produit de la terre une offrande à l'Éternel. Abel, de son côté, offrit des premiers-nés de son bétail, de leurs parties grasses. « Le Seigneur se montra favorable à Abel et à son offrande, mais à Caïn et à son offrande, il ne fut pas favorable[1]. »

On sait comment tout cela finit : par un meurtre. On sait moins pour quelles raisons Dieu agréa l'offrande d'Abel et non celle de Caïn. Le Midrash*, cherchant à donner une raison moralement acceptable à cette différence de traitement, précise que ces deux offrandes n'étaient pas de même qualité : « Caïn apporta le reste de son repas, des grains grillés, *et de la semence de lin*. Abel apporta des premiers-nés de son troupeau et de leur graisse, des agneaux dont *la laine* n'avait pas été tondue[2]. » Nous retrouvons ici *ensemble* le lin et la laine, associés *ensemble* au plus sombre des récits de l'origine. Voilà pourquoi, si l'on en croit R. Yehoshoua ben Korha (IIe s.), « le Saint, béni soit-il, s'écria : Ne mélangez jamais les offrandes de Caïn et d'Abel – loin de nous – même dans la couture du vêtement, comme il est dit : "Tu ne revêtiras pas un tissu mêlé, laine et lin ensemble" (Deutéronome 22, 11). Même s'il est combiné, qu'il ne vienne pas sur toi, ce qu'exprime : "Tu ne porteras pas sur toi un habit de deux espèces, un tissu mêlé" (Lévitique 19, 19). »

Comme rappel du jour où un homme tua pour la première fois un autre homme, où un frère cessa d'être le *gardien* de son frère, et où il paya son crime par une altération majeure de son rapport au monde et à la terre (la terre cessa pour Caïn

1. Genèse 4, 4-5.
2. *Chapitres de Rabbi Éliézer*, 21, p. 130-131.

d'être féconde, et il devint errant et fugitif par le monde), le vêtement tissé de lin et de laine fait peser sur celui qui le porte comme le poids d'une malédiction, il fait planer sur lui comme la menace d'une tentation toujours présente : celle de la violence contre l'autre homme. On comprend peut-être dès lors pourquoi le commandement de l'amour du prochain précède immédiatement, dans le livre du Lévitique, l'interdit de porter la laine et le lin ensemble. Le respect de l'ordre naturel institué par Dieu se révèle indissociable du respect de l'autre homme.

☆

Dans le Deutéronome, l'interdit du *sha'atnez* apparaît dans un contexte semblable à celui du Lévitique, à la suite de versets[1] tissant ensemble, et plus explicitement encore, l'attention portée à la nature, spécialement au monde animal, et le souci du prochain : tout bien égaré par ton frère, bœuf, brebis, âne, manteau, que tu trouverais sur ton chemin, tu le recueilleras et feras en sorte qu'il puisse lui être restitué ; si tu vois l'âne ou le bœuf de ton frère tomber en chemin, aide-le à le relever ; quand tu bâtiras une maison neuve, tu installeras un parapet autour du toit, pour éviter que ta maison ne soit cause d'une mort ; quand tu rencontreras en chemin un nid d'oiseau, avec des oisillons ou des œufs et que la mère soit posée sur eux, tu ne prendras pas la mère. La hantise du mélange et de la confusion est en outre toujours bien là : une femme ne portera pas un vêtement d'homme, ni inversement[2] ; tu n'ensemenceras pas ton vignoble de graines hétérogènes ; tu ne laboureras pas

1. Voir Deutéronome 22, 1-10.
2. Voir *infra*, p. 150-154.

avec un bœuf et un âne attelés ensemble… Arrive enfin Deutéronome 22, 11 : « Tu ne porteras pas de *sha'atnez*, laine et lin ensemble. »

Jusqu'ici, rien que d'assez prévisible, rien avec quoi nous n'ayons déjà été familiarisés, en somme, par notre lecture du passage correspondant du Lévitique. Jusqu'à ce que nous tombions, un peu surpris, sur le verset 12, qui suit immédiatement l'édiction de l'interdit du *sha'atnez :* « Des franges tu te feras aux quatre coins du vêtement dont tu te couvriras. »

Il semble certes s'agir ici à nouveau de vêtement. Il ne s'agit pourtant pas d'un interdit, cette fois, mais d'une prescription positive. Et il n'est plus question, a priori, de prévenir un risque de mélange. Par ailleurs, ce commandement a semble-t-il déjà été exprimé ailleurs, en Nombres 15, 38-39 : « Parle aux enfants d'Israël, et dis-leur de se faire des franges aux coins de leurs vêtements… Cela formera pour vous des franges dont la vue vous rappellera tous les commandements de l'Éternel, afin que vous les exécutiez et ne vous égariez pas à la suite de votre cœur et de vos yeux, qui vous entraînent à l'infidélité. »

En Nombres 15, la « raison » du commandement et sa fonction de « rappel » est dûment précisée par le texte, ce qui n'est pas le cas en Deutéronome 22, 12. Par ailleurs, le mot hébreu servant à désigner le vêtement n'est pas le même : *béguèd* en Nombres 15, *kessout*, qui évoque un vêtement *couvrant*, voire une « couverture », en Deutéronome 22. De même, seul ce dernier précise que ces « franges » doivent être mises aux *quatre* coins du vêtement, tandis que Nombres 15 parle seulement de « coins », sans en préciser le nombre. Enfin, les franges ne sont pas désignées de la même façon : *tsitsit* dans les Nombres, *guedil* dans le Deutéronome. Ce qui nous semblait simple répétition, redite, n'en est pas vraiment une. Reste à savoir quel sens donner à tout cela.

Abraham Ibn* Ezra commence par réfuter ceux qu'il appelle les « négateurs » (les karaïtes*), qui considèrent qu'il s'agit là de deux commandements distincts : l'un, dans les Nombres, vaut pour le jour et parle pour cette raison de « vêtement » au sens strict, tandis que l'autre, dans le Deutéronome, vaut pour la nuit, raison pour laquelle ce dernier texte parle d'un vêtement couvrant, d'une « couverture ». Ibn* Ezra juge au contraire qu'il s'agit bien d'un seul et même commandement, applicable le jour, et que Deutéronome 22, 11 n'existe que pour préciser que c'est aux *quatre* coins du vêtement que ces franges doivent être nouées, cette prescription ne valant donc que pour ce type de vêtement. Et il ajoute : « Et (cette prescription) a été placée juste à côté de (l'interdit) du *sha'atnez* pour (faire comprendre que s'agissant) des franges, (le *sha'atnez*) est autorisé. »

Avant lui, Rashi* ne dit pas autre chose. Et avant Ibn* Ezra et Rashi*, la traduction araméenne du Targoum* du Pseudo-Jonathan explicite parfaitement l'enjeu (je mets en italique ce que le targoum* ajoute au texte biblique, en romain le texte biblique traduit) : « *Vous* ne *vous* revêtirez point *pour vous tenir au chaud d'un vêtement qui a été cardé, filé et tissé* de laine et de lin *mélangés* ensemble[12]. *Cependant, il vous sera permis de vous* faire, *avec de la laine, les fils* des franges *des vêtements de lin,* aux quatre angles du *manteau* dont *vous vous* envelopperez *dans la journée*[1]. »

L'expression « cardé, filé et tissé » n'est que la traduction araméenne des trois mots hébreux où la tradition rabbinique fait mine de retrouver les lettres formant le mot *sha'atnez* et qui lui permettent de lui donner un sens : *SHoua' Tavouy va-NouZ* (cardé, filé et tissé)[2]. Reste que le mot le

1. *Targum du Pentateuque*, trad. des deux recensions palestiniennes complètes par R. Le Déaut, avec la collaboration de J. Robert, t. 4, Deutéronome, Paris, Éd. du Cerf, 1980, p. 181.

2. Voir Mishnah, *Kil'ayim* 9, 8.

plus important de cette traduction « augmentée » qu'est ce targoum* est : « cependant[1] ». C'est ce « cependant » qui crée le lien entre le verset édictant l'interdit du *sha'atnez* et celui qui rappelle, immédiatement après, le commandement du port des franges et qui est d'abord là, nous dit-on, pour instituer une *exception* à la règle qui vient d'être formulée[2].

De quoi parle-t-on ici ? D'un vêtement à quatre coins auxquels sont ajoutées quatre franges. Pour le fidèle, il s'agit de son *talit*, le châle dont, encore aujourd'hui, il s'enveloppe pour la prière à chaque office du matin et à chacun des cinq offices de Kippour*. Le *talit* n'est pas un vêtement comme les autres, c'est un vêtement rituel. Si les vêtements profanes sont soumis au strict respect de la prohibition du *sha'atnez*, dans le champ du sacré, en revanche, l'interdit du mélange des fibres n'apparaît donc pas intangible. Tel semble avoir été le cas, de manière plus significative encore, des vêtements des prêtres officiant dans le Sanctuaire[3]. Ainsi, pour ne donner qu'un exemple, l'« écharpe » (*avnet* en hébreu) du grand prêtre aurait-elle été faite d'un textile hybride, l'obligation du port d'une ceinture de lin pur ne s'imposant à lui que le jour de Kippour*[4]. Il se pourrait bien, en fait, que le mélange des fibres soit précisément l'un des traits caractéristiques de l'espace sacré – et que son interdiction dans l'espace profane découle précisément de cela (pour le distinguer).

Dès la construction au désert du Sanctuaire mobile, préfiguration du Temple en dur qui serait construit à Jérusalem par Salomon, les choses semblent claires : « Et tu feras le Tabernacle de dix tentures, en lin retors, et fils d'azur, de

---

1. *Beram*, en araméen.
2. Sur cette « exception » et ses limites, voir Talmud de Babylone, *Yevamot* 3b-4a, *Nazir* 41b-42a et *Shoul'han Aroukh, Ora'h 'Hayim* 9, 2.
3. Voir Exode 28, 6, 8, 15, et 39, 29.
4. Voir Exode 39, 29, Lévitique, 16, 4 et Talmud de Babylone, *Yoma* 12b.

pourpre et d'écarlate[1]. » Rashi* précise bien : « Il y a donc quatre variétés dans chaque fil. Un de lin et trois de laine. » Même chose pour le rideau (*parokhet* en hébreu), « en étoffe d'azur, de pourpre et d'écarlate et de lin retors[2] », qui *séparera* (*ve-hivdil* en hébreu) le Sanctuaire d'avec le Saint des Saints[3]. Le mélange, ici, a bien pour fonction paradoxale de séparer. L'ambiguïté distingue.

Il y a certes là autre chose que l'expression d'un goût du paradoxe. Le Tabernacle est peut-être plus qu'une parenthèse, plus qu'une exception : l'anticipation d'un monde rédimé, où les contraires ne s'opposent plus, où fibres animales et fibres végétales ne sont plus en tension, où séparer ne signifie pas disjoindre mais organiser, où la distinction est harmonie. En lui permettant de s'envelopper dès aujourd'hui d'un châle supportant le *sha'atnez*, la Loi offre au simple fidèle la possibilité de participer sans attendre à un monde apaisé, où l'homme, son prochain, la nature et celui qui les a créés *ensemble* ne sont plus en conflit.

1. Exode 26, 1.
2. Exode 26, 31.
3. Exode 26, 33.

Il *y a bien sûr l'histoire de cette chèvre, échappée peut-être d'un champ voisin*, venue brouter les feuilles d'un arbrisseau du jardin de mes parents, planté du côté de la route. La chèvre ne m'a pas été présentée, personne ne l'a vue, sauf quelques témoins qui se sont fait un plaisir de nous raconter la scène. Une chose était sûre, facile à constater : l'arbre n'avait plus de feuilles. Mais quel arbre ? Je ne m'en souviens guère. Le figuier qui ne donnait jamais de figues ? L'arbre de Judée qui n'avait été planté là qu'à cause de son nom ? C'est qu'il y en avait, des arbres divers, dans le jardin de mon père. On n'attendait plus que le pin parasol, pour tenter de se croire, peut-être, en Méditerranée…

Il y a bien sûr aussi la chèvre de ce conte de Shmouel Yossef Agnon[1], qui revenait d'escapades mystérieuses le pis chargé d'un lait « plus doux que le miel et au goût de paradis », un lait qui faisait le plus grand bien au vieil homme malade qui l'avait achetée. Un jour, son fils trouva quelque stratagème pour la suivre dans sa course, jusqu'à l'entrée d'une caverne où commença pour lui un long voyage souterrain. À l'autre bout du tunnel, le jeune homme découvre un pays merveilleux : la Terre d'Israël. Il comprend que c'est parce qu'elle se nourrit là, tout près de Safed, de caroubes charnues et sucrées, que sa chèvre donne un lait si bon. Il rédige un mot pour son père, lui expliquant la chose, le glisse dans l'oreille de la chèvre dans l'espoir que, la voyant de retour, son père la caressera, qu'elle remuera les oreilles et que le billet tombera. Elle rentre bien, mais ne remue pas les oreilles, et le vieillard désespéré se persuade que son fils est mort en chemin, dévoré

1. Shmou'el Yossef Agnon, « L'histoire de la chèvre », dans *id.*, *Les uns et les autres*, Jérusalem – Tel-Aviv, Shocken, 1978, p. 373-375 (en hébreu).

par quelque bête féroce. De colère, il fait abattre la chèvre, et c'est alors que le billet tombe. Hélas pour rien. La chèvre morte, le guide a disparu, il n'est plus de « raccourci » pour la Terre d'Israël…

Et puis il y a ce chevreau qu'à trois reprises, l'Écriture interdit de cuire dans le lait de sa mère. Je n'ai jamais tenu de chevreau dans mes bras. Ma mère, sûrement. Là où elle est née et où elle a grandi, à la campagne vraiment, on ne lui a sûrement pas refusé cette joie. Elle lit bientôt la Bible, elle tombe sur ces versets. Elle croit les comprendre. Elle les comprend peut-être : ces versets sont bien sûr une injonction de tendresse, ce serait grande méchanceté que de faire ça à une mère et à son enfant. Ce qu'elle ne sait pas encore, et découvrira des décennies plus tard, lorsque son fils voudra se faire juif et lui fera acheter deux services de vaisselle neuve, c'est que ces trois versets sont la racine d'une pratique en apparence des plus triviales, qui est de ne pas manger lait et viande, quelque lait, quelque viande que ce soit, dans un même plat, au cours d'un même repas, dans la même vaisselle… Elle s'y fera, parce qu'une mère se fait à tout, et accueille toujours avec tendresse les petites cruautés de ses fils.

Ce que ma mère ne saura jamais, en revanche, c'est que cet interdit étrange aux cent déclinaisons se dit en hébreu (en hébreu rabbinique, non biblique) : *bassar be-'halav*. Littéralement « de la viande dans du lait ». Le chevreau et sa mère, eux, ont comme disparu.

UN CHEVREAU DISPARAÎT…
Du mélange des plats

Il ne disparaît pas si vite. Du pas sautillant qui est le sien, il est ici, et là, et encore là. Trois fois tout de même dans le Pentateuque. Et en ces trois endroits, on n'a pas de peine à le reconnaître. La formule ne varie pas : « Tu ne feras pas cuire un chevreau dans le lait de sa mère. » En Exode 23, 19, elle apparaît juste après la mention de l'obligation d'apporter « les prémices nouvelles de ton sol » dans la maison de l'Éternel. Seconde occurrence, Exode 34, 26 est la reprise pure et simple d'Exode 23, 19. Les mots sont les mêmes. Et le contexte, là encore, cultuel : il est à nouveau question de prémices, de présentation, d'offrandes… En Deutéronome 14, 21, changement de décor. Le verset qui nous intéresse vient après un long développement sur les animaux qu'il est permis de consommer, et ceux, impurs, qui sont proscrits. À côté de listes dont le principe d'organisation n'est pas immédiatement perceptible, l'énonciation de quelques règles générales. Ainsi tous les quadrupèdes ruminants ayant le pied corné et divisé en deux ongles distincts sont-ils autorisés. De même les animaux aquatiques dotés de nageoires et d'écailles. Et puis tout à coup : « Vous ne mangerez d'aucune bête crevée[1] : donne-la à manger à l'étranger admis dans tes murs, ou vends-la à ceux du dehors, car tu es un peuple consacré à

1. En hébreu *nevéla*.

l'Éternel, ton Dieu. Tu ne feras pas cuire un chevreau dans le lait de sa mère[1]. »

Cette fois, le contexte est donc tout autre : celui des règles alimentaires.

Rashi* fait immédiatement fuir l'animal. Selon lui, ici, *guedi* n'a pas à être entendu au sens restrictif de « chevreau ». Ce mot, lorsqu'il vient seul, désigne tout jeune mâle tendre encore à la mamelle, y compris le veau et l'agneau. Le commentateur champenois soutient que lorsqu'elle veut parler du chevreau proprement dit, l'Écriture a pour habitude de le préciser en utilisant la formule *guedi 'izim*, soit « petit de chèvres » (ou si l'on veut « chevreau de chèvre »). Rashi* ne s'interroge pas sur le sens à donner à l'interdit édicté ici. En revanche, il explique le pourquoi de cette répétition. La Torah* revient trois fois sur le sujet pour enseigner trois choses : l'interdit vise la cuisson au sens strict, mais aussi la consommation et le fait de tirer un profit commercial de cet acte. De fait, le judaïsme rabbinique en étendra indéfiniment la portée : il concerne n'importe quel mammifère pur, mais aussi les volailles (pas les poissons) ; peu importe de quel lait il s'agit ; on ne cuira ni ne mangera de la viande dans des ustensiles ayant servi à cuire ou à manger des mets lactés, et inversement ; après un repas carné, on attendra jusqu'à six heures avant de boire du lait ou de consommer du fromage, etc. Du chevreau, plus aucune trace. Non plus que de sa mère. On est passé à autre chose.

☆

C'est lorsqu'on tente de trouver un sens à cet ensemble complexe et proliférant de règles que, curieusement, le petit et sa mère réapparaissent.

---

1. Deutéronome 14, 21.

Ainsi le petit-fils de Rashi*, Rashbam*, stigmatise-t-il « la gloutonnerie et la voracité » qu'il y aurait à « manger le lait de la mère avec les enfants ».

De même, après avoir souligné qu'il n'était peut-être pas utile, pour nous, de rechercher la raison (*ta'am*) de cet interdit, Ibn* Ezra n'en concède pas moins ceci : « C'est peut-être qu'il y a cruauté de cœur à faire cuire le chevreau dans le lait de sa mère, de la même façon qu'il est dit : "Grosse et menue bête, vous n'égorgerez point l'animal avec son petit le même jour[1]", et aussi : "Tu ne prendras pas la mère avec sa couvée[2]." »

Joseph Bekhor Shor* ne dit pas autre chose lorsque, commentant Deutéronome 14, 21, et avant de citer lui aussi les deux mêmes autres passages bibliques, il insiste sur le fait que ce serait « façon cruelle d'agir[3] » que de « faire cuire la viande (d'un petit) dans le lait de celle qui l'a élevé ».

On notera que dans les deux autres enseignements scripturaires invoqués par ces exégètes pour faire saisir l'esprit dans lequel celui qui nous occupe a été conçu, ce qui est traduit par « son petit » est l'hébreu *bno*, « son fils », de même que « sa couvée » rend l'hébreu *ha-banim*, « les fils ». Belle façon de dire ou de laisser entendre que la « cruauté » dont certains seraient peut-être tentés de faire preuve avec les animaux n'est pas si différente de celle qu'en général on hésite à s'autoriser envers ses frères humains.

Contenir une pulsion prédatrice d'un côté, inciter à une miséricorde pour le vivant non humain de l'autre ? Maïmonide, quant à lui, ne suit pas cette pente et invoque d'une part, une explication médicale, d'autre part, une possible intention sociale et religieuse.

☆

1. Lévitique 22, 28.
2. Deutéronome 22, 6. Voir *supra*, p. 104.
3. En hébreu *dérekh akhzariout*.

Une explication médicale : la viande cuite dans du lait serait « une nourriture très épaisse, qui produit une surabondance (de sang) », et donc à proscrire.

Une intention sociale et religieuse : celle de dissuader les Hébreux de consommer un mets qu'il était peut-être d'usage de consommer « dans une certaine cérémonie idolâtre, ou à l'une des fêtes des païens ». Il voit à cela une confirmation indirecte dans le fait que deux fois, en Exode 23, 19 et Exode 34, 26, l'interdit apparaît dans un contexte cultuel évoquant les trois grandes fêtes de pèlerinage[1], comme s'il était suggéré aux Hébreux de ne se livrer à aucune préparation, au moment d'entrer dans le Sanctuaire, qui puisse faire penser aux pratiques des païens dans leurs propres temples[2].

De fait, le contexte de la troisième apparition de l'interdit pourrait lui aussi être invoqué à l'appui de la thèse maïmonidienne. De la même façon que la chair de la bête crevée est abandonnée à « l'étranger », le renoncement au mélange du lait et de la viande distingue l'Hébreu du non-Hébreu et est le signe du statut d'Israël comme peuple à part, « consacré à l'Éternel ».

☆

L'affirmation d'une exigence morale particulière face au vivant qui souffre et la revendication d'une dignité particulière comme peuple consacré à Dieu ne sont certes pas contradictoires. Et il semble bien que les deux se rencontrent ici. Ne pas mélanger la viande et le lait, et plus précisément encore, ne pas mélanger le sang et le lait, est une façon de tenir Israël à distance des Gentils*, et donc de rendre impossible un autre « mélange » tout aussi dangereux, plus

1. Voir Exode 23, 17 et Exode 34, 23.
2. *Guide des égarés* 3, 48. Trad. de l'arabe par S. Munk, t. 3, p. 398-399.

peut-être : celui des juifs et des Gentils*. S'ajoutant à maintes autres prescriptions alimentaires, l'interdit du mélange du sang et du lait rend difficile, voire impossible, la commensalité entre juifs et Gentils*. On pourra inviter le non-juif chez soi. On n'ira pas manger chez lui. Le Gentil* est celui qui mange du sang – dont les méthodes d'abattage et de préparation ne permettent pas de vider l'animal, d'abord, la viande, ensuite, de leur sang. Et il est celui qui mange le lait et le sang ensemble. On pourrait tout aussi bien dire que le Gentil* est celui dont les techniques de mise à mort ne garantissent pas, croit-on, une moindre souffrance animale et dont les modes de consommation trahissent, croit-on, une indifférence à cette souffrance.

La donne a bien sûr changé aujourd'hui. Ce sont les juifs, mais aussi les musulmans, et leurs méthodes d'abattage, qui sont désormais mis en cause par les Gentils*. Il n'y a pas que les juifs, dorénavant, qui réprouvent la chasse comme « sport ». Et si le végétarisme, voire le véganisme commencent à faire des adeptes aussi bien parmi les juifs que parmi les Gentils*, où tracera-t-on entre eux la ligne de partage ? Nous n'en sommes évidemment pas là et d'autres stratégies de distinction pourront être sollicitées.

Il n'en restera pas moins difficile de substituer le lait de soja au lait et le tofu à la viande. Car l'interdit du mélange du lait et du sang renvoie à plus que tout cela. Le sang est le sang du sacrifice, et lorsqu'il coule et s'échappe de la victime, il sauve et nourrit un vivant en causant la mort d'un autre[1]. Le lait est pur principe de vie, il nourrit et fait vivre sans tuer. Voilà une autre raison d'en interdire le mélange.

Mais en voici une autre encore : le lait, c'est la mère, le sang, c'est le chevreau, comprenez : le fils. À cet égard, prohibitions

1. Voir *supra*, p. 108-111.

sexuelles, l'inceste notamment, et prohibitions alimentaires « se révèlent coordonnées[1] ». Et les secondes, exactement comme les premières, garantissent la distinction d'Israël comme peuple consacré. Ce n'est peut-être pas sans raison que le chapitre XVIII du Lévitique, qui établit la liste des interdits matrimoniaux, s'ouvre par ces mots : « L'Éternel parla à Moïse en ces termes : Parle aux enfants d'Israël et dis-leur : c'est moi, l'Éternel, qui suis votre Dieu ! Les pratiques du pays d'Égypte, où vous avez demeuré, ne les imitez pas, les pratiques du pays de Canaan où je vous conduis, ne les imitez pas et ne vous conformez point à leurs lois. C'est à mes statuts que vous devez obéir, ce sont mes lois que vous respecterez dans votre conduite : c'est moi, l'Éternel, qui suis votre Dieu. Vous observerez donc mes lois et mes statuts, parce que l'homme qui les pratique obtient, par eux, la vie : je suis l'Éternel[2]. »

Pureté alimentaire, ne pas mélanger le sang et le lait, et pureté matrimoniale et sexuelle, ne pas coucher avec sa mère, conspirent à garantir une distinction ethnoreligieuse dont dépendent, peut-être, le sort même du monde et celui du vivant.

☆

Se séparer, et pourtant accueillir. Le proche, le prochain, celui qu'on doit « aimer », n'est pas seulement le semblable : c'est aussi l'« étranger », ainsi que cela est dit en Lévitique 19, 33-34[3]. Et là, tout se complique. La Loi du

1. Jean Soler cité dans Joëlle Bahloul, *Le Culte de la table dressée. Rites et traditions de la table juive algérienne*, Paris, A.-M. Métailié, 1983, p. 65.

2. Lévitique 18, 1-5.

3. « Si un étranger vient séjourner avec toi, dans votre pays, ne le molestez point. Il sera pour vous comme un de vos compatriotes, l'étranger qui séjourne avec vous, et tu l'aimeras comme toi-même, car vous avez été étrangers dans le pays d'Égypte, je suis l'Éternel votre Dieu. »

monde, la Loi des hommes, n'ayant qu'une seule source légitime, à la fois naturelle et divine, entre en tension avec elle-même. Elle ne peut seulement consacrer la distinction, organiser le non-mélange. Il faut bien qu'elle soit universelle. Abraham, père encore à venir d'un peuple destiné à la séparation, fit peut-être mieux que personne l'expérience de cette contradiction[1].

Alors qu'il est assis à l'entrée de sa tente, pendant la chaleur du jour, alors qu'il se croit seul, et qu'il attend, peut-être, qu'un promeneur vienne à passer, qu'un voyageur surgisse qu'il pourrait accueillir, voici qu'il en survient trois, tout à coup, non loin de lui. Il va, il court à leur rencontre, il se prosterne contre terre. Il s'adresse à l'un d'eux : « Seigneur, si j'ai trouvé faveur à tes yeux, de grâce ne passe pas ainsi devant ton serviteur ! », puis aux trois : « Qu'on aille quérir un peu d'eau, et lavez-vous les pieds, et reposez-vous sous l'arbre. »

Ces passants sont-ils des anges, porteurs d'un message de l'Éternel ? Ou simplement des hommes qui, une fois restaurés, poursuivront simplement leur chemin ? Pour l'instant, nul ne le sait, la question est sans importance. Abraham sait juste ce qu'il doit faire. Seul prime le devoir d'hospitalité. Il rentre en hâte dans sa tente et demande à Sarah de prendre trois mesures de farine de pur froment, de les pétrir et d'en faire des gâteaux. Lui-même prélève dans son troupeau « un veau tendre et bon » et demande à son serviteur, ou peut-être à son fils, Ismaël, de le préparer. Abraham prend ensuite de la crème et du lait, le veau qu'il a fait, et les sert à ses trois invités. Il se tient debout auprès d'eux, « sous l'arbre », et ils mangent.

Le « veau » – en hébreu *ben-bakar*, littéralement « fils de bovin » – que l'on met ici sur la table est un peu le « chevreau »

1. Voir Genèse 18.

de l'histoire. Abraham le sert à côté d'un plat lacté. « Selon l'usage et la coutume des créatures du monde », précise le Targoum* du Pseudo-Jonathan[1]. Abraham, lui, ne mange pas. La scène décrite est troublante. Il semble bien s'agir d'un cas patent de « *bassar be-halav* ». Viande et lait au même repas. Comment est-ce possible ?

Reste que ce sur quoi les commentateurs insistent le plus est souvent autre chose. Chacun sait que ces trois voyageurs ne sont pas des hommes, mais des anges envoyés par Dieu pour annoncer à Abraham que Sarah, malgré son âge, va bientôt enfanter. Depuis quand des anges mangent-ils ? Ils ne mangent pas. Rashi* : « Ils firent semblant de manger. » Radak* : « C'est ainsi que tout lui apparut (à Abraham) dans sa vision prophétique. » Dans sa vision prophétique, pas dans le réel.

Cette tendance à atténuer ce qui est perçu comme un anthropomorphisme est ancienne et partagée. Est-ce le moyen de mettre de côté un autre possible motif de gêne, d'en détourner l'attention ? Au fond, la seule vraie question n'est-elle pas moins de savoir si les invités d'Abraham ont *vraiment mangé* ce qu'il leur a servi, que de rendre raison de la nature du repas qu'il leur a servi ?

Une façon toute simple – trop simple – de régler le problème serait de rappeler que cette scène est censée avoir lieu plusieurs siècles avant la révélation de la Torah* au Sinaï. Mais comment admettre qu'Abraham, père de la nation, ait pu ignorer les dispositions d'une Loi antérieure au monde lui-même, ayant servi de « plan » à Dieu lorsqu'il avait créé ce monde[2] ? Comment admettre qu'il ait pu transgresser, fût-ce par ignorance, l'un des commandements d'une Loi qui, une fois révélée, justement allait *faire* la nation appelée

1. *Targum du Pentateuque*, t. 1, Genèse, p. 187.
2. Voir *supra*, p. 70.

à naître de lui, en consacrerait l'identité singulière, en préciserait la mission essentielle? Comment admettre, pour le dire autrement, qu'Abraham ait pu violer un interdit – celui de mélanger viande et lait – qui s'imposerait à ses descendants et que l'Écriture raconte cela froidement?

Bekhor Shor* tranche dans le vif. Non, rien de tout cela n'est admissible. Et il faut juste prêter attention à chaque détail du récit déroulé par l'Écriture. Et spécialement, en l'occurrence, non seulement à la *nature* des deux plats qui sont présentés aux visiteurs mais à l'*ordre* dans lequel ils leur sont présentés: «Il prit de la crème et du lait, puis le veau qu'il avait fait, et (le) déposa devant eux[1].»

Ce que j'ai traduit par «puis» est l'hébreu *ve*. Souvent, *ve* veut simplement dire «et». Mais *ve* peut aussi vouloir dire *puis*. La crème et le lait d'abord. Le veau ensuite. Ils n'ont pas été servis ensemble (la crème, le lait *et* le veau), mais l'un (le veau) *après* les autres. L'ordre des mots dénote la succession des actes, et ces actes sont conformes à la Loi – qui interdit de consommer du fromage ou du lait immédiatement après de la viande, mais pas l'inverse: «De la crème et du lait, d'abord, et ensuite le veau. Pour ne point manger le lait après la viande, *car Abraham notre Père observait les commandements.*»

Voilà Abraham sauvé, de même que la Loi, dont les dispositions s'imposent donc avant même qu'elle soit publiquement révélée. L'interdit du mélange est ainsi présent avant d'être officiellement exprimé, et il est respecté – ici par Abraham – sans entrer le moins du monde en tension avec le commandement d'hospitalité.

Nul n'est bien sûr tenu de se laisser convaincre par ce tour de passe-passe. L'on peut au contraire tout à fait s'en tenir à la simplicité rugueuse et incertaine du texte, préférer l'âpreté

1. Genèse 18, 8.

de la tension à l'artifice exégétique qui permet de la résoudre, et laisser planer le doute. Abraham pourrait bien ne s'en être pas sorti aussi bien que nos commentateurs le soutiennent, avoir tranché, au risque de transgresser l'interdit du mélange, en la faveur exclusive du devoir d'hospitalité et, en multipliant les plats – gâteaux, viande et lait *ensemble* –, avoir pleinement assumé la générosité sans limite (sans règles ?) que ce devoir impose. Isaac Abravanel* ne rappelle-t-il pas qu'il est convenable de servir aux rois – or tout hôte est un roi pour celui qui l'accueille – plus qu'ils ne sont capables de manger[1] ?

1. Voir Abravanel sur Genèse 18, 2.

Ma mère est morte le 8 avril 2022, peu de jours avant la Pâque juive. Nous avons dû reporter le voyage que nous avions prévu de faire pour célébrer cette fête en famille – avec la famille de ma femme. Deux fois, déjà, en raison de la pandémie, nous avions dû renoncer à organiser le *seder* – le repas pascal et les rites qui l'accompagnent – chez nous, comme nous le faisons depuis des décennies. J'ai bien sûr mal vécu cette troisième annulation, ce conflit soudain entre le deuil de ma mère et la célébration de la fête de mon père. J'ai passé Pâque en Charente, sans que rien ne me le rappelle. J'ai enterré ma mère.

En parlant de Pâque, je dis : « la fête de mon père ». Pas seulement parce qu'il s'agit d'une fête juive. Je le dis aussi parce que pendant ces années où je me préparais à ma conversion, et après, c'était mon père seul qui montait à Paris pour la célébrer avec moi, d'abord chez les amis qui nous invitaient l'un et l'autre, ensuite chez moi. Il me semble que ma mère ne l'accompagnait pas, ou alors rarement. Je pense que ma mère se sentait plutôt mal à l'aise lorsqu'elle participait, ou plutôt assistait, à ces cérémonies. Elle faisait parfois des remarques un peu étranges, décalées, qui suscitaient la surprise, voire la gêne des autres convives, et, injustement, la mienne. Ma mère était en quelque sorte « la juive » – l'étrangère – de nos repas. Alors même que les juifs, assimilés ou oublieux, les demis et les quarts de juifs que nous invitions à notre table, sans compter les non-juifs, étaient souvent aussi ignorants qu'elles.

Il me semble qu'elle n'était vraiment à l'aise, libérée, que lorsque venait, tout à la fin du *seder*, le moment d'entonner une chanson traditionnelle, une chanson qui ravit les enfants et les réveille, une chanson presque légère, mais qui, en fait, ne l'est pas. Une chanson – non pas en hébreu, mais en araméen – où il est question, justement, d'un chevreau…

'Had gadya.[1] Un chevreau. Il s'agit d'une chanson à récapitulation comme il en existe dans toutes les cultures. Celle-ci, imprimée pour la première fois en 1590 dans une édition praguoise de la *Hagada*, le « récit » rituel lu le soir de la Pâque autour de la table familiale, pourrait d'ailleurs avoir été conçue d'après un modèle allemand, voire, au-delà, français. Chaque couplet reprend le couplet précédent, le dernier étant le plus long dès lors qu'il récapitule tout.

Cette chanson commence par un chevreau acheté par « mon père pour deux sous ». Arrive un chat qui mange le chevreau. Puis un chien qui mord le chat. Un bâton, qui frappe le chien. Le feu, qui brûle le bâton. L'eau, qui éteint le feu. Un bœuf, qui boit l'eau. Le *sho'het*, l'abatteur rituel, littéralement « l'égorgeur », qui égorge le bœuf. L'Ange de la Mort, qui égorge le *sho'het*. Et finalement le Saint, béni soit-il, Dieu lui-même, qui égorge l'Ange de la Mort.

Diverses interprétations ont été données de ces dix strophes chantées joyeusement à la fin du *seder*. Selon l'une d'elles, le chevreau serait Israël, acheté par Dieu (le père) pour deux sous (Moïse et Aaron, son frère). Viendrait ensuite la liste des oppresseurs successifs du peuple juif et de sa terre : l'Assyrie (le chat), Babylone (le chien), etc., jusqu'au Turc (l'Ange de la mort) – Dieu assurant la rédemption en « égorgeant » bientôt, espère-t-on, le Turc. La *Hagada* proprement dite, qui célèbre une libération passée et paradigmatique (celle de l'esclavage d'Égypte) ne s'achève-t-elle pas par ces mots, annonçant la libération à venir : « L'an prochain à Jérusalem ! » ?

1. En hébreu, on dirait : *guedi é'had.*

Sans jeter aux orties cette interprétation – qui, à certains, paraîtra peut-être trop ethnocentrée, hantée par la ruine des ennemis d'Israël –, je serais pour ma part tenté d'en proposer une autre, globale. Ce n'est point seulement d'Israël, mais du monde, qu'il s'agit. Le père est un père, le chevreau est un chevreau, et le *sho'het* est ce qu'il est. Il ne manque de fait presque personne : le monde et ses éléments (le feu et l'eau) sont là, les végétaux (le bâton), les animaux (les plus nombreux : le chevreau, le chat, le chien, le bœuf…), l'homme (en la personne du père… et du *sho'het*). La mort domine, certes. Mais elle aussi est vaincue. Les tensions qui travaillent ce monde et risquent de le détruire s'annulent. Dieu y veille. Pas lui seulement. Israël aussi qui, en observant la Loi qui lui a été révélée, contribue, autant qu'il le peut, à sa façon, en ne « mélangeant » pas tout, à préserver l'ordre du monde voulu par Dieu contre le chaos qui le menace.

De fait, grâce au rite et à sa répétition indéfinie, le chevreau ne meurt jamais. Il ressuscite sans cesse. Comme tous les autres. La preuve ? Chaque année, au milieu de la nuit de Pâque, la chanson est à nouveau entonnée joyeusement par les fidèles, enfants compris. « *'Had gadya, 'had gadya*, un chevreau, un chevreau que mon père avait acheté pour deux sous… »

M*a mère ne fut pas une femme coquette.* Sa garde-robe fut toujours modeste. Je ne crois pas l'avoir vue se maquiller, même dans sa jeunesse. Un peu de rouge à lèvres – un rouge à lèvres discret – suffisait. Il y eut une courte période de sa vie qu'elle décrivit plus tard comme « la plus heureuse ». Elle fit un régime alors. Elle mincit. J'ignore si elle mincit parce qu'elle était heureuse, ou si ce fut l'inverse. Voilà. C'est tout. Tout ce que je sais. J'ignore d'où je tiens ma fascination pour la couleur, l'élégance, les bijoux, les parfums et le fard. Cette fascination est ancienne. J'avais quinze ou seize ans. J'étais un garçon timide. Nous étions en seconde, ou peut-être en première. Je ne sais plus à la faveur de quelle lecture notre professeure de français nous avait demandé de rédiger un texte sur le fard. Il s'agissait d'argumenter. Pour ou contre le fard. J'étais l'un des trois misérables garçons perdus dans cette classe de lettres dominée par les filles. J'ignore ce que les deux autres écrivirent. Il me semble en tout cas avoir été l'un des seuls – peut-être le seul – de la classe, filles comprises, à avoir produit un éloge du fard. Je ne me souviens pas des arguments que j'avais pu développer. Je me rappelle seulement avoir plaidé pour que les hommes aussi, et pas seulement les femmes, puissent se farder sans susciter le rire ou la moquerie. J'avais surpris tout le monde. On n'attendait guère cela du garçon timide et sérieux que j'étais. Et ma professeure m'avait invité à défendre ma thèse à l'oral, devant toute la classe. Devant toutes ces filles. Qu'ai-je pu bafouiller alors ? Peut-être ai-je fait basculer le fard du côté de l'art et cité cette phrase de Picasso, et sur laquelle ma mère, justement, avait un jour attiré mon attention : « L'art est un mensonge qui fait saisir la vérité. » Mais de quelle vérité parlerait-on ici ? De la vérité des visages et des corps ? Ou de la vérité des âmes ? Une chose est sûre. Ma fascination est restée. Et aujourd'hui encore, rien ne m'enchante ni ne me trouble plus, les jours de Marche des fiertés, que ces hommes, ou peut-être ces femmes, déguisés et fardés jusqu'à l'outrance, oiseaux ou fées, brouillant les genres et les mondes, qui défilent en dansant sous les yeux ébahis des enfants et des grands.

VÊTEMENTS DE FEMME
Du mélange des genres

La Bible et les rabbins ont un problème avec le corps. Avec le corps des femmes. Celui que Dieu et la nature leur ont pourtant donné. Il n'y a pas que la Bible, il n'y a pas que les rabbins, je sais. Et nous le savons tous. Mais c'est de ceux-là qu'il est question ici. Donc parlons-en. Il y a le corps nu. Il y a le corps paré. L'un et l'autre éveillent le désir. L'appât n'est pas le même. C'est l'effet qui est le même.

Ainsi, pour ne donner qu'un exemple, comme le raconte le livre biblique d'Esther, dans la troisième année de son règne, Assuérus, roi de Perse et de Médie, organise un banquet « étalant la richesse de son faste royal et la rare magnificence de sa grandeur[1] ». Et voici que, pris de vin, le roi ordonne d'amener devant lui – et devant la cour – sa femme, la reine Vashti, « ceinte de la couronne royale, dans le but de faire voir sa beauté remarquable au peuple et aux grands ». Au cas où nous n'aurions pas saisi la nature précise de la demande, les exégètes sont là pour nous éclairer. Tel Rafael Hiya Pontrémoli*, auteur, au XIXe siècle, d'un commentaire en judéo-espagnol* du livre d'Esther :

> Les rois de Médie et de Perse avaient de mauvaises mœurs : quand ils donnaient un banquet, ils faisaient venir leurs femmes nues pour danser et s'amuser avec elles devant tout le monde.

1. Voir Esther 1.

> Lorsqu'il fut de bonne humeur, Assuérus voulut en faire autant parce que chacun de ses dignitaires vantait la beauté des femmes de son pays. Il leur dit : « Ma femme n'est ni de Médie ni de Perse mais de Babylone, et il n'y en pas de plus belle au monde. Si vous ne me croyez pas, qu'elle vienne et vous verrez ». Ils lui répondirent : « *Bien sûr, ce sont les parures royales qui l'embellissent ! Qu'elle vienne donc dénudée, et on verra si elle est réellement belle !* » Alors, Assuérus lui dit de venir nue[1].

Vashti refusera, refus qu'elle paiera de son bannissement et qui permettra à Esther, la Judéenne, de lui succéder sur le trône au côté d'Assuérus, et de sauver Israël de l'extermination programmée contre lui. Vashti refusera de se présenter nue devant la cour pour des raisons, si l'on en croit les rabbins, qui ne tiennent pas vraiment à sa vertu. Mais là n'est point notre problème. Une seule chose compte ici : c'est que la nudité et la parure sont tenues ensemble. La parure doit bien sûr être entendue au sens large : vêtement, accessoires, bijoux, baumes, parfums et fards. Et elle est pire, à certains égards, que la nudité : elle y ajoute la feinte et la tromperie. C'est précisément pour cette raison que les courtisans veulent voir Vashti nue. Ils ne veulent pas être trompés.

Le fard est évoqué plusieurs fois dans l'Écriture, souvent en lien avec la corruption morale. Ainsi, dans le second livre des Rois, à propos de Jézabel, reine honnie, qui « s'enduit les yeux de fard, se pare la tête, et regarde par la fenêtre[2] » – dans l'espoir de séduire Jéhu, précise Rashi*, et d'échapper ainsi à la mort cruelle à laquelle elle est promise. Ou encore, dans le livre d'Isaïe, à propos des filles de Sion, arrogantes, s'avançant le cou dressé et lançant des regards provocants, à

1. Rafael Hiya Pontrémoli, *Meam Loez. Livre d'Esther*, traduit du judéo-espagnol par A. Benveniste, Lagrasse, Verdier, 1997, p. 78-79 (c'est moi qui souligne). Voir également *Chapitres de Rabbi Éliézer*, 49, p. 318.
2. II Rois 9, 30.

qui le Seigneur annonce qu'il supprimera clochettes, filets et croissants, pendants d'oreilles, bracelets et voiles, diadèmes, chaînettes, ceintures, boîtes à parfums et amulettes, bagues et anneaux[1]… Et encore dans le livre de Jérémie : « Et toi, si complètement ruinée, que vas-tu faire ? Tu aurais beau te vêtir de pourpre, te parer de tes bijoux d'or, allonger tes yeux au moyen du fard : vainement tu te ferais belle, les amoureux te dédaignent, c'est à ta vie qu'ils en veulent[2]. »

Ce n'est pas tout à fait un hasard si le judaïsme a fini par produire un ensemble de règles visant à garantir la « modestie[3] » des femmes. Ces règles portent sur la tenue, la coiffure, et tendent à modeler un comportement. La femme juive, particulièrement la femme mariée, ne courra pas les rues tête découverte et bras nus, ne bavardera pas avec le premier venu, ne criera pas en présence de son époux. Sa chevelure est « nudité[4] », sa voix, dans le chant, de même. Comme le résument assez bien les premiers mots du commentaire en judéo-espagnol* de Jacob ben Méir Houli* sur l'épisode du viol de Dina[5] : « C'est une règle à enseigner aux femmes que c'est une obligation pour elles que de rester enfermées dans leur maison, et de ne pas apparaître aux fenêtres au moment où (les gens) passent dans la rue. Et qu'aucune femme ne saurait se parer si ce n'est à l'intérieur de sa maison, et non quand elle se rend en un autre lieu[6]. »

De nos jours encore, dans les milieux orthodoxes, la tenue vestimentaire d'une femme témoigne de son degré de piété :

---

1. Voir Isaïe 3, 16-24.
2. Jérémie 4, 30.
3. En hébreu *tsni'out.*
4. En hébreu *erva.*
5. Voir Genèse 34.
6. *Me'am Lo'ez, El Gran Comentario Bíblico Sefardí*, t. I, 2e partie, Genèse 25, 16-50, 26, par David Gonzalo Maeso et Pascual Pascual Recuero, Madrid, Gredos, 1964, p. 902.

chapeau, foulard, perruque sur les cheveux, longueur des manches du corsage et de la robe, bas, etc. Nulle femme convenable ne saurait sortir « nue » ni parée pour séduire. Elle ne saurait sortir « déguisée », car toute tenue non convenable, à savoir ne convenant pas à sa nature, idéalement modeste et réservée, est déguisement.

Or tout déguisement est tromperie. Saül se déguise – littéralement : « il se déguise en mettant d'autres vêtements[1] » – et arrive de nuit chez une nécromancienne qui, finalement, le reconnaît et l'interroge : « Pourquoi m'as-trompée[2] ? » Son fils étant tombé malade, le roi Jéroboam demande à sa femme d'aller consulter Ahiyya, aveugle en sa vieillesse, mais d'y aller déguisée. Averti par l'Éternel, le prophète la reconnaît et lui annonce le pire[3]. Le roi Achab se déguise avant d'aller au combat pour ne pas attirer l'attention de ses ennemis. En vain. Une flèche tirée au hasard l'atteint et le tue[4]. Le pieux roi Josias, comme Achab, se déguise lui aussi avant d'aller se battre – et meurt de la même façon[5]. Se déguiser, comme se farder, c'est altérer son apparence pour tromper. Dieu, lui, ne s'y laisse pas prendre et restaure sans appel l'ordre que l'on a voulu troubler[6].

☆

Se déguiser n'est pas seulement se cacher, c'est essayer de se faire passer pour un autre. C'est plaquer sur son identité réelle (« naturelle ») une identité d'emprunt (artificielle). Il ne

1. I Samuel 28, 8.
2. I Samuel 28, 12.
3. I Rois 14.
4. I Rois 22, 29-38.
5. II Chroniques 35, 22-23.
6. Les hommes, eux, s'y laissent parfois prendre. Voir ainsi *infra*, p. 236-242, les pages que je consacre à l'épisode des Gabaonites.

semble rien y avoir de pire, en la matière, pour un homme, que de se faire passer pour une femme – et inversement. Ainsi lit-on en Deutéronome 22, 5 : « Une femme ne doit pas porter un costume d'homme, ni un homme se vêtir d'un manteau de femme, car c'est une abomination[1] pour l'Éternel que quiconque agisse ainsi. »

Six versets plus loin, apparaît l'interdit du mélange de la laine et du lin. On n'en sera pas étonné. Le contexte général, en amont, touche notamment au droit de la guerre et, en amont comme en aval, au droit matrimonial. Les armes d'un côté, le sexe de l'autre. Qu'est-ce donc qu'un « vêtement » d'homme, qu'un « vêtement » de femme ?

Un vêtement d'homme, ce sont d'abord les armes. C'est ce qu'enseigne la traduction araméenne du Targoum* d'Onkelos qui rend le début du verset en en précisant la portée : « Une femme ne portera pas les armes d'un homme[2]. » Voilà pourquoi, nous dit-on, Jaël, dans le livre des Juges, lorsqu'elle veut tuer Sisera, général des ennemis d'Israël en fuite, ne le fait pas avec une arme d'homme, flèche ou glaive, mais avec une cheville de sa tente et un marteau[3]. Ainsi que le rappelle le *'Hizkouni** et Abraham Ibn* Ezra, une femme n'a été créée que pour élever des enfants ; aller à la guerre armée de pied en cap est contraire à sa nature et au dessein qu'eut Dieu en la créant. Maïmonide*, qui estime à nouveau que cet interdit vise une pratique idolâtre, va plus loin : « C'est encore pour la même raison qu'il est dit : “La femme ne portera pas d'armure d'homme et l'homme ne mettra pas de vêtements de femme.” Tu trouveras cela dans le livre de Tomtom, qui prescrit qu'un homme, en se présentant devant

---

1. En hébreu *to'éva*. Sur ce mot, voir *infra*, p. 206-207.
2. Voir aussi *Sifrei Deutéronome*, *Ki tissa*, 226.
3. Voir Juges 4 (et spécialement le verset 21) et le *'Hizkouni* sur Deutéronome 22, 6.

la planète Vénus, soit vêtu d'un habit de femme bariolé, et qu'une femme se couvre d'une cuirasse et d'armes de guerre en se présentant devant Mars[1]. »

C'est l'interversion des rôles sociaux « naturels » qui est d'abord visée. Ce peut être une femme partant à la guerre les armes à la main. Mais ce peut être aussi une femme s'en allant prier avec les hommes, revêtue des ornements sacrés qui leur sont réservés, ainsi que le développe la traduction araméenne du Pseudo-Jonathan : « Une femme ne portera pas de manteau (de prière) à frange ni de phylactères[2], qui sont des ornements d'hommes, et un homme ne se rasera ni les aisselles, ni le sexe, ni les sourcils pour ressembler à une femme, car quiconque fait cela est abominable devant l'Éternel votre Dieu[3]. »

L'interversion des rôles sociaux se double ici d'une perversion des rapports au corps. La question, pour l'homme, n'est pas seulement de se vêtir comme une femme, mais de féminiser son corps lui-même et d'avoir de son corps un souci non masculin. Raser les poils de son pubis et ceux de ses aisselles, s'arracher un seul poil blanc d'une barbe noire, voilà

1. *Guide des égarés* 3, 37. Trad. de l'arabe par S. Munk, t. 3, p. 285.

2. Les *tefilin*, mot ordinairement traduit par « phylactères », sont deux petits boîtiers de forme cubique et de couleur noire, garnis de lanières de cuir noir permettant de les attacher, et portés par les hommes adultes pendant l'office du matin (excepté le Shabbat, à Kippour, et les jours de fête chômée), l'un sur la tête, au haut du front, et l'autre au bras gauche. Ces boîtiers contiennent tous deux, calligraphiés en hébreu sur parchemin, quatre textes bibliques : Deutéronome 6, 4-9 (principe de l'unité de Dieu) ; Deutéronome 11, 13-21 (principe de la rétribution) ; Exode 13, 1-10 et Exode 13, 11-16 (consécration des premiers-nés, sortie d'Égypte et fête de Pâque). Chacun de ces passages fait référence à l'obligation pour le fidèle d'« attacher » et de « porter » ces paroles « comme un symbole sur (son) bras » et « en fronteau entre (ses) yeux ».

3. *Targum du Pentateuque*, p. 179.

qui n'est point d'un homme. De même ne serait-ce que se regarder dans un miroir[1].

Cette confusion des genres, outre qu'elle contrevient à un ordre naturel voulu par Dieu, n'a peut-être qu'un but, n'a en tout cas qu'un effet : le désordre sexuel. Pourquoi une femme se déguiserait-elle en homme ? Rashbam* : « Pour aller parmi les hommes et se livrer à la débauche[2]. » Pourquoi une femme doit-elle s'abstenir de se déguiser en guerrier et d'aller au combat avec les hommes ? Ibn* Ezra : « Elle pourrait tomber dans la débauche[3]. » Pour l'homme aussi, le déguisement en femme favorise la promiscuité et donc la tentation. Ibn* Ezra encore : « Un homme glabre se mêlera aux femmes et forniquera avec elles sans que cela se sache. »

Le déguisement rend possible l'abolition de la frontière entre les genres, il permet de défier la séparation rigoureuse des espaces masculin et féminin. Il permet à l'homme d'*entrer* dans l'espace réservé aux femmes, et à la femme de *sortir* dans l'espace réservé aux hommes. Il ouvre la voie à la transgression d'un ordre à la fois *naturel* et *divin*. Dieu a en effet créé les genres en les distinguant[4]. En édictant cet interdit, Dieu consacre par ailleurs un ordre *culturel* presque universel – Ibn* Ezra note ainsi que dans la plupart des pays, hommes et femmes ne portent pas le même type de vêtements – et il rappelle à Israël son rôle dans la préservation de l'ordre du monde par l'observance de la Loi qu'il lui donne. Ibn* Ezra de conclure : « Certains disent que [la fin de ce verset : "car c'est une abomination pour l'Éternel que quiconque agisse ainsi "] vise [les rapports sexuels] hors de la

1. Sur tous ces interdits, voir Talmud de Babylone, *Nazir* 59a, ainsi que Rashi, le *'Hizkouni*, et Bahya ben Asher sur notre verset.

2. En hébreu *liznot*.

3. En hébreu *znout*.

4. Voir *infra*, p. 165-178.

voie [naturelle[1]], mais ça n'est pas nécessaire. De fait, Dieu a en horreur quiconque change l'œuvre de Dieu. »

« Changer l'œuvre de Dieu » n'est rien d'autre, nous le savons, que risquer le retour au chaos. C'est prendre ce risque, pour un homme, que de se déguiser en femme, ou pour une femme, que de se déguiser en homme.

☆

Se déguiser, c'est se changer soi-même au point de paraître un autre – un *étranger* – aux yeux de ceux qui vous connaissent le mieux. Ainsi fait Joseph, exilé à la cour d'Égypte, quand ses frères, ceux-là mêmes qui ont voulu sa mort et sont cause de son exil, viennent solliciter son aide et lui acheter de la nourriture alors que Canaan souffre de disette[2]. Lui les reconnaît. Eux ne le reconnaissent pas. Une barbe pourrait avoir suffi. Ils l'ont connu tout jeune, et imberbe. Voici qu'il a mûri, et qu'une barbe lui est poussée qui cache et change maintenant son visage. C'est du moins ce que Rashi* veut croire. Rashbam* ajoute à cela que Joseph est devenu un homme puissant en son nouveau pays, et qu'il porte désormais « des vêtements royaux ». Joseph va plus loin : pour ne pas être reconnu à sa voix, il a recours aux services d'un interprète[3]. Il y a bien chez lui une volonté délibérée de se cacher de ses frères : *va-yitnaker*[4]. Onkelos traduit : « Il réfléchit à ce qu'il leur dirait. » Le Pseudo-Jonathan : « Il se comporta à leurs yeux comme un étranger[5]. » Pourquoi Joseph se cache-t-il ? Pour que l'histoire des siens puisse se dérouler complètement,

1. Allusion au coït anal.
2. Voir Genèse 42.
3. Voir Genèse 42, 23.
4. Genèse 42, 7.
5. *Targum du Pentateuque*, t. 1, p. 381.

jusqu'à son terme, de telle sorte que ses frères, qui ont un moment voulu sa mort, l'ont finalement vendu à des Ismaélites de passage et ont fait croire à son père qu'il avait été dévoré par quelque bête sauvage en lui présentant sa tunique tachée du sang d'un chevreau[1], puissent pleinement se racheter. Le mensonge du déguisement comme outil de rédemption ?

Il y a pire. Juda, fils de Jacob et frère de Joseph, a trois fils, Er, Onan et Chêla. Il marie Er à Tamar. Avant que celle-ci ne lui donne une descendance, Er meurt, parce qu'il est mauvais aux yeux du Seigneur. Juda donne alors Tamar pour épouse à Onan. Lequel refuse sa semence à Tamar, parce qu'il ne veut pas donner une descendance à son frère mort, ainsi que l'y oblige pourtant la règle du lévirat[2]. Dieu le fait mourir à son tour. Juda, craignant pour la vie de son troisième fils, le plus jeune, Chêla, retarde le moment de le donner pour époux à Tamar, et oublie. La veuve privée de descendance, elle, n'oublie pas. Un jour qu'elle apprend que Juda est dans les environs de son lieu de résidence, « elle quitte ses vêtements de veuve, elle se couvre d'un voile et s'enveloppe, et elle s'assied au carrefour des routes[3]. » Juda passe par là, prend cette femme assise au carrefour pour une prostituée, il ne reconnaît pas sa belle-fille. Il lui promet

---

1. En hébreu *se'ir 'izim*. Voir Genèse 37, 31-33.

2. Par ce mot (du latin *levir*, « beau-frère », équivalent de l'hébreu *yiboum*, de *yavam*, « beau-frère »), on désigne une disposition du droit matrimonial biblique (Deutéronome 25, 5-10), en vertu de laquelle un homme dont le frère est mort sans avoir eu de fils doit épouser sa belle-sœur veuve, le premier-né issu de cette union devant perpétuer le nom du défunt. Il est possible au beau-frère de refuser ce mariage. Il doit alors se soumettre au rite de la *'halitsa* (litt. « déchaussement ») : en présence des Anciens, la veuve lui retire sa sandale, lui crache « au visage » et dit : « Ainsi est traité l'homme qui ne veut pas édifier la maison de son frère ! » (Deutéronome 25, 9).

3. Genèse 38, 14.

en guise de paiement un « chevreau[1] de son troupeau[2] ». Elle lui demande un gage : « Ton sceau et ton cordon, et le bâton que tu as à la main[3]. » Il les lui remet. Elle se donne à lui et conçoit de son fait. Elle se lève et s'en va, quitte le voile qui la masquait et remet les vêtements de son veuvage. Juda lui envoie son chevreau, mais elle a disparu. Il apprend bientôt que Tamar est enceinte. Il s'emporte, menace de la brûler parce qu'elle s'est comportée comme une prostituée – jusqu'à ce qu'elle lui présente les gages qu'il lui a remis, et qu'il comprenne qu'elle est enceinte de lui. Elle met au monde deux jumeaux. L'un d'entre eux est Péréç. Or qui est Péréç, si l'on en croit la généalogie donnée à la fin du livre de Ruth[4] ? L'ancêtre direct du roi David, lui-même ancêtre du Messie qui viendra. La gloire d'Israël et sa rédemption dépendant d'une femme se déguisant, qui plus est en prostituée, comment est-ce possible ?

Ce n'est pas la première fois que le mensonge du déguisement ouvre la voie au salut et qu'un désordre apparent annonce une restauration de l'ordre. Il est même de cela, à l'origine de l'histoire d'Israël, une histoire plus emblématique encore – fondatrice[5].

Rébecca, la mère, veut qu'Isaac, le père, bénisse leur cadet, Jacob, plutôt que leur aîné, Ésaü. Isaac a envoyé Ésaü à la chasse, lui a commandé un ragoût de gibier, et attend son retour pour lui donner sa bénédiction. Rébecca sait qu'Isaac, vieillissant, est quasiment aveugle. Elle organise alors une tromperie magistrale. Elle prépare un ragoût de chevreaux[6],

1. En hébreu *guedi 'izim*. Voir Genèse 38, 16-20.
2. Genèse 38, 17.
3. Genèse 38, 18.
4. Ruth 4, 18-22.
5. Voir Genèse 27.
6. En hébreu *guedayei 'izim*. Voir Genèse 27, 9.

et déguise Jacob en Ésaü : elle l'habille des plus beaux vêtements de son frère, enveloppe ses mains et son cou de la peau des chevreaux pour qu'au toucher il paraisse aussi velu que lui, et de fait, Isaac semble bien s'y tromper, et bénit Jacob – au grand désespoir d'Ésaü qui revient, trop tard, de la chasse.

Splendide mise en scène de la faillite des sens. Des cinq sens. Pas un ne manque. La vue, d'abord : celle d'Isaac s'est obscurcie, il ne voit plus, ou alors mal. Le toucher, ensuite : Isaac prend le poil des peaux de chevreau recouvrant les mains de Jacob pour le poil des mains d'Ésaü. L'odorat, de même : humant les vêtements d'Ésaü portés par Jacob, Isaac croit reconnaître le parfum de son fils aîné. Le goût, enfin : Isaac prend un ragoût de chevreau pour un ragoût de gibier. Nous sommes à quatre. Quatre sens. Reste bien sûr l'ouïe. L'ouïe, donc, l'ouïe fine de l'aveugle Isaac, entend quelque chose qui devrait insinuer un doute dans son esprit. Ce qu'Isaac entend n'est pas ce qu'il touche. Et il le dit ainsi : « La voix est la voix de Jacob, et les mains sont les mains d'Ésaü[1]. »

Mais alors, pourquoi ne se méfie-t-il pas davantage, pourquoi mange-t-il et bénit-il sans hésiter Jacob comme s'il était sûr qu'il s'agissait d'Ésaü ? Abandonné, trahi par quatre de ses cinq sens, Isaac refuse d'accorder le moindre crédit au cinquième, qui pourtant l'alerte : son ouïe. Tout semble clair. Isaac s'est trompé parce qu'il a finalement privilégié le message du toucher, sens grossier, et révoqué en doute le message de l'ouïe, sens subtil. Tout semble clair, mais rien ne l'est.

1. Genèse 27, 22.

Isaac s'est peut-être trompé. Mais il ne s'est pas trompé parce qu'il n'a pas convenablement exercé son jugement. Le *'Hizkouni** le dit bien : on ne peut s'en tenir à la voix – à ce que l'on entend – pour identifier un homme que l'on ne voit pas, toute voix d'homme varie, selon qu'il crie, qu'il appelle ou qu'il murmure, elle est tantôt claire, tantôt rauque, on ne reconnaît pas un homme à sa voix, pas seulement à sa voix en tout cas. De fait, peut-être Isaac a-t-il eu raison de s'en remettre à son toucher. Il n'a eu qu'un seul tort, celui ne pas aller jusqu'au bout de la palpation, celui de ne pas toucher le visage de son fils. L'eût-il fait qu'il l'eût assurément reconnu. Les aveugles savent cela.

Cette histoire pose plus de questions qu'elle n'offre de réponses. On y retrouve curieusement, comme dans toutes celles que j'ai précédemment évoquées, quelques accessoires communs : le chevreau, le vêtement – et l'ambiguïté. Qu'est-ce au fond que reconnaître ? Le déguisement cache-t-il, ou révèle-t-il ? Jacob n'aurait-il pas quelque chose de son frère (ses mains, et plus encore) ? La nature d'un homme est-elle si aisément accessible ? L'artifice du déguisement n'en apprend-il pas sur lui autant, peut-être plus, que l'apparence de sa nature nue et sans fard ?

Dieu crée le monde (la nature) en distinguant, en séparant. Puis commence l'histoire, celle des hommes, qui introduit dans le monde le risque du désordre, le risque du chaos. Dieu donne à Israël une Loi dont l'observance est censée protéger un ordre du monde toujours mis en danger par l'histoire. Mais l'observance de cette Loi même ne suffit peut-être pas : seul un désordre nouveau (le mélange et le déguisement) est parfois capable de restaurer un ordre compromis. C'est le déguisement de Joseph qui donne occasion et moyen à ses frères de se racheter. C'est le déguisement de Tamar qui donne un fils à Juda et un Sauveur à Israël et au monde. Et c'est en incitant Jacob à se déguiser en Ésaü et en trompant

Isaac que Rébecca, accomplissant peut-être à son insu et par des voies détournées un dessein de Dieu lui-même[1], s'assure que ce soit Jacob qui reçoive la due bénédiction.

☆

La reine Esther elle-même, la Judéenne qui succédera à Vashti au côté d'Assuérus, prendra bien soin de ne pas révéler son identité, ainsi que Mardochée, son tuteur, le lui recommandera : « Esther ne révéla ni son origine, ni son peuple[2] » – jusqu'au jour où cette révélation lui permettra de sauver son peuple, justement, de l'extermination programmée par Haman, le ministre du roi. Esther elle-même a deux noms : Esther, le nom sous lequel elle est connue au harem royal, et Hadassa, « myrte » en hébreu, plante qui verdit toute l'année et dont elle avait, dit-on, le teint et la grâce[3] – le nom de sa naissance. Esther (אסתר), selon les rabbins, serait construit sur la racine *STR* (סתר), qui dénote le secret, le fait de cacher[4]. Quelle est la vraie nature d'Esther ? Esther ou Hadassah ? Quel est son vrai visage ? Celui que cache le masque ? Ou le masque lui-même ? Ou l'un *et l'autre* ? Chacun de nous n'aurait-il pas deux noms et deux visages ? Serions-nous tous, pour le meilleur et pour le pire, tissés de lin et de laine, ambigus et duplices, dans un monde, une nature, qui ne fut pas créée telle par Dieu ?

---

1. Voir Nahmanide sur Genèse 27, 4 : « Peut-être [l'enchaînement de] ces causes fut-il induit par Dieu [lui-même] de sorte que Jacob fût béni [ainsi], de même qu'Ésaü avec la bénédiction du glaive, car "Par lui [seul] les actions sont pesées" (I Samuel 2, 3). »

2. Esther 2, 20.

3. Voir par exemple R. H. Pontrémoli, *Meam Loez, Livre d'Esther*, p. 124.

4. Voir par exemple Talmud de Jérusalem, *Meguila* 13a : « R. Juda dit : Hadassah était son vrai nom. Pourquoi fut-elle en ce cas appelée Esther ? Parce qu'elle cachait (*hayta mastérèt*) la vérité sur elle-même. »

Sans doute n'est-ce pas par hasard que la fête juive de Pourim[1], qui célèbre le sauvetage des juifs de Perse grâce à Esther et Mardochée, soit devenue, sous l'influence du carnaval italien, une sorte de carnaval juif, transgressif à bien des égards, et où il est permis, voire recommandé, de se travestir, y compris les hommes en femmes et les femmes en hommes…

1. Précédée d'un jeûne, la fête de Pourim, ou fête des « Sorts », est célébrée dans la joie en février-mars, un mois exactement avant la Pâque. Elle rappelle comment le sort a pu être heureusement inversé, et son nom même renvoie à la manière dont la date des massacres avait été « tirée au sort » par Haman (*pourim* vient de l'akkadien *pourou*, désignant la « pierre » utilisée dans un tirage au sort).

IV

ADAM, ÈVE ET LES AUTRES

E*nfant, j'ai prié, le soir, avant de m'endormir.* Comme beaucoup d'enfants, je suppose. Ma mère m'y encourageait, sans rien exiger de moi, si ce n'est que les mots que j'adressais au Seigneur viennent du cœur. Mon Dieu était neutre, alors, obscur et sans visage. Je demandais. Un peu de bien pour moi. Beaucoup pour ceux que j'aimais. Et pour le genre humain, bien sûr. Ce n'est que bien plus tard que je découvris que prier est autre chose.

Lorsque, âgé d'une vingtaine d'années, je me choisis le Dieu juif et me mis à ânonner mes prières quotidiennes dans une langue étrange que je maîtrisais à peine, l'hébreu de la liturgie, je découvris d'abord qu'on ne prie jamais seul, même quand on prie seul dans sa chambre, et que le « nous » s'impose en toutes circonstances, que c'est tout un peuple qui, par notre bouche, tente de s'exprimer. Je découvris ensuite que, pour cette raison même, mieux valait faire confiance à la sagesse des siècles et répéter avec d'autres et après tant d'autres les formules figées d'un texte sans âge, et que ces formules-là, étrangement, donnaient au cœur de l'orant un bien meilleur moyen de se vider de ses douleurs et de se charger d'espérance, que les mots que j'aurais pu choisir moi-même dans une langue plus proche. Je découvris enfin que prier est moins demander que louer, et rendre grâce.

Dès l'aube, je remerciais le Seigneur de m'avoir rendu mon âme au réveil, car tout sommeil est comme la mort, et tout réveil une petite résurrection. Revenant des toilettes, après m'être lavé les mains, je le bénissais d'avoir créé l'homme et de lui avoir donné un corps et des organes qui lui permettent de vivre. Je le bénissais ensuite de m'avoir donné une âme pure, qui un jour me serait retirée, puis restituée pour la vie éternelle. Je le bénissais enfin de ce que le jour avait succédé à la nuit et de ce qu'il avait donné au coq l'intelligence de les discerner…

Le déroulé de ces bénédictions inaugurales s'achevait sur deux bénédictions qui auraient dû me mettre un peu mal à l'aise. L'une par laquelle je remerciais Dieu de ne pas m'avoir fait *goy*. En ce qui me concernait, cela pouvait prêter à discussion. Il m'avait d'abord fait *goy*, puis avait fini par (me permettre de) me faire juif. Je m'arrangeais en me disant que juif, je l'avais toujours été, mais que la chose ne s'était révélée qu'avec un léger retard. L'autre bénédiction était plus problématique encore : je remerciais Dieu de ne m'avoir pas fait femme. Ce n'est qu'aujourd'hui que je dis « problématique ». À l'époque, cela passait comme une lettre à la poste. Je me rassurais en pensant que les femmes avaient leur propre bénédiction, bien à elles, et qu'elle n'était pas si mal : « Béni sois-tu, roi du monde, qui m'as faite selon sa volonté. »

Je ne sais pas ce que ma mère aurait pensé de tout ça.

ASYMÉTRIES
De l'homme et de la femme

Je ne songeais pas alors à celles et ceux qui ne se sentent ni homme ni femme. Ni à celles et ceux qui se vivent et qui désirent devenir autres que Dieu ne les a faits. Je ne songeais même pas à l'asymétrie que cette bénédiction consacre entre deux genres. Une asymétrie qui est plus qu'une différence « de nature » : une inégalité de statut.

Je connaissais bien l'argument apologétique – et je m'en contentais – selon lequel le fait que les femmes sont libres de ne pas observer certains commandements s'imposant aux hommes seuls démontre que les femmes sont, par nature, plus proches de Dieu, plus conformes à « sa volonté » que ne le sont les hommes, et n'ont donc pas besoin, pour s'en rapprocher, de s'astreindre, comme eux, à des pratiques rigoureuses visant à les améliorer.

Comme Maïmonide* le signale, d'aucuns ont ainsi prétendu que « la circoncision avait pour but d'achever (pour les hommes) ce que la nature avait laissé imparfait[1] ». C'est sans doute ce qu'un Saadia* Gaon avait eu en tête lorsqu'il avait écrit : « Est tenu pour parfait ce qui ne comporte ni ajout ni manque. Or le Créateur a créé ce membre avec un ajout en l'homme, et lorsqu'on le tranche,

1. *Guide des égarés* 3, 49. Trad. de l'arabe par S. Munk, t. 3, p. 417.

l'ajout est enlevé et ce qui reste est parfait[1]. » Commentant Genèse 17, 1, où Dieu dit à Abraham : « Je suis le Dieu tout-puissant, conduis-toi à mon gré et sois entier[2] », c'est aussi ce que suggère à sa façon Bekhor Shor* quand il dit : « Ne pense pas dans ton cœur que tu seras par cela [par le signe de l'Alliance, par la circoncision[3]] mutilé comme un homme à qui on aurait coupé une partie de la main ou du pied… Au contraire, [tu seras] entier et parfait[4]. » Aujourd'hui encore, beaucoup, certainement animés des meilleures intentions, en concluent que les femmes, qui n'ont nul besoin d'être « achevées » comme les hommes, leur sont sûrement supérieures…

Pour Maïmonide*, une telle justification de la circoncision n'est pas recevable. Elle est même dangereuse. Elle expose en fait ce commandement à la critique : « Comment les choses de la nature pourraient-elles être imparfaites, de manière à avoir besoin d'un achèvement venant du dehors, d'autant qu'on sait combien le prépuce est utile au membre en question[5] ? » Outre qu'elle est le signe de l'Alliance entre Dieu et la descendance d'Abraham, la circoncision a en effet, aux yeux du philosophe, un but de perfection *morale*, plutôt que de perfection physique : infliger à ce membre une douleur

1. « Parfait » : *shalem* en hébreu. Cité en cette langue par S. Munk *ibid.*, note 2. La traduction est mienne. Voir également SAADIA GAON, *The Book of Beliefs and Opinions*, trad. de l'arabe et de l'hébreu par S. Rosenblatt, New Haven/Londres, Yale University Press, 1948, p. 177.

2. « Entier » : *tamim* en hébreu.

3. Le chapitre 17 de la Genèse a l'institution de la circoncision pour seul objet.

4. « Entier et parfait » : *tamim ve-shalem* en hébreu. La traduction de ce passage est mienne. Texte cité par Shaye J. D. COHEN, *Pourquoi les femmes juives ne sont-elles pas circoncises ?*, traduit par O. Bosseau, Paris, Éd. du Cerf, 2015.

5. *Guide des égarés*, *ibid.* Tel n'est pas l'avis de Bekhor Shor, qui tient le prépuce pour un défaut faisant obstacle à la fécondité.

corporelle « qui diminue la passion et la trop grande concupiscence ». À cet égard, le commandement de la circoncision poursuit la même fin que la défense d'avoir commerce avec une femme ayant ses menstrues ou avec une femme mariée. Il s'agit pour l'homme de s'habituer à penser à autre chose qu'à l'amour physique.

Inversement, à quel titre le corps de la femme, lui, devrait-il être tenu pour plus « parfait » que celui de l'homme, comme plus conforme à la « volonté » du Seigneur ? Il le fut peut-être au commencement du monde. Il ne l'est plus depuis la première faute. En convainquant Adam de manger de l'arbre défendu, Ève lui a apporté la mort. Ses descendantes paient le prix de ce « sang versé » du premier homme par la perte, chaque mois, de leur propre sang. Les menstrues comme malédiction et comme châtiment : lorsqu'en Genèse 3, 16, Dieu annonce à Ève qu'il aggravera « grandement » sa souffrance et sa grossesse, « grandement » nous enseigne, selon le Midrash*, « que lorsqu'une femme voit le sang de ses règles, au début de sa menstruation, c'est dur pour elle[1] ».

Le fait est que le corps féminin suscite en général un trouble profond (chez les hommes juifs). Soit ce qui sort du corps de la femme relève de l'ordre de l'impur et du maléfique, et c'est ce que ce corps produit seul : ses cheveux, sa voix (quand elle chante ou bavarde), sa peau (dénudée), le fard (redoublement du dénudement)[2], le sang des menstrues, comme on vient de le voir. Soit ce qui sort du corps de la femme relève de l'ordre du pur et du bénéfique, et c'est ce que ce corps produit avec le corps de l'homme : sa progéniture, et spécialement ses fils. Le grand danger tient à ce que la femme, à la différence de l'homme, est intériorité ouverte, accueillante.

1. *Leçons des Pères du monde*, trad. de l'hébreu par É. Smilévitch, *Avot de Rabbi Nathan A*, 1, Lagrasse, Verdier, 1987, p. 82-83.

2. Voir sur ce point *supra*, p. 148-150.

Son enfermement, plus ou moins sévère selon les temps, les communautés et les modèles valorisés autour d'elles par les sociétés hôtes elles-mêmes, vise à parer à ce danger et à exorciser deux peurs : peur de ce qui entre dans la femme hors contrôle masculin, paternel ou marital, et peur de ce qui sort de la femme, et pour le dire d'un mot, peur de son désir[1].

La possibilité de renverser cet ordre des valeurs est néanmoins toujours présente. Renversement dont Bekhor Shor* donne, on va le découvrir, un bel exemple. Il suffit de déplacer un accent. La circoncision n'est peut-être pas seulement, ni même principalement, l'ablation du prépuce, mais le saignement que cette intervention provoque. De fait, lorsqu'un non-juif déjà circoncis se convertit au judaïsme, on ne lui demande qu'une chose (outre le bain rituel prescrit à tous, hommes et femmes) : non une circoncision techniquement impossible, mais une *hatafat dam*, littéralement un « saignement », un rite par lequel on fait légèrement saigner son membre viril. Si, plus encore que le « signe de l'Alliance », c'est le « *sang* de l'Alliance » qui fait sens et confirme, sans la créer, la judéité du juif – le parachève comme tel, si l'on veut –, n'y aurait-il pas, pour la femme juive, moyen de trouver quelque saignement présentant un sens et une valeur équivalents ? Pour Bekhor Shor*, la réponse ne semble pas faire de doute : « Du fait que le Saint, béni soit-il a ordonné [la circoncision] aux hommes et non aux femmes, il s'ensuit [naturellement] que c'est sur le lieu de la masculinité que le Saint, béni soit-il, a commandé de sceller l'Alliance. Quant au sang de leurs menstruations que les femmes observent, en disant à leurs maris quand elles commencent, c'est pour elles le sang de l'Alliance[2]. »

1. Sur toutes ces questions, voir l'important développement que Bahya ben Asher consacre au commentaire de Genèse 34, 1.

2. « Observent », ou « gardent » : *meshamerot* en hébreu. Bekhor Shor sur Genèse 17, 11.

Les menstruations désertent ici le champ de l'impur conçu comme négativité. Elles sont au contraire, pour la femme, signe de perfection, comme la circoncision l'est pour l'homme. C'est du moins ce qu'il semble a priori. Les choses ne sont pourtant pas si simples. Ce qui pour la femme est une perfection naturelle (son cycle menstruel) paraît être pour l'homme une perfection acquise rituellement (la circoncision). En réalité, c'est seulement l'écoulement du sang que partagent hommes et femmes. Celui de la circoncision pour les hommes, celui des menstrues pour les femmes. Le sang coule une seule fois pour l'homme (huit jours après sa naissance), chaque mois pour les femmes. Et ce qui les rapproche véritablement est moins la perfection, acquise ou spontanée, de leurs corps, que leur soumission à un *commandement* – à la Loi. La circoncision est en elle-même un commandement. La menstruation, quant à elle, permet aux femmes de s'acquitter de l'un des trois devoirs qui s'imposent spécifiquement à elles : *'hala*, le prélèvement rituel de pâte[1], *hadlaka*, l'allumage des lampes du shabbat*, et *nida*, le respect des lois de pureté familiale, soit, notamment, l'ensemble des gestes et comportements rituels que la survenue de leurs règles leur impose (isolement, limitation de leurs contacts avec leur mari, bain rituel, etc.).

Qu'est-ce donc, en fait, que la perfection, comme état ou comme horizon ? Tient-elle vraiment à une certaine complexion du corps ? Au fait que quelque chose doit en être ou non enlevé (le prépuce), à ce qui s'en échappe (le sang) ? Mieux vaut peut-être poser la question autrement. Qu'est-ce qui confère à l'être humain la dignité la plus grande ? Son

1. Le mot *'hala*, litt. « galette, pain », désigne la part rituellement prélevée sur la pâte par le boulanger ou par la ménagère, « tribut pour l'Éternel » initialement offert aux prêtres, selon la prescription de Nombres 15, 17-20. Aujourd'hui, la *'hala* est simplement détruite.

corps ? Son sexe ? Sa fortune ? Son pouvoir ? Rien de tout cela. La réponse est donnée par R. Hanina : « Plus grand est celui qui accomplit un (commandement) alors qu'il en a l'obligation (légale), que celui qui l'accomplit sans y être (légalement) obligé[1]. » La dignité d'un être ne tient pas à une perfection de *nature* (à la perfection de son corps tel qu'il est sorti des mains du Créateur), mais au nombre des commandements que la *Loi* lui impose de respecter. L'homme sera ainsi plus digne que l'animal, le juif que le non-juif, l'homme juif que la femme juive. Car si, comme l'homme, la femme est tenue de respecter l'ensemble des commandements négatifs de la Loi, elle est en revanche dispensée de la plupart des commandements positifs dont l'observance est liée à un moment particulier. Elle peut ainsi se consacrer à ses tâches domestiques.

Ce n'est donc pas parce qu'elle est plus conforme à la « volonté de Dieu » que la femme est dispensée d'accomplir certains commandements, c'est au contraire cette dispense qui consacre l'infériorité de son statut. De fait, nulle femme juive n'est légalement obligée de prier chaque matin. Rien ne la contraint donc à bénir le Seigneur de l'avoir faite « selon sa volonté ». À savoir, conformément au statut que le Seigneur avait voulu pour elle. C'est toujours ça.

☆

Cette « volonté » initiale du Maître du monde est-elle déjà perceptible dans les premiers chapitres de la Genèse, qui livrent le récit de la création de l'homme et de la femme ? Est-il possible de saisir la nature de l'un comme de l'autre, celle que leur Créateur a voulu imprimer en eux dès les premiers jours ?

1. Talmud de Babylone, *Kidoushin* 31a.

Le problème est que la Genèse ne livre pas *un*, mais *deux* récits de la création de l'homme et de la femme. Le premier est d'une brièveté confondante. Il clôt la genèse du monde. Après avoir créé le ciel et la terre et tout ce qu'ils contiennent, et juste avant de prendre, le septième jour, un repos mérité, Dieu crée l'homme. Et il le crée à son image. « L'homme », en hébreu *ha-adam*. *Adam*, en Genèse 1, 27, est un nom commun, et c'est de toute évidence un neutre. Et cet *adam*, Dieu le crée, d'un même geste semble-t-il, « mâle et femelle ». Fin de l'histoire. Rien ne distingue ontologiquement la femme de l'homme. L'un et l'autre sont créés à l'image de leur Créateur. Et c'est à l'un et à l'autre que Dieu, les bénissant, demande de croître et de multiplier, de « remplir » la terre, de la « conquérir », et de « commander » à tous les animaux non humains, poissons, oiseaux, êtres se mouvant sur la terre[1]. Après cela, viennent quelques précisions sur le régime alimentaire – végétarien – qui leur est prescrit. Rien d'autre. Ce commencement devrait nous rassurer : l'égalité de statut de l'homme et de la femme paraît garantie.

Hélas, après ce premier récit, voici qu'un autre nous est proposé, fort différent[2]. C'est le mâle qui est créé d'abord. *Ha-adam*, ici, c'est l'homme être masculin. Nous savons assez précisément comment il est créé : il est façonné, « poussière tirée de la terre (*adama* en hébreu) ». En ses narines, Dieu fait pénétrer un souffle de vie, et il devient un être vivant. Dieu s'avise alors qu'« il n'est pas bon que l'homme soit seul », et ajoute : « Je lui ferai une aide à ses côtés[3]. » Le problème, c'est la solitude de l'homme, et la nécessité de lui fournir « quelqu'un qui l'aide[4] » ou, pour le dire autrement

1. Genèse 1, 28.
2. Genèse 2.
3. Genèse 2, 18.
4. En hébreu *'ézer*, substantif masculin.

un ou une adjointe. Dieu amène devant l'homme tous les oiseaux du ciel et tous les animaux des champs, formés par Dieu de matière terrestre comme lui (sans pourtant que soit mentionné à leur sujet quelque « souffle de vie » qui leur ait été insufflé). Adam ne trouve pas parmi eux l'adjoint qui pourrait lui convenir. Et c'est plutôt bon signe. Il se pourrait en effet qu'Adam espère, pour l'aider, quelqu'un qui serait comme lui, plus ou moins, un animal humain. « Plus ou moins » est une formule un peu brutale, mais que la suite du récit m'oblige à utiliser. La suite : Dieu fait peser une torpeur sur l'homme, qui s'endort, prend une de ses « côtes », et forme un tissu de chair à la place. À partir de la côte prélevée, il « construit » une femme qu'il présente à Adam, lequel se déclare satisfait : « Celle-ci, pour le coup, est os de mes os et chair de ma chair, elle sera nommée femme (*isha* en hébreu) parce qu'elle a été prise d'un homme (*ish* en hébreu)[1]. »

Voilà qui n'est plus du tout la même histoire. Et c'est là, sans doute, que commence la catastrophe. Dieu fait-il la femme « selon sa volonté » ? Cela se discute. Il la crée pour répondre aux besoins et aux attentes de l'homme. Elle sera pour lui une adjointe, une aide. Elle n'est pas créée comme lui « poussière détachée de la terre ». Elle est tirée d'un os, d'une côte, et d'une côte d'Adam. Elle est créée, si l'on peut dire, « côte tirée d'Adam ». Aucun « souffle de vie » ne semble avoir été insufflé directement dans ses narines. Et c'est Adam qui la nomme. Comme il a nommé le lion et la lionne, il la nommera *isha*, compagne de *ish*. Elle n'a pas encore de nom propre. Cela viendra plus tard. Elle ne sera Ève qu'après la Faute. Et ce sera une fois de plus l'homme qui choisira son nom[2]. Voilà qui n'annonce rien de bon. Ce qui suivra sera bien pire.

1. Genèse 2, 23.
2. Genèse 3, 20.

Après la Faute, l'un des châtiments réservés à la femme est celui-ci : « **ton désir** (*teshoukatekh*) **(t'attirera) vers ton homme, et lui te dominera** (*yimshol bakh*)[1]. » Une formule que l'on retrouve quasiment mot pour mot un peu plus tard dans l'avertissement divin adressé à Caïn, peut-être déjà tenté de tuer son frère : « **son désir** (*teshoukato* / comprendre : « le désir du péché ») **(est tourné) vers toi, mais toi, domine-le** (*timshol bo* / comprendre : « plutôt que de te faire dominer par lui »)[2]. » Le rapprochement de ces deux passages est dévastateur, mais naturellement inspiré par la similitude des mots et des tournures employés. La femme est du côté du péché. Son désir de l'homme est une menace qui ne peut-être contrée que par un rapport de domination (de l'homme sur la femme).

Le tableau est déjà noir. Il est encore assombri par autre chose. Le rapport que la femme entretient avec Dieu n'est pas comparable à celui que l'homme entretient avec son Créateur. C'est à Adam que Dieu intime l'ordre de ne pas manger de l'Arbre de la connaissance du Bien et du Mal. C'est à Adam, et à Adam seul, avant même que la femme ne soit créée, que Dieu révèle la « loi » qui doit régir son existence dans le Jardin d'Éden. La femme n'en aura eu connaissance que de manière indirecte : par un enseignement qu'elle aura reçu de son homme. Peut-être est-ce même pour cette raison que c'est par la femme – qu'il perçoit comme un maillon faible – que le serpent passe pour entraîner le premier couple dans la transgression du premier interdit divin.

Le second récit de la création de l'homme et de la femme renverse complètement la dynamique qui paraissait lancée par le premier. La question se pose évidemment de savoir pourquoi les compilateurs à l'origine de la rédaction de la

1. Genèse 3, 16.
2. Genèse 4, 7.

Genèse ont choisi de conserver et de coudre ensemble deux traditions apparemment peu compatibles. Était-ce pour laisser la porte de l'égalité *à la fois* ouverte et fermée ? Que peut signifier en ce cas la bénédiction matinale par laquelle chaque femme est appelée à rendre grâce à celui qui l'a créée « selon sa volonté » ? Cette « volonté » serait-elle double ? Serait-elle contradictoire ? De quoi la femme doit-elle se réjouir ? D'avoir été créée égale de l'homme ? Ou soumise à sa domination ?

☆

Le diable est dans les détails, dit-on. L'intention divine s'y cache tout autant. Pour les rabbins, la Torah* ne saurait ni se répéter, ni se contredire. Le second récit de la création de l'homme ne répète clairement pas le premier. Rashi* précise : « Quant au sens littéral du texte, [il est le suivant] : ici [en Genèse 1], on t'a fait savoir que les deux ont été créés le sixième jour, et on ne t'a pas précisé comment ils l'ont été ; ceci, on te l'a précisé ailleurs [en Genèse 2][1]. » Le second récit détaille, précise les modalités de l'acte créateur. Le premier en donne la date. On a déjà rencontré cette règle d'interprétation qui interdit de supposer que la Torah* puisse dire plusieurs fois la même chose. L'enjeu est de fait considérable : admettre que la Torah* se répète serait admettre que la parole divine pourrait être parfois vide de sens et ne pas apporter d'information nouvelle (donc que Dieu pourrait parler pour ne rien dire). Cela étant précisé, comment faire pour que Dieu ne semble pas se contredire ? Cet enjeu est plus crucial encore.

En Genèse 1, Dieu semble avoir créé l'homme et la femme ensemble, d'un seul et même mouvement. En Genèse 2, il

1. Rashi sur Genèse 1, 27.

tire la seconde du premier. Rashi* rappelle l'existence d'un midrash* qui permet de rendre compte de cette discordance apparente. Voici, dans son intégralité, le passage de ce midrash* auquel Rashi* fait seulement allusion :

> Rabbi Yirmeya ben Éléazar dit : Quand le Saint, béni soit-il, créa Adam le premier homme, c'est androgyne qu'il le fit, ce qu'exprime : « Mâle et femelle il les créa... et il les appela du nom d'Adam » (Genèse 5, 2). Rabbi Chemouel bar Nahman dit : Quand le Saint, béni soit-il, créa Adam le premier homme, c'est à double face qu'il le fit, puis il le scia, le faisant dos à dos, un dos de-ci [pour l'homme], un dos de-là [pour la femme]. Il est pourtant écrit : « Dieu... prit une de ses côtes » (Genèse 2, 21) ! Rabbi Chemouel répondit : « Une de ses côtes » signifie « l'un de ses deux *côtés*[1]. »

Ce midrash* présente pourtant un inconvénient : il rend possible une lecture « féministe » du récit 2, confortant celle qu'on est peut-être spontanément porté à faire du récit 1. Adam et Ève deviennent l'un et l'autre une moitié d'homme. Ève n'est plus tirée d'une côte de l'homme, elle est juste séparée de son autre moitié. Je parle d'« inconvénient » dans la mesure où cette transformation de la « côte » en « côté » rend difficile l'interprétation du second récit, lequel nous semble tout de même globalement pencher en faveur d'une femme adjointe de l'homme, secondarisée, infériorisée et dominée.

Les commentateurs ont évidemment perçu le danger. Et plutôt que de donner au second récit un sens et une tonalité compatibles avec le sens et la tonalité du premier, ils vont faire l'inverse. Ils vont faire basculer le récit de Genèse 1 du

1. *Genèse Raba* 8, 1. Je cite la traduction de B. Maruani et A. Cohen-Arazi dans *Midrach Rabba*, t. 1, *Genèse*, Lagrasse, Verdier, 1987, p. 103-104.

côté de l'asymétrie et de l'inégalité. En en faisant un texte de portée foncièrement légale.

Abraham Ibn* Ezra juge ainsi que, lorsqu'il bénit les animaux, puis le premier couple humain, en disant : « Croissez et multipliez... », Dieu ne formule pas un commandement, il annonce juste ce qui doit arriver, comme s'il disait : « Vous croîtrez et vous multiplierez[1]. » Reste qu'une petite différence de formulation mérite d'attirer l'attention : lorsqu'il s'agit des animaux, il est écrit : « Dieu les bénit en disant : "Croissez et multipliez[2]"... » ; en revanche, lorsqu'il s'agit des humains, il est écrit : « Dieu les bénit, et Dieu *leur dit :* "Croissez et multipliez...[3]" ». Cette adresse au couple humain ne transformerait-elle pas la bénédiction, ou n'y ajouterait-elle pas un *commandement* ? D'autant que suivent, s'agissant des humains, des impératifs qui ont nettement le caractère d'injonctions : « Remplissez la terre et soumettez-la ! Commandez aux poissons de la mer, aux oiseaux du ciel, à tous les animaux qui se meuvent sur la terre. » De fait, le droit rabbinique considère la procréation comme un *commandement.* Et Ibn* Ezra lui-même rappelle que les Sages ont associé ce commandement à ce verset de la Genèse[4].

Cela étant, ces commandements sont formulés au pluriel (croissez, multipliez, remplissez, soumettez, commandez) et semblent bien s'imposer aux deux membres du couple : à la femme comme à l'homme, à égalité. C'est alors qu'un détail orthographique saute aux yeux d'un lecteur attentif. Le commandement de la procréation est associé à un autre : celui de « soumettre » la terre. À la différence de tous les

1. Voir Ibn Ezra sur Genèse 1, 22.
2. Genèse 1, 22.
3. Genèse 1, 28. Voir ce que Nahmanide, commentant Genèse 1, 28, dit de cette différence de formulation.
4. Voir la fin du commentaire d'Ibn Ezra sur Genèse 1, 26.

autres impératifs apparaissant dans le verset, s'il est bien traditionnellement *lu* au pluriel – *kivshou-ha* (כבשוה), « soumettez-la » – cet impératif apparaît dans le texte sans la marque du pluriel (le *vav*, ו, lu *ou*), et est écrit *kvsh-h* (כבשה), comme si l'on avait en fait *kovshah*, « soumets-la ». Ce qui permet aux commentateurs – tel Rashi*[1] – de suggérer que cet impératif est effectivement un singulier, et même un singulier masculin, qu'il s'adresse donc à l'homme, et que le complément d'objet du verbe (« la ») pourrait même ne pas être « la terre », mais… la femme elle-même ! L'ordre donné à l'homme serait donc de « soumettre » sa femme en l'empêchant de devenir une « vagabonde » – *yats'anit*, littéralement « une femme qui sort ». Voici pour plus de clarté la source midrashique qui inspire pareil tour de passe-passe : « Quant à "soumettez-la", on l'écrit "soumets-la" : à l'homme de soumettre sa femme et de l'empêcher de sortir dans la rue, car toute femme qui sort dans la rue finit par trébucher[2]. »

Comme le dit par ailleurs un texte talmudique – dont Rashi* s'inspire également[3] – « conquérir » et « soumettre » n'est de toute façon pas dans la nature[4] de la femme – mais bien dans celle de l'homme. Quoi qu'il soit ordonné ici de « conquérir » ou de « soumettre », même la terre, un tel commandement ne peut s'adresser, dans le couple, qu'à l'homme. De fil en aiguille, c'est l'ensemble des commandements énoncés en Genèse 1, 28 qui paraissent adressés à l'homme. Y compris celui de la procréation. Ainsi que le dit

1. Voir Rashi sur Genèse 1, 28.
2. *Genèse Raba* 8, 12. La traduction est mienne. Le précédent invoqué à l'appui de ce jugement est celui de Dina, fille de Jacob, en Genèse 34.
3. Talmud de Babylone, *Yevamot* 65b. Voir la seconde partie du commentaire de Rashi sur Genèse 1, 28.
4. En hébreu *dérekh*, « chemin, manière d'agir ».

explicitement la Mishnah* : « C'est à l'homme qu'est fait obligation de procréer, non à la femme[1]. »

Voilà comment l'égalitarisme du premier récit de la création de l'homme et de la femme disparaît dans l'exégèse qui en est faite. Le premier et le second récit ne se contredisent plus. C'est le second qui donne le *la*, au détriment des femmes. On ne s'étonnera donc pas que, commentant le premier récit, et spécialement Genèse 1, 27 (« Dieu créa l'homme à son image, c'est à l'image de Dieu qu'il le créa. Mâle et femelle furent créés en même temps »), Isaac Abravanel* place d'emblée son propos sous le signe d'une inégalité foncière et définitive : « L'essentiel de la création est celle du mâle. Lui seul a été créé à l'image de Dieu, comme l'exprime parfaitement le singulier "c'est à l'image de Dieu qu'il a été créé. Car c'est le mâle qui peut percevoir les secrets de la sagesse et non la femme dont toute la sagesse se trouve dans le rouet[2]"... Le principe est que l'homme a été créé seul en premier dans sa perfection, et que la femme a été faite ensuite, instrument à son usage[3]. »

---

1. Mishnah, *Nashim* 6, 6.
2. Talmud de Babylone, *Yoma* 66b.
3. Isaac Abravanel, *Commentaire du récit de la création, Genèse 1, 1 à 6, 8*, trad. de l'hébreu par Y. Schiffers, Lagrasse, Verdier, 1999, p. 251.

Arrivé à cette étape de mon périple, j'ai perdu toute force. Point d'arbre, ici, à l'ombre duquel je pourrais m'abriter un instant. Le soleil seulement. Et le désert sans fin. Fallait-il donc aller jusque-là ? Et creuser dans le sable, jusqu'au bout, le stérile sillon d'un virilisme abrupt ? Cette folie juive de distinguer et de classer n'a-t-elle d'autre but que de garantir aux hommes la jouissance d'un douteux privilège ? Dieu voulait-il donc ça ? Ce mur entre les hommes et les femmes ? Les hommes tout en haut, se réjouissant de n'être pas des femmes ? Les femmes tout en bas, se satisfaisant d'avoir été créées selon la volonté du Seigneur ? N'y aurait-il pas une faille, une brèche, une fissure seulement, par où je pourrais insinuer le doute, le germe du désordre, la possibilité d'un autre ordre et le moyen pour les unes comme pour les autres de dire chaque matin le bonheur tout simple d'être ce qu'ils sont ?

Au désert, on se souvient de Moïse. Je me souviens du mien. Du « Moïse fragile » dont j'ai brossé le portrait dans un autre livre[1]. Son histoire bruisse du murmure des femmes. Elles le sauvent. Il ne serait rien sans elles. Sa mère, qui le cache. Sa sœur, qui surveille son couffin abandonné sur le Nil. La fille de Pharaon qui le recueille, l'adopte, en fait son fils. Sa femme, qui lui permet d'échapper à la mort, en circoncisant leur fils nouveau-né. Tout ceci est beaucoup, mais n'est peut-être rien encore. Juste des femmes qui servent dans l'ombre le grand homme. Moïse, lui, reste un homme. Viril, brutal, jusque dans le dialogue tendu qu'il noue avec son Dieu. Il est le chef qui conduit, et qui souvent appelle le châtiment le plus impitoyable sur ceux-là mêmes qu'il

1. *Moïse fragile*, rééd. (poche), Paris, CNRS Éditions, 2016.

conduit. Dur. Inflexible. Une caricature d'homme en fait. Jusqu'au moment où il perd pied, renonce, et veut mourir. Sa « fragilité », parfois, le « féminise ».

La traduction anglaise de *Moïse fragile* a paru en 2020[1]. Mon éditeur lui a trouvé un titre qui m'a d'abord surpris. Ce n'était au départ que le titre d'un des chapitres du livre publié en français. Mon éditeur a choisi d'en faire celui du livre en anglais tout entier. *A Woman Called Moses.* « Une femme nommée Moïse ». Ruse commerciale ? Volonté d'attirer l'attention de lecteurs et de lectrices préoccupés par les questions de genre, outre Atlantique notamment ? Sans doute. Mais pas seulement. Mon éditeur avait vu ce que j'avais fait sans en avoir eu moi-même, sur le moment, pleinement conscience. J'avais créé un Moïse de genre incertain, fluide dirait-on aujourd'hui : *a gender fluid Moses.* On pouvait certes me reprocher de n'avoir pas renoncé aux stéréotypes. L'une de mes recenseurs l'a d'ailleurs fait[2]. C'est quand sa force le quitte que Moïse devient femme. Certes. Mais y a-t-il un autre moyen de briser les stéréotypes que de les confondre en un même être ? C'est tout ce que le texte biblique permet. Mais pas seulement le texte : certains de ses commentateurs juifs les plus autorisés aussi. Et ce qui les y pousse est une nouvelle fois une lettre manquante. Tout à l'heure, un *vav* manquant accordait le privilège à l'homme. Cette fois, un *hé* manquant fait de Moïse (presque) une femme…

1. *A Woman Called Moses. A Prophet for Our Time*, Londres – New York, Verso, 2020.

2. Mahri Leonard-Fleckman, « "A Woman Called Moses". A Prophet Unarmed », *Commonweal*, 23 octobre 2020 (https://www.commonweal-magazine.org/prophet-unarmed). On peut y lire ceci : « While it's true that here Attias's stated intent is progressive, he ironically perpetuates a toxic understanding of gender relations. »

C'est une histoire comme il y en a plus d'une : le peuple, insatisfait et ingrat, se plaint et se rebelle[1]. Les Hébreux se lassent du menu qu'on leur impose au désert, la manne ne leur suffit plus, voici qu'ils se souviennent de ce qu'ils mangeaient en Égypte, poisson, concombres et melons, poireaux, oignons et ail. Ils exigent de la viande. Dieu entre dans une grande colère et Moïse, cette fois, perd pied. Où va-t-il trouver de la viande dans ce désert ? Mais ce n'est pas tout. Car le problème, ici, c'est aussi et peut-être surtout la charge écrasante que Dieu a imposée à son prophète. Il veut en être libéré une bonne fois. Et voici comment il le dit au chapitre XI des Nombres :

> Pourquoi as-tu rendu ton serviteur malheureux ? Pourquoi n'ai-je pas trouvé grâce à tes yeux, et m'as-tu imposé le fardeau de tout ce peuple ? Est-ce donc moi qui ai *conçu* tout ce peuple, moi qui l'ai *enfanté*, pour que tu me dises : Porte-le dans ton *sein*, comme le *nourricier* porte le *nourrisson*, jusqu'au pays que tu as promis par serment à ses pères ? Où trouverai-je de la chair pour tout ce peuple, qui m'assaille de ses pleurs en disant : « Donne-nous de la chair à manger ! » Je ne puis, moi seul, porter tout ce peuple : c'est un faix trop pesant pour moi. Et si tu me destines un tel sort, ah ! Je te prie, fais-moi plutôt mourir, si j'ai trouvé grâce à tes yeux, et que je ne voie pas mon malheur[2] !

Moïse rejette Israël comme un enfant qui ne serait pas le sien, ou qui ne serait pas d'abord, ou pas seulement, le sien.

---

1. Sur cet épisode du livre des Nombres, voir aussi *infra*, p. 243-244.
2. Nombres 11, 11-15. C'est bien sûr moi qui souligne.

Comme un nourrisson réclamant sa pitance, mais qu'il ne pourrait pas nourrir. Tout est au masculin, bien sûr, mais le rôle qui pèse tant à Moïse et qu'il se sent incapable de remplir, a tous les traits d'un rôle maternel. Est-ce donc lui qui a conçu ce peuple ? Lui qui l'a enfanté ? Dieu a-t-il le droit de lui demander de le porter contre son sein, « comme le nourricier porte le nourrisson » ? Mais au fait, sommes-nous si sûrs que c'est le refus d'être mère qui inspire la plainte de Moïse ? N'est-ce pas plutôt le refus d'assumer seul ce rôle (« je ne puis, *moi seul*, porter tout ce peuple ») ? Cette plainte n'est-elle pas aussi le reproche fait à Dieu de se défausser sur lui d'une charge qui est d'abord la sienne ? Israël n'est-il pas le premier-né de Dieu[1] ? Cette plainte n'est-elle pas le reproche fait à Dieu de lui rendre si difficile d'assumer pleinement ce rôle de mère qu'il lui donne ? Et peut-être déjà le reproche de lui infliger le spectacle du malheur, du châtiment terrible, qui va fondre sur son enfant ?

Une femme nommée Moïse. Elle est là. Rashi* et son surcommentateur, Élie Mizrahi*, nous le confirment, se fondant sur une analyse serrée de la formule utilisée par le prophète pour justifier son désir de mort : « **Et si tu me destines un tel sort**, ah ! Je te prie, fais-moi plutôt mourir[2] ! ». En hébreu : *Ve-im kakha at ossé li.* Retraduisons mot à mot. *Ve-im :* « Et-si ». *Kakha :* « ainsi ». *At :* « tu ». *Ossé :* « fais ». *Li :* « à-moi ». Soit : « Et-si ainsi tu fais à-moi ». Le problème, ici, est que ce qui semble être le sujet du verbe – *at*, « tu » – est, en hébreu, un pronom féminin (ce que le français ne peut pas rendre), tandis que le verbe, lui, est bien au masculin (ce que le français ne peut pas rendre non plus). Le rédacteur du texte biblique ne pouvant être mauvais grammairien, Rashi* et

1. Voir Exode 4, 22 : « Ainsi parle l'Éternel : Israël est le premier-né de mes fils. »

2. Nombres 11, 15.

Mizrahi* suggèrent ainsi : 1) que « tu » (au féminin) ne saurait être le sujet du verbe (au masculin) ; 2) que « tu » (au féminin) ne peut bien sûr désigner Dieu ; 3) que le vrai sujet du verbe est Dieu mais que ce sujet est sous-entendu ; 4) que « tu » (au féminin), ne pouvant désigner Dieu, se rapporte en fait à Moïse. Ce qui les conduit à comprendre ainsi ce fragment de verset : « Et-si ainsi, [tu] fais de-moi [un] “toi” [féminin] ». Et me conduit moi-même à retraduire ainsi l'apostrophe de Moïse : « Et si [tu agis] ainsi [à l'égard d'Israël], [tu] fais de moi une femme[1] ! Ah ! Je te prie, fais-moi plutôt mourir ! ». Rashi* explique : « La force de Moïse faiblit comme celle d'une femme (*ki-nekéva*). » Face à la perspective de la calamité dont Dieu frappera son peuple indocile et pécheur (son enfant), l'homme Moïse flanche, faiblit, s'effondre comme une femme (comme une mère). Il préfère mourir lui-même que de voir cela.

Certes, Dieu, après avoir donné aux Hébreux la viande qu'ils réclamaient, châtiera durement les rebelles. Mais pour le reste, il cédera à Moïse, acceptant de le décharger d'une part du « fardeau de ce peuple » : il sera désormais assisté de soixante-dix anciens. Dieu entérine ainsi le désir de Moïse de ne pas être tout pour Israël, il ratifie sa revendication de faiblesse, et « détournant une partie de l'esprit qui l'animait, il la report[e] sur ces soixante-dix personnages, sur les Anciens[2] ». La grandeur et la primauté de Moïse sont donc maintenues, mais elles s'expriment désormais dans l'acceptation, à la fois par Dieu et par Moïse, de ce partage du pouvoir et du poids de la responsabilité.

Cette « féminisation » du prophète réapparaît au chapitre V du Deutéronome et se trouve à nouveau associée à ce désir de partage. Moïse reprend, pour le récapituler, le récit de

1. « Tu fais de moi une *at*, un “toi féminin” ».
2. Nombres 11, 25.

la théophanie du Sinaï. Il rappelle comment les Hébreux, impressionnés par cette manifestation grandiose du Divin, en ont été profondément effrayés. Cette frayeur, nous dit Moïse, ils l'ont alors exprimée en ces termes : « Certes, l'Éternel, notre Dieu, nous a révélé sa gloire et sa grandeur, et nous avons entendu sa voix du milieu de la flamme ; nous avons vu aujourd'hui Dieu parler à l'homme et celui-ci vivre ! Mais désormais, pourquoi nous exposer à mourir, consumés par cette grande flamme ? Si nous entendons une fois de plus la voix de l'Éternel, notre Dieu, nous sommes morts. Car est-il une seule créature qui ait entendu, comme nous, la voix du Dieu vivant parler du milieu du feu, et soit demeurée vivante[1] ? »

Cette peur pousse les Hébreux à se défausser sur Moïse de ce qui est à la fois un honneur, une charge, un devoir supérieur : entendre directement la Parole de l'Éternel, accueillir soi-même la Loi que cette Parole révèle. Cet honneur, cette charge, ce devoir supérieur, les Hébreux y renoncent pour eux-mêmes et les délèguent à Moïse. Que lui prenne le risque d'être dévoré par le feu divin ! « Approche-**toi toi-même** (*ata*), s'exclament-ils, et écoute tout ce que dira l'Éternel, notre Dieu ; et c'est **toi** (*at*) qui nous diras tout ce que l'Éternel, notre Dieu, t'aura dit[2] ! »

Tout lecteur attentif remarque dans ces propos d'Israël rapportés par Moïse un étrange basculement. Au début, lorsqu'il dit « Approche-**toi** », Moïse, qui est en train de rappeler à Israël ce qu'Israël lui a dit en cette circonstance, met le verbe au masculin, et le pronom, « toi (-même) », « tu », est lui aussi au masculin (*ata*), ce qui est dans l'ordre des choses, dès lors qu'il est question de lui-même, un homme. Et puis subitement, lorsqu'il met dans la bouche du peuple « et c'est

1. Deutéronome 5, 21-23.
2. Deutéronome 5, 24.

toi (*at*) qui nous diras», s'il maintient le verbe au masculin (*tedaber*), le pronom, lui, est au féminin (*at*, et non *ata*, exactement comme dans le passage précédent) ! Ce que nous avons là est évidemment moins ce que les Hébreux ont effectivement dit alors que le rapport ou le rappel que Moïse en fait ici[1]. Or, en cette occurrence, parlant donc de lui-même, le prophète bascule du masculin au féminin. Se pourrait-il que la simple évocation du renoncement d'Israël à entendre directement le Seigneur ait troublé Moïse – cet incirconcis de la bouche – au point qu'il bredouille, peine à s'exprimer, substitue un pronom à un autre, ou ne prononce pas ce pronom (*ata*) jusqu'au bout et l'ampute d'une lettre (un *hé*), d'une syllabe (*a*), le féminisant ainsi sans le vouloir ? Selon une tradition talmudique, Moïse serait même coutumier du fait : lorsque « sa force faiblit » (sous le coup de l'émotion), il cesse soudain d'avoir celle « de parler », avant, bien sûr, de se ressaisir[2]. Juste un lapsus, donc ?

Mais pourquoi ce lapsus ne serait-il pas, justement, « révélateur » ? Rashi* n'hésite pas à en révéler, lui, ce qui, à ses yeux, en est le sens profond : « Vous avez affaibli ma force comme celle d'une femme[3]. J'ai souffert à cause de vous, vous avez affaibli mes mains, car j'ai vu que vous n'étiez pas anxieux de vous approcher de lui par amour. N'était-il pas plus beau pour vous d'apprendre de la bouche du Tout-Puissant [lui-même, directement] que d'apprendre par mon intermédiaire[4] ? »

Il y a bien quelque chose au-delà du lapsus. Ce n'est pas sans raison que Moïse ici, à nouveau, se féminise. Simple

1. De fait, dans le récit originel de cet épisode, tel qu'il est donné dans le livre de l'Exode, les Hébreux utilisent bel et bien un pronom au *masculin* : « Que ce soit **toi** (*ata*) qui nous parles ! » (Exode 20, 16).
2. Talmud de Babylone, *Berakhot* 32a.
3. « Comme celle d'une femme » : *ki-nekéva* en hébreu.
4. Rashi sur Deutéronome 5, 24.

faiblesse ? Découragement ? Épuisement soudain du prophète face à l'épreuve que son peuple, se dérobant à son devoir naturel, lui inflige ? Je ne le crois pas. En cette circonstance aussi, la féminisation de Moïse est l'expression d'une révolte, sa révolte devant le manque de courage son peuple. Et l'expression, à nouveau, d'une aspiration au partage. Moïse ne veut point être si seul, ni être si grand. Il n'aurait qu'un désir, hélas frustré : que le peuple tout entier, comme lui, avec lui, entende et accueille sans frayeur la Parole de l'Éternel.

Au-delà de la force de Moïse, il y a donc bien une faiblesse, une fragilité. Mais cette faiblesse et cette fragilité sont une force plus grande encore. Moïse n'est finalement jamais plus grand que dans son renoncement à être Moïse. Et jamais plus homme (humain) que lorsqu'il est *aussi* femme. Le Pentateuque se révèle ici plus que le récit de la rencontre de Moïse avec le Divin : le récit du chemin escarpé, exigeant, de Moïse, vers une humanité pleinement assumée. Sur ce chemin, l'assomption d'une féminité qui est plus désir de partage du pouvoir et de la responsabilité que simple expression de faiblesse ou de lassitude se révèle une étape obligée[1].

Il n'y a là qu'un *hé* (ה) de différence. Quand il est là (*ata*, אתה), on est au masculin. Quand il fait défaut, on est au féminin (*at*, את). Une lettre vous manque, et voici que les « natures », ou les genres, paraissent se confondre, seule cette confusion faisant de vous pleinement un humain. Une brèche est ouverte. Béni sois-Tu, Éternel notre Dieu, roi du monde, qui nous a faits ce que nous sommes.

1. Cette analyse de la féminité de Moïse reprend pour l'essentiel celle que j'ai développée plus amplement dans *Moïse fragile*, p. 162-172.

J*e n'ai jamais demandé à mes parents en quoi ils croyaient,* ni même s'ils croyaient en quelque chose. Je ne peux faire aujourd'hui que des conjectures. J'imagine ma mère contournant la question, restant muette sur l'Incarnation, la Trinité, la Résurrection et la vie éternelle, et me parlant plutôt, sans émotion particulière, de charité et d'amour du prochain. Même chose pour mon père, bien incapable de se remémorer les treize articles de foi du credo* maïmonidien, levant les yeux au ciel et haussant les épaules avant de lâcher, sans en être tout à fait sûr : dans le judaïsme, ce n'est pas croire qui compte, mais faire. Lui qui faisait si peu.

Si mes parents, aujourd'hui, me posaient la même question à moi, je ne serais pas moins embarrassé. Mais s'il me fallait absolument répondre, je dirais que je crois au miracle. Bien que je ne sache pas exactement ce que c'est qu'un miracle. L'un et l'autre seraient un peu étonnés d'entendre pareille chose de ma bouche. Il faudrait alors que je leur explique. Je leur dirais seulement ceci : le miracle est une brèche, une fenêtre qui s'ouvre soudain, la condition, peut-être, de notre liberté.

MIRACLES

J'ignore si l'eau du Nil se transforma en sang, si elle était eau la plupart du temps, et fut sang ce jour-là, ni si en elle les deux natures étaient de quelque façon réunies, nature de l'eau, nature du sang. J'ignore si ce changement fut illusion des sens, simple vision, ni si c'est en cela, seulement, que consista le miracle. Ce changement fut-il une transgression des lois de ce monde ? Ou au contraire un prolongement de ces lois, non pas une exception, mais un changement de courte durée prévu depuis les premiers jours ?

Voici ce que soutient un midrash* :

Rabbi Yirmeya ben Éléazar dit : Ce n'est pas seulement avec la mer [qui s'ouvrit devant Israël pour le laisser traverser] que le Saint, béni soit-il, conclut un pacte, mais avec tout ce qui a été créé lors des six jours du commencement, ce qu'exprime : « C'est moi dont les mains ont tendu les cieux. J'ai donné ordre à toutes leurs populations[1]. » J'ai donné des ordres aux cieux et à la terre de faire silence devant Moïse quand il dirait : « Cieux prêtez l'oreille et je parlerai, terre écoute les paroles de ma bouche[2]. » J'ai donné l'ordre au soleil et à la lune de s'immobiliser devant Josué quand il dirait : « Soleil, arrête-toi sur Gabaon, et toi lune sur la vallée d'Ayalon[3]. » J'ai donné l'ordre aux corbeaux de nourrir Élie..., à la fournaise d'épargner

1. Isaïe 45, 12.
2. Deutéronome 32, 1.
3. Josué 10, 12.

Hanania, Michaël et Azaria…, aux lions d'épargner Daniel…, aux cieux de s'ouvrir à la voix d'Ézéchiel…, au poisson de vomir Jonas[1].

Et Maïmonide* d'en conclure : « Les miracles sont aussi, en quelque sorte, *dans la nature* ; car, disent-ils, lorsque Dieu créa cet univers et qu'il y mit ces dispositions physiques, il mit aussi dans ces dispositions [la faculté] de faire naître tous les miracles survenus au moment même où ils sont réellement survenus[2]. »

Les Sages disent, et Maïmonide* le rappelle : « Le monde suit *sa coutume*[3] ». Et moi j'ajoute : si Dieu a créé le monde, il en a aussi créé la « coutume » (la manière d'être du monde, les lois de la nature), et cette « coutume » inclut ce qui déroge, ou semble déroger, à la « coutume » – le miracle. Le miracle est juste rare, parfois grandiose, il nous surprend, il sert d'ailleurs surtout à cela. Il nous fait signe et nous dit : la nature est elle-même et peut-être aussi autre chose qu'elle-même.

Ce qui vaut pour le monde vaut bien sûr pour la Torah*. Si le monde est, comme la Torah*, d'origine divine, si Dieu a créé le monde en se servant de la Torah* comme du plan d'un architecte[4], et si Dieu a créé le monde en parlant (Dieu dit : « Que la lumière soit ! », et la lumière fut), alors il est naturel que le monde, la Torah* et sa langue, l'hébreu de la Torah* fonctionnent semblablement. Le lapsus est à la

---

1. *Genèse Raba* 5, 6. Je cite la traduction de B. Maruani et A. Cohen-Arazi dans *Midrach Rabba*, t. 1, p. 81-82.

2. *Guide des égarés* 2, 29. Traduction de l'arabe par S. Munk, t. 2, p. 224.

3. « Sa coutume » : *minhago* en hébreu. Talmud de Babylone, *Avoda zara* 54b. Maïmonide juge même que le monde continuera de suivre sa « coutume » aux temps messianiques, que l'ordre naturel des choses ne sera pas bouleversé, et que certains des passages des prophètes (tels que ceux que j'ai évoqués *supra*, p. 105-106) doivent être entendus comme des allégories : voir *Mishné Tora*, *Shoftim*, *Melakhim* 12, 1.

4. Voir *supra*, p. 70.

langue ce que le miracle est au monde. Il n'y a dans la langue de la Loi ni faute d'orthographe ni erreur de grammaire. Une lettre manque, mais ce manque est lui-même une lettre, et ce manque doit être *lu*, parce qu'il est un signe et un miracle : c'est le même mot en hébreu, *ot*, qui désigne la lettre, le signe, et le miracle. Un *hé* nous manque, et voici que son absence féminise Moïse et brouille soudain la « naturelle » et rigide distinction des genres qui nous pesait comme un joug.

Face au buisson qui brûlait sans se consumer, Moïse se disait : « Je veux m'approcher, je veux examiner ce grand phénomène : pourquoi le buisson ne se consume pas[1]. » Face à la lettre absente, à la faute, au silence, l'exégète se dit : « Je veux m'approcher, je veux examiner ce petit phénomène ; pourquoi ce mot semble dire une chose et dit peut-être son contraire. »

Ce miracle, que je sais minuscule, me suffit. Je veux bien croire en lui.

1. Exode 3, 3.

« C'EST POURQUOI L'HOMME QUITTERA… »

Je dis bien : minuscule, car je suis raisonnable. Une petite bouffée d'oxygène, rien de plus. À peine une brèche. Moins encore : une simple fissure. Le mur, lui, ne tombe jamais. Mais les miracles sont-ils vraiment là pour ébranler le système ? Pour croire qu'un *hé* manquant, dans deux contextes définis, suffit à faire bouger un peu les lignes, il faut d'abord partager le postulat des rabbins selon lequel tout est porteur de sens dans le texte écrit de la Loi, serait-ce le plus infime détail. Il faut ensuite suivre Rashi* et Mizrahi* dans une exégèse qui, à tout esprit sensé, ne peut que paraître forcer le texte. Il faut même aller plus loin que ces deux-là pour considérer que cette « féminisation » du prophète est *un plus* – davantage qu'une défaillance, davantage qu'une subite faiblesse. Il faut enfin oublier que ce que fait ce *hé* manquant deux fois et qui ne vaut que pour le Prophète, un *vav* manquant une seule fois l'a aboli dès le commencement de l'histoire des hommes et des femmes, et pour toujours. Il y a bien des hommes et des femmes, rien d'autre, et les premiers sont là pour « conquérir » et « dominer » les secondes[1]. Si Moïse se féminise, il ne le fait qu'un moment, tout au plus. Une chose est sûre en tout cas : il ne *devient* pas une femme. Et certainement pas un « androgyne ». Quand je dis que je crois

1. Voir *supra*, p. 177.

aux miracles, même minuscules, je dis en fait que je ne crois pas à grand-chose...

Des « androgynes », ces êtres qui ne sont ni hommes, ni femmes, ou bien à la fois l'un et l'autre, les rabbins, attentifs au réel et toujours soucieux de dire le droit, ne nient certes pas l'existence, ni n'en font abstraction. La nature produit aussi des êtres de cette sorte, qui paraissent défier ses règles (sa « coutume ») et mettre à mal le principe de distinction et de séparation qui est censé avoir présidé, dès l'origine, à l'œuvre de la création elle-même. Ces êtres, si l'on en croit les anciens rabbins, n'ont pas d'identité claire, ni peut-être d'identité propre. Il n'est pas sûr qu'ils forment un genre en soi, un genre à part entière (même si certains le pensent), d'autant qu'il en est de plusieurs sortes[1].

Les « androgynes » au sens strict sont d'abord perçus comme la combinaison troublante, accidentelle et non significative, en un même être, du masculin, du féminin, et peut-être du neutre – le masculin et le féminin, comme « natures » stables et distinctes, ayant seuls droit de cité : « Un "androgyne[2]", par certains côtés est comme les hommes, par certains autres comme les femmes. Et par certains côtés, il est semblable à la fois aux uns et aux autres, et par d'autres côtés encore, il n'est semblable ni aux uns ni aux autres[3]. » Maïmonide le dit autrement et de façon peut-être plus claire et plus brutale : « Une personne ayant à la fois un organe sexuel masculin et un organe sexuel féminin est appelée "androgyne". Il y a doute quant à savoir si elle est homme ou femme. Elle ne

1. À côté de l'« androgyne » proprement dit, qui présente à la fois des caractéristiques sexuelles masculines et féminines, il y a le *toumtoum*, dont les caractéristiques sexuelles sont indéterminées, la *aylonit*, femme qui ne se développe pas à la puberté et reste infertile, et enfin le *saris*, mâle privé de ses organes sexuels, soit par nature, soit par l'effet d'une intervention humaine.

2. En hébreu : *androguinos* (du grec).

3. Tosefta, *Bikourim*, 2, 3.

présente pas de signe (physique) permettant de dire avec certitude si elle est homme ou femme[1]. »

De fait, pour les rabbins, la définition de l'« androgyne » est d'abord une question d'anatomie et de physiologie, pas d'identité, et encore moins de perception de soi ou de ressenti intime (ce qui, aujourd'hui, ne peut que mettre mal à l'aise). Elle ne recouvre en outre *in fine* qu'un enjeu principal : celui du statut de l'« androgyne » devant la Loi. À quelles obligations est-il effectivement soumis ? De quelles incapacités est-il éventuellement frappé ? Le sujet est bien sûr délicat dans un système qui ne connaît que deux genres jouissant d'un statut légal distinct et défini : les hommes et les femmes.

Le fait que le Midrash* ait pu envisager la création du premier Adam comme celle d'un « androgyne » coupé en deux dans un second temps n'y change pas grand-chose. Lorsque cette séparation intervient, il ne reste que, d'un côté, une femme au sens classique de ce mot, et de l'autre, un homme. Cette séparation vaut séparation des deux sexes. Rien, ou alors peu de chose, ne reste en chacune de l'autre moitié de la mixité originelle. Le mythe rend au mieux compte de l'attirance de l'homme pour la femme et *vice versa*. Si du moins l'on comprend ainsi les mots qui concluent, dans la Genèse, le second récit de la création de l'homme et de la femme : « C'est pourquoi l'homme quittera son père et sa mère, il s'attachera à sa femme et ils deviendront une seule chair[2]. » Encore faut-il faire preuve d'une certaine prudence. Il n'est pas certain qu'il s'agisse ici simplement d'« attirance ».

☆

1. *Mishné Tora, Nashim, Ishout* 2, 24.
2. « Une seule chair » : *bassar é'had* en hébreu. Genèse 2, 24.

Voici[1] par exemple ce que dit Rashi* de ce verset, Rashi* qui reprend lui-même à son compte, de manière sélective, la lecture qu'en font plusieurs textes midrashiques* et talmudiques : « **C'est pourquoi l'homme quittera.** C'est l'Esprit de Sainteté qui dit cela pour interdire les unions sexuelles illicites aux fils de Noé. **Une seule chair.** L'enfant est créé par eux deux et là [en cet enfant] leur chair devient une. »

Rashi* refuse de voir en Genèse 2, 24 un simple prolongement des propos tenus par Adam au verset précédent : « Celle-ci (Ève), pour le coup, est un os de mes os, une chair de ma chair, et celle-ci sera appelée *isha* (femme) parce que de *ish* (homme) elle a été prise. » Il donne de ce fait un sens bien particulier au « C'est pourquoi » sur lequel s'ouvre Genèse 2, 24, et préfère attribuer ces quelques mots à « l'Esprit de sainteté ». Cette origine en Dieu et non en l'homme du discours examiné lui permet de comprendre sa première partie (« C'est pourquoi l'homme quittera son père et sa mère, il s'attachera à sa femme ») comme l'expression d'un *commandement*, à savoir de l'interdiction formelle, faite aux « fils de Noé », donc à l'humanité entière, de se livrer à certaines pratiques matrimoniales et sexuelles. Quant aux derniers mots du verset (« une seule chair »), il semble n'y voir qu'une allusion à la progéniture du couple humain. Certainement pas, semble-t-il, à la nostalgie « naturelle », l'une pour l'autre, des deux moitiés d'on ne sait quelque « androgyne » originel et de leurs descendants.

Nahmanide*, lui, ne partage pas le point de vue de son prédécesseur, qu'il commence par citer pour ajouter :

---

1. Les pages qui suivent reprennent certaines des analyses que j'ai développées plus longuement dans « "Ils deviendront une seule chair". Le couple humain et la tradition juive au regard de Genèse 2, 24 », dans Jean-Christophe ATTIAS, *Penser le judaïsme*, édition revue et augmentée, Paris, CNRS Éditions, 2010, p. 185-201.

Et cela n'a pas de sens, car l'animal domestique et l'animal sauvage deviennent eux aussi uns dans leurs petits. Ce qui est juste à mes yeux, c'est que l'animal domestique et l'animal sauvage n'ont pas d'attachement pour leurs femelles, bien plutôt le mâle ira à la femelle qu'il trouvera, et ils se sépareront[1]. Et c'est pour cela que l'Écriture a dit : dès lors que la femelle de l'homme fut os de ses os et chair de sa chair, il s'attachera à elle, et elle sera sur son sein comme sa chair, et il la désirera pour qu'elle soit toujours avec lui, comme cela avait été le cas pour Adam, dont la nature[2] fut transmise à ses descendants, les mâles s'attachant à leurs femmes, quittant leur père et leur mère, et voyant leurs femmes comme si elles ne faisaient avec eux qu'une seule chair.

Pour Nahmanide*, ce qui est en jeu ici est la *nature* de l'homme et de la femme et la *nature* du couple qu'ils sont amenés à former en ce qu'elles ont de spécifiquement *humain*. Genèse 2, 24 évoque la qualité particulière des liens conjugaux *humains*, « une seule chair » symbolisant le caractère exceptionnellement étroit et exclusif de ces liens et non la progéniture qui en est issue.

L'offensive de Nahmanide* ne reste bien sûr pas sans réponse. Quelque deux siècles plus tard, Élie Mizrahi* construit ainsi son surcommentaire de Rashi* sur Genèse 2, 24 comme surcommentaire critique du commentaire de Nahmanide*. Il insiste notamment sur le fait que, pour Rashi*, ce n'est bien sûr pas seulement la première partie du verset, mais l'ensemble du verset, et donc également la seconde (« ils deviendront une seule chair »), qui a une valeur *prescriptive* :

1. Ou : ils engendreront, selon les manuscrits.
2. En hébreu *téva'*.

C'est en effet de ce verset que nous apprenons que les fils de Noé ont été mis en garde contre [toute union avec] leur mère, la femme de leur père et la femme de leur prochain ainsi que contre l'homosexualité masculine et la bestialité… [Rashi] n'a pas explicité les unions sexuelles illicites sous-entendues par « une seule chair » de même qu'il n'a pas explicité les unions sexuelles illicites sous-entendues par les autres mots du verset. Il s'est en effet appuyé sur la *baraita*[1] du chapitre « Quatre morts[2] », où il est enseigné [ceci] : **« C'est pourquoi l'homme quittera son père, etc. »** Rabbi Akiba* dit : **« son père »**, c'est la femme de son père, **« sa mère »**, c'est sa mère, **« il s'attachera »**, pas à un mâle, **« à sa femme »**, et non à la femme de son prochain, **« et ils deviendront une seule chair »**, [il aura commerce avec] les êtres qui peuvent devenir une seule chair [avec lui, à savoir avec lesquels il peut procréer], soit à l'exclusion des animaux domestiques et sauvages, qui ne peuvent procréer avec l'homme[3].

Face à cette première grande tradition de lecture, allant de Rashi* à Mizrahi* en passant par Nahmanide*, une autre cependant se dessine, qui prend appui sur Abraham Ibn* Ezra, lequel offre de Genèse 2, 24 une exégèse minimaliste : « Quant au sens de "**ils deviendront une seule chair**", [c'est :] ils [deviendront] comme [une seule chair], ou : ils en viendront à ressembler à ce qu'ils étaient. Certains disent qu'ils engendreront un autre. Et cela est éloigné. »

---

1. Une *baraita* (terme araméen signifiant litt. « extérieure ») est un enseignement tanaïtique (Ier-IIe s.) omis par le compilateur de la Mishnah*. Un grand nombre des *baraitot* sont rapportées et commentées dans le Talmud*.
2. Talmud de Babylone, *Sanhédrin* 58a.
3. Élie Mizrahi, *Surcommentaire du commentaire de Rashi sur le Pentateuque*, Varsovie, 1862, t. 2, fol. 14b. Sans doute fautif en quelques endroits, l'original hébraïque a subi de menues corrections avant d'être traduit.

La première partie du verset n'est tout simplement pas commentée. Seul « ils deviendront une seule chair » est expliqué. Ibn* Ezra n'y voit qu'une image rapprochant l'union conjugale de la condition androgyne première : l'homme et la femme unis forment *pour ainsi dire* « une seule chair » ; à l'origine, avant que la femme ne fût tirée de l'homme, ils formaient *effectivement* « une seule chair ». Ibn* Ezra consent à rappeler que « certains » (à savoir Rashi*) interprètent « une seule chair » comme l'évocation d'une progéniture, mais pour ajouter : « Et cela est éloigné » – à savoir éloigné du sens obvie, et peu compatible avec la trame narrative où le verset prend place. Tout l'effort d'Ibn* Ezra vise en effet à resituer le passage commenté dans son contexte immédiat. S'il ne commente pas tout le début du verset, c'est qu'il ne voit guère de raison d'y entendre autre chose que ce qu'il dit simplement, en contexte. Et quand il précise le sens qu'il donne à « une seule chair », c'est pour le tirer à nouveau du contexte. Outre qu'il invalide la tradition de commentaire illustrée par Rashi*, un tel traitement aboutit à « délégaliser » le verset, à le faire sortir du champ du prescriptif et de la Loi.

Cette veine exégétique, plus ambiguë qu'il n'y paraît, est en partie prolongée par Radak* qui, sans citer Ibn* Ezra, semble expliciter son commentaire et en faire résonner les silences :

> **C'est pourquoi l'homme quittera.** Certains commentateurs attribuent ces mots à Moïse, et non à Adam. Or ce qui est vrai, c'est que c'est Adam qui a dit cela, car il savait qu'il engendrerait des fils : c'est en effet pour cela, pour engendrer, que lui-même et son espèce ont été créés en ce monde, à l'instar des autres êtres vivants… Il n'a pas été dit que l'homme quitterait son père et sa mère pour sa femme au sens où il devrait cesser de les servir et de les honorer autant qu'il le pourrait. Il a seulement été dit qu'il est dans l'ordre des choses que l'homme quitte son père et sa mère, avec qui il a grandi, jusqu'au moment où il s'est

> marié. Alors il cessera d'habiter sous leur toit, s'attachera à sa femme et logera avec elle dans la même maison. **Et ils deviendront une seule chair**. À savoir comme une seule chair et un seul corps, car la première femme a été créée de l'homme, de ses os et de sa chair, et voici qu'ils étaient alors une seule chair, et ainsi seront-ils à jamais attachés l'un à l'autre comme une seule chair, et de ces deux-là l'espèce tirera son existence. Et nos Maîtres, bénie soient leur mémoire, ont interprété ce verset [et soutenu] que c'est Adam qui l'a prononcé sous l'inspiration de l'Esprit de Sainteté, et qu'il s'agit là d'une mise en garde contre les unions sexuelles interdites… Ils ont ainsi dit : « C'est pourquoi l'homme quittera son père » – c'est la femme de son père –, « et sa mère » – au sens propre –, « et il s'attachera » – pas à un mâle, avec lequel il ne saurait y avoir attachement comme entre un homme et une femme –, « à sa femme » – et non à la femme de son prochain –, « et ils deviendront une seule chair », [à savoir que] l'homme [s'unira] avec qui il peut procréer, ce qui exclut l'animal domestique, l'animal sauvage et l'oiseau, qui ne peuvent faire une seule chair [à savoir un enfant, ou un petit] avec l'homme.

Le commentaire de Radak* prend, on le voit, un tour syncrétiste et récapitulatif. Il tient en effet tout ensemble : le descriptif et le prescriptif, d'une part la *nature* particulière des liens unissant homme et femme dans le couple comme rappel et conséquence d'une existence androgyne initiale, et d'autre part l'interdit dont la *Loi* frappe certaines unions sexuelles, notamment celles, infertiles, de l'humain avec l'animal non humain – et de l'homme avec l'homme.

S'agissant de l'homosexualité, on va bien sûr chercher le miracle minuscule que notre époque exige. On ne le trouvera pas. Si le judaïsme a pu projeter sur son récit des origines de l'espèce humaine le mythe d'un Adam androgyne, d'une créature première mi-homme mi-femme, que la main de l'Éternel coupe en deux pour en faire le premier couple, il n'a pas conçu, comme le monde grec[1], deux autres possibilités : celle d'un couple issu d'un composé homme-homme ou celle d'un couple issu d'un composé femme-femme. C'était pour le coup bien mal engager les choses.

1. Voir Platon, *Le Banquet*, 190b.

ABOMINATIONS
« Comme on couche avec une femme… »

L'homosexualité masculine est interdite à deux reprises dans le Lévitique. À vrai dire, elle n'est abordée que comme pratique sexuelle : le fait pour un homme de coucher avec un autre homme. Il n'est pas question ici d'inclination, d'amour, ni de désir. Par ailleurs, le lesbianisme reste hors champ : on n'en parle tout simplement pas. En Lévitique 18, 22, on lit ceci : « Avec un mâle, tu ne coucheras pas comme on couche avec une femme. C'est une abomination. » Lévitique 20, 13 précise que les deux partenaires sont tenus pour coupables et passibles l'un comme l'autre de la peine capitale : « Si un homme couche avec un mâle comme on couche avec une femme, c'est une abomination que les deux ont commises, ils seront mis à mort, leur sang est sur eux. »

Outre ces deux versets, de portée principalement légale, le Pentateuque comporte un récit, dans le livre de la Genèse[1]. Loth, neveu d'Abraham, vit à Sodome avec sa famille, il voit deux anges – ou deux hommes – s'approcher des portes de la ville et il leur offre l'hospitalité en les accueillant chez lui. Bientôt, à la nuit tombée, des gens de Sodome s'attroupent autour de sa maison et l'interpellent : « Où sont les hommes qui sont venus chez toi cette nuit ? Fais-les sortir vers nous,

1. Voir Genèse 19, 1-15. Un épisode similaire est raconté en Juges 19-20 ; voir spécialement Juges 19, 16-25 (cette fois, la personne hébergée se sauve en livrant sa concubine aux agresseurs).

que nous les connaissions[1] ! » Le Targoum* du Pseudo-Jonathan traduit « que nous les connaissions » par « que nous couchions avec eux[2] ». Et Rashi* précise : « *be-mishkav zakhar* », « dans un rapport sexuel entre mâles ». On sait comment finit Sodome. Sous une pluie de soufre et de feu.

Un autre récit biblique, du moins tel qu'il est interprété dans certaines sources rabbiniques, prend une coloration tout aussi terrifiante. Après que Joseph est vendu par ses frères à des Ismaélites, ces derniers, arrivés en Égypte, le revendent à un certain Potifar, officier (*saris* en hébreu[3]), de Pharaon et chef des gardes[4]. C'est le même personnage qui semble réapparaître, un peu plus tard, quand Pharaon, après avoir mis Joseph à la tête de tout le pays, lui donne pour épouse Asenath, la fille d'un certain « Poti-Féra'[5] ». Le nom de Potifar (פוטיפר) a juste un peu changé, croit-on. Il est devenu « Poti-Féra' » (פוטי-פרע). Ce détail n'échappe évidemment pas aux commentateurs, qui n'oublient pas que la beauté de Joseph est légendaire[6]. Rashi* explique : « Il a été appelé Poti-Féra' parce qu'il se retrouva castré[7] naturellement[8] pour avoir désiré Joseph en vue de coucher avec lui (litt. "en vue d'un rapport sexuel entre mâles[9]"). »

La lettre *'ayin* (ע) a donc été ajoutée à la deuxième partie de son nom, désormais construite sur la racine *PR'* (פרע), laquelle évoque la violence subie par le personnage. La source talmudique de Rashi* est plus développée, et non moins

1. Genèse 19, 5.
2. En araméen : « *ou-neshamesh 'imhon* ». Roger Le Déaut, dans *Targum du Pentateuque*, t. 1, p. 195, traduit ainsi : « que nous en abusions ».
3. Un mot qui peut aussi être traduit par « eunuque ».
4. Genèse 39, 1.
5. Genèse 41, 45. Sur Asenath, voir *infra*, p. 224.
6. Voir Genèse 39, 6.
7. En hébreu *nistares*.
8. « Naturellement » : en hébreu *mé-élav*, litt. « de soi-même »
9. En hébreu *le-mishkav zakhar*.

instructive : c'est dès le départ « pour lui-même » – pour son usage et en vue de cet acte sexuel – que l'officier (*saris*) de Pharaon aurait acheté Joseph, et c'est pour l'empêcher que l'ange Gabriel l'aurait « castré » (*seresso*) « et mutilé » (*ou-fer'o*, ופירעו)[1].

De quel acte parle-t-on ici ? Qu'est-ce que coucher avec un homme « comme on couche avec une femme » ? Rashi* précise : « [c'est le] pénétrer, comme [on fait pénétrer] un pinceau dans un tube[2] ». Certains évoquent un partenaire qui se serait affublé d'un vagin artificiel. D'autres parlent d'un « androgyne ». Ibn* Ezra refuse d'entrer dans de semblables débats. Il préfère rappeler que Dieu a créé l'homme pour dominer – et la femme pour être dominée –, et que « l'Écriture te demande de veiller à ne pas renverser la volonté de l'Éternel[3]. » Le problème est donc ici de faire d'un homme un dominé (par un autre homme). Voilà qui est une « abomination » : un acte non seulement sanctionné par la Torah*, mais choquant pour quiconque a quelque considération pour les lois de « la nature[4] ».

Le cadre est fixé. Il est clair. Et y regarder de plus près renforce cette impression. En Lévitique 18, l'interdit de l'homosexualité masculine apparaît après une longue évocation des unions sexuelles interdites (inceste, adultère, rapports avec une femme dans sa période d'impureté menstruelle) et immédiatement après l'interdit d'offrir sa progéniture à Molokh. Le contexte est à peu de choses près le même en Lévitique 20. Il s'agit pour Israël de se distinguer des nations impies d'Égypte et de Canaan, de ne pas se livrer aux pratiques scandaleuses qui sont les leurs, de rester saint,

1. Talmud de Babylone, *Sota* 13b.
2. Rashi sur Lévitique 20, 13.
3. Ibn Ezra sur Lévitique 18, 22.
4. *Ibid.* « Nature » : *tolada* en hébreu.

ce qui veut dire *distinct* : « Soyez saints pour moi, car je suis saint, moi l'Éternel, et je vous ai *séparés*[1] d'avec les peuples pour que vous soyez à moi[2]. » L'acte homosexuel masculin est de ceux qui, introduisant le désordre et la confusion (entre les genres, entre le pur et l'impur, etc.), risquent du même coup d'effacer la frontière qui sépare Israël des autres peuples. Il n'est que l'un des actes ici condamnés, mais il constitue comme chacun d'eux une transgression fondamentale.

À cet égard, il n'est pas inutile de relever que l'interdit de l'homosexualité masculine apparaît dans le texte biblique soit immédiatement avant[3], soit presque immédiatement avant[4] l'interdit de la bestialité. On peut le comprendre dans la mesure où ces deux pratiques sont inféconds : nulle progéniture ne peut en sortir. Or le *Séfer ha-'hinoukh*[5] y insiste : « Le Saint, béni soit-il, veut que le monde qu'il a créé soit peuplé[6], et c'est pourquoi il a interdit [aux hommes] de perdre leur semence dans des rapports entre mâles… C'est d'ailleurs pour la même raison qu'un homme n'épousera pas une vieille femme ou une femme stérile qui ne sont pas en état d'enfanter[7]. »

L'accouplement de deux hommes est défini comme une *to'éva* (une abomination) – comme l'était le fait de porter des vêtements normalement portés par l'autre sexe[8]. Les deux pratiques ont de fait pour effet commun d'induire une confusion des sexes (s'habiller, pour un homme, comme s'il

1. En hébreu *va-avdil.*
2. Lévitique 20, 26.
3. En Lévitique 18.
4. En Lévitique 20.
5. Œuvre publiée anonymement en Espagne, au XIIIe siècle, exposé des 613 commandements du judaïsme dans l'ordre de leur apparition dans le Pentateuque.
6. À ce sujet, voir *supra*, p. 78.
7. *Séfer ha-'Hinoukh*, 209.
8. Voir *supra*, p. 151.

était une femme, coucher avec un homme comme si c'était une femme). L'accouplement d'un homme ou d'une femme avec un animal, lui, est qualifié de *tével*[1]. Si le terme de *to'éva* n'est pas rare dans le corpus scripturaire, *tével* n'y apparaît que deux fois[2]. Rashi* en donne deux définitions possibles : « Ce mot évoque la débauche, l'inceste, l'adultère, comme en Isaïe 10, 25 : "et mon courroux s'attachera à leur dépravation (*tavlitam*[3])". Autre explication : *tével* signifie confusion (*belila*), mélange (*'irbouv*) de la semence de l'homme et de la semence de l'animal[4]. »

Ibn* Ezra résume assez bien le propos de l'ensemble du passage où l'interdit de l'homosexualité trouve sa place : l'Écriture a interdit à l'homme juif tout rapport incestueux, adultère, ou exogame (avec une femme étrangère), ainsi que tout rapport duquel aucun enfant ne peut naître[5]. Ce qui signifie, pour le dire autrement, tout rapport susceptible d'induire une confusion sociale (inceste et adultère), une confusion ethnique (femme étrangère), une confusion des genres (homme/femme) ou une confusion des espèces (homme/animal). Le sujet est bien la confusion et le mélange, qui ruinent les fondations du groupe, et au-delà les fondations du monde créé lui-même, à savoir de la « nature ».

☆

1. Lévitique 18, 23.
2. En Lévitique 18, 23 (où il qualifie les rapports sexuels entre deux hommes) et 20, 12 (où il qualifie les rapports sexuels entre un homme et sa bru).
3. « Leur *tavlit* », terme n'apparaissant qu'une seule fois dans la Bible (en Isaïe 10, 25), et que Rashi suppose construit sur la même racine que *tével.*
4. Rashi sur Lévitique 18, 23.
5. Voir Ibn Ezra sur Lévitique 18, 23.

Ce qui nous gêne le plus, aujourd'hui, dans de tels passages de l'Écriture et dans l'exégèse qui en est faite par certains des maîtres juifs du passé, est une autre « confusion » : celle de ces interdits eux-mêmes, cette manière de les présenter ensemble, de les tenir quasiment pour équivalents, et d'en faire l'objet d'une seule et même réprobation. Que nous reste-t-il en effet de tout cela ? Pour l'essentiel, les interdits de l'inceste, du viol, de la bestialité. Et celui de la pédophilie, bien sûr. Cela étant posé, dans nos sociétés libérales tout au moins, chacun s'habille comme il l'entend, se marie avec qui il veut, et couche avec qui le veut bien. S'il est pourtant un interdit qui, bien que disparu de notre droit (en France en 1982), mobilise encore fortement, c'est bien celui de l'homosexualité. Et lorsqu'une Christine Boutin est poursuivie pour avoir défini l'homosexualité comme une « abomination » dans la revue *Charles* en avril 2014, qu'invoque-t-elle pour se défendre et derrière quoi se cache-t-elle ? Le Lévitique.

L'homophobie n'est pas seulement affaire de discours, de texte et d'interprétation. Elle tue. Comme elle a tué la jeune Shira Banki, lors de la *Gay Pride* de Jérusalem en 2015, par la main de Yishai Shlissel. Distinguer, comme le font certains homophobes, les actes, qu'ils condamnent, des personnes qui les commettent, à qui ils conservent toute leur humaine et hypocrite bienveillance, n'est que vil artifice. Et il est bien naturel, comme on le fait aujourd'hui, de poursuivre en justice une ministre française qui a un jour qualifié le mariage de personnes de même sexe de « caprice » et de « dessein contre-nature ». L'interdit du Lévitique résonne encore une fois sinistrement derrière tout cela. Comment sauver les deux versets qui nous occupent, à supposer qu'il faille tenter de le faire, sans contribuer à mettre des vies en danger ? Comment les subvertir ? Comment empêcher quiconque de s'en servir ainsi ? Quelque « miracle » exégétique, si « minuscule » soit-il, nous permettra-t-il d'ouvrir une brèche dans le mur, sinon de l'abattre ?

Quelques-uns s'y sont essayés, de manière plus ou moins convaincante. Certains contournent l'interdit, l'oublient, font simplement comme s'il n'était pas là. D'autres en relativisent la portée en le resituant dans le contexte particulier – le Proche-Orient antique – de sa formulation, pour le dire d'un mot en l'« historicisant ». Mais alors pourquoi ne pas historiciser tout le reste ? D'autres encore soulignent le fait que ce qui est condamné ici, c'est l'acte, et rien d'autre, pas la personne, pas l'identité, pas même le désir. Mais qu'est-ce que cela change au fond ? Ne suis-je pas aussi la somme de mes désirs ? Et l'acte que je pose, qui le pose, si ce n'est moi ? Il y a ceux, enfin, qui rappellent que les rabbins ont de toute façon rendu la peine de mort inapplicable en y imposant des conditions extraordinairement restrictives (composition du tribunal, nature des témoignages et des preuves recevables, etc.). Mais n'est-ce pas des individus d'abord qu'il faut avoir peur, prêts à agir violemment après avoir lu – ou pas – ces versets, sans attendre que tombe le verdict improbable de quelque tribunal que ce soit ?

Beaucoup invoquent bien sûr un possible et célèbre « précédent » : l'amitié emblématique de David et de Jonathan, le fils du roi Saül. Nul ne niera que cette histoire est belle. Mais est-il bien sûr que l'on puisse opposer un simple *récit*, serait-il biblique, à la *Loi ?* Un récit qui se prête en outre à des lectures diverses. Y trouver plus que l'évocation d'une amitié entre hommes est un saut que tout le monde n'est pas prêt à faire. Jonathan aima certes David comme lui-même, et fit un pacte avec lui[1]. L'un et l'autre eurent occasion de pleurer ensemble et de s'embrasser[2]. Et, composant une élégie sur la mort de Saül et de son fils, David n'hésita pas à affirmer : « Jonathan, mon frère, ta perte m'accable, tu m'étais si cher, et ton amour

1. I Samuel 18, 1-4.
2. I Samuel 20, 41.

m'était précieux plus que l'amour des femmes[1]. » Fraternité de soldats ? Ou tout autre chose ? La Bible n'en dit rien. La tradition rabbinique, elle, semble trancher : « Un amour qui dépend d'une chose cesse lorsque cette chose disparaît ; mais un amour qui ne dépend de rien ne cessera jamais. Quel amour dépend d'une chose ? C'est celui d'Amnon et de Tamar. Et lequel ne dépend de rien ? C'est celui de David et Jonathan[2]. »

L'amour d'Amnon pour Tamar[3] naît d'un désir charnel irrépressible. Il débouche sur un viol. Après quoi, Amnon est saisi d'une grande haine contre sa proie, une haine « surpassant de beaucoup l'amour qu'il avait éprouvé[4] ». Rien de semblable avec David et Jonathan. Rien de charnel, en tout cas, ainsi qu'il est écrit : « L'âme de Jonathan s'attacha à l'âme de David, et il l'aima comme sa propre âme[5]. » Pour un Maïmonide*, il n'y a pas de place pour le doute : l'amour de ces deux-là ne dépendit aucunement de « causes corporelles », qui sont « vaines et passagères ». Sa cause fut au contraire « chose divine, c'est-à-dire le vrai savoir[6] ». Rien ne semble donc autoriser de suspecter, entre David et Jonathan, une relation homosexuelle au sens où l'entend le Lévitique – comme un passage à l'acte physique de « coucher avec un homme comme on coucherait avec une femme ».

1. II Samuel I, 26.

2. Mishnah, *Avot* 5, 16. Je cite ici la traduction d'É. Smilévitch, *Leçons des Pères du monde*, p. 59.

3. Sur Amnon, fils de David, et Tamar, sœur d'Absalon, fils de David, voir II Samuel 13, 1-22. Ne pas confondre la Tamar d'Amnon avec la Tamar de Juda, évoquée *supra*, p. 155-156.

4. II Samuel 13, 15.

5. I Samuel 18, 1.

6. Voir le commentaire de Maïmonide, dans Moïse Maïmonide *et al.*, *Commentaires du Traité des Pères*, trad. de l'hébreu, introduit et annoté par É. Smilévitch, Lagrasse, Verdier, 1990, p. 253.

Des homosexuels « passant à l'acte », il y en eut, bien sûr, forcément, dans l'histoire ancienne et médiévale des juifs. Curieusement, pourtant, en ces matières, les Sages et leurs successeurs tinrent généralement pour superflu de multiplier mises en garde et interdits préventifs (visant par exemple le fait, pour un homme, de se retrouver seul avec un autre homme ou avec un animal – chose en revanche interdite avec une femme). Maïmonide, suivant là un enseignement déjà présent dans le Talmud*[1], précise en ces termes la raison de cette apparente souplesse : « Les juifs ne sont pas (a priori) suspectés (d'être tentés) de se livrer à des rapports sexuels entre hommes ou avec des animaux[2]. »

Leçon tirée de l'expérience et de l'observation effective des comportements ? Simple a priori apologétique, quelque chose dans la nature des juifs les tenant éloignés au moins de ces transgressions-là ? Je ne me prononcerai pas ici, bien sûr. D'autant que la poésie hébraïque profane du Moyen-Âge sépharade* n'ignore pas le thème des amours entre hommes. Simple imitation d'une tradition littéraire arabe, ou plus que cela[3] ? Le débat reste ouvert. Le monde où nous vivons est de toute façon un autre monde. Et fort heureusement, le judaïsme réformé a renoncé à toute stigmatisation de l'homosexualité, gays et lesbiennes y ont toute leur place, et nul ne songerait aujourd'hui dans de tels milieux à leur opposer les enseignements du Lévitique. Et pour ce qui est de l'orthodoxie, rien ne me semble plus sage que la remarque, à la fin du siècle dernier, d'un homosexuel juif souhaitant adhérer au style de vie orthodoxe sans pour autant accepter

---

1. Talmud de Babylone, *Kidoushin* 82a.
2. *Mishné Tora, Kedousha, Issourei bi'a* 22, 2.
3. Voir ce qu'en disent Masha ITZHAKI et Michel GAREL, *Poésie hébraïque amoureuse. De l'Andalousie à la mer Rouge*, anthologie bilingue, Paris, Éd. Somogy, 2000, p. 13, ainsi que la traduction d'un poème de cette veine, *ibid.*, p. 77.

de se conformer à ses normes en matière de sexualité et de reproduction : « N'y a-t-il pas dans tous les milieux juifs engagés un très grand nombre de gens très bien qui négligent une *mitsva* (un commandement) ou une autre[1] ? »

Vient le moment, parfois, où il ne s'agit plus d'interpréter, mais d'avoir juste le courage de dire non.

1. Moshe SHOKEID, « Se réconcilier avec la tradition. Un groupe d'études talmudiques homosexuel dans une ville américain », dans Esther BENBASSA (dir.), *Transmission et passages en monde juif*, Paris, Éd. Publisud, 1997, p. 596.

V

NATURES D'UN PEUPLE

F*in des années soixante, début des années soixante-dix. J'ai dix ou onze ans.* Je tiens désormais mon journal, comme le font beaucoup de garçons et de filles de mon âge, après qu'ils ont lu celui d'Anne Frank. Mon meilleur ami d'enfance, le seul en fait, celui dont je pleure toujours d'avoir été séparé par les aléas de la vie, Gilles, a le même âge que moi, à quinze jours près. Il est beau comme un dieu. Son père est martiniquais. Sa mère est une ch'ti d'origine polonaise. Lui, Gilles, se dit « métis », c'est le mot qu'il emploie, il y place son honneur tout autant que son être. Je me rêve « métis », moi aussi. La seule différence, c'est que chez moi, cela ne se voit pas. Je n'ai point de couleur qui puisse me servir d'étendard. Fils d'une catholique charentaise et d'un juif nord-africain, je passe inaperçu. Et j'en souffre.

J'écris mon journal. Et puis un jour, très vite après l'avoir commencé, j'ouvre une longue parenthèse. J'essaie de m'expliquer à moi-même ce que je suis. Et je le fais, bien plus que par les mots, par un dessin. Par un schéma. Si j'avais été comme mon ami, j'aurais pu dessiner mon père, en noir, ma mère, en blanc, et moi, entre les deux, en gris. J'aurais pu d'ailleurs choisir d'autres couleurs. Dans mon schéma, le trait est à l'encre violette, celle de l'école. Et il n'y a qu'un personnage : moi, coupé en deux par une ligne pointillée verticale. La partie droite, la « partie catholique », ainsi que je la nomme, est en blanc. La partie gauche, la « partie juive », est hachurée. C'est un peu comme si ces deux parties ne pouvaient pas se mêler, mais aussi comme si l'une était plus nette, l'autre plus indécise. Il n'y a ni mélange, ni véritable symétrie. Ce que je ne sais pas encore, et que j'apprendrai à découvrir dix ans plus tard, c'est que telles sont bien les choses. Le judaïsme ne tolère, en principe, ni l'entre-deux, ni le mélange. Ou bien on est juif, ou bien on est *goy*. On n'est pas l'un et l'autre, ni un mélange des deux. Et si la nature et l'histoire – les circonstances de la naissance – peinent à trancher, c'est la Loi qui le fait. Est juif qui est né de mère juive, ou qui s'est converti au judaïsme selon les procédures exigées par la Loi. Alors, selon la Loi, à dix ans, à onze ans, je suis un petit *goy*, ça ne va pas plus loin.

UNE NATION CONTRE-NATURE ?

L'histoire biblique ne se plie pourtant pas si facilement à cette logique implacable et simpliste. Elle affirme d'un même mouvement l'unité du genre humain en Adam, premier des hommes, fils de personne, tiré de la terre, sorti directement des mains de Dieu, et la diversité des peuples issus naturellement d'Adam, une diversité qui n'est jamais, on va le voir, complètement binaire – le peuple d'Israël ici, les autres là.

De fait, il est un moment de cette histoire, le début, où il n'y a tout simplement pas de « juifs ». Comme le chapitre V de la Genèse l'a fait des descendants d'Adam jusqu'à Noé, son chapitre X se plaît à poursuivre et à énumérer les descendants des trois fils de Noé. Et il conclut[1] : « Ce sont là les familles des fils de Noé, selon leur filiation et leurs peuples ; et c'est de ceux-là que se sont distribués les peuples sur la terre après le Déluge[2]. »

L'hébreu biblique a plus d'un mot pour dire peuple ou nation. Il y a *'am*, qui apparaît un peu plus loin[3]. Ou encore *le'om*[4]. Et même *ouma*[5]. Et il y a *goy*, comme dans le verset dont je viens de donner la traduction. Ce n'est qu'en hébreu

1. Provisoirement, puisque le rappel des « générations de Sem » reprend après l'épisode de la tour de Babel en Genèse 11, 10-32.

2. Genèse 10, 32.

3. Genèse 11, 6.

4. Voir *infra*, p. 229.

5. Voir Genèse 25, 16 et Nombres 25, 15. L'équivalent araméen de ce mot se rencontre souvent dans les livres de Daniel et d'Ezra. On trouve également *om*, une seule fois, et au pluriel, en Psaumes 117, 1.

post-biblique que *goy* désigne l'*individu* non juif, le Gentil*. Il est alors doté d'un féminin, *goya*, la « non-juive ». Dans l'Écriture, c'est au pluriel, *goyim*, que le mot désigne régulièrement les « nations » par opposition à Israël. Ainsi en Lévitique 26, 33 : « Je vous disperserai parmi les nations », ou en Jérémie 10, 2 : « N'apprenez pas la voie des nations. » Mais il faut bien sûr attendre que la descendance d'Abraham se constitue elle-même en nation pour que cette opposition prenne corps. Et l'annonce faite en Genèse 18, 18 maintient l'ambiguïté : « Abraham ne doit-il pas devenir une nation (*goy*) grande et puissante, et une cause de bénédiction pour toutes les nations (*goyim*) de la terre ? » Israël, une nation de plus, différente des autres, mais parmi elles.

Il se pourrait bien, d'ailleurs, que la division de l'humanité issue de Noé, sur la terre, en soixante-dix nations distinctes, puisque tel est le nombre retenu par la Tradition, intervienne plus tardivement encore que simplement « après le Déluge », comme le dit Genèse 10, 32, mais précisément comme la sanction de la construction de la tour de Babel. Genèse 11, 1 semble clair, en effet, sur un point. Jusqu'à ce que Dieu décide de mettre un terme à cette entreprise funeste et ruine le rêve de rassemblement et de toute-puissance des hommes, « toute la terre avait une même langue et des paroles semblables. » C'est de la confusion des langues et de la dispersion des humains que naissent les nations et avec elles que leur pluralité s'impose. Jusque-là, l'humanité était une. Quant à la nation d'Israël, elle n'apparaît que plus tard encore, avec Abraham. Et de fait, les tableaux généalogiques de Genèse 10 et 11 n'ont peut-être pour but que de nous dire de quelle lignée descend Abraham lui-même : de celle qui, de Sem, fils de Noé, en passant par Éber, conduit à Térah, père du Patriarche.

Abraham est le premier « juif ». Il n'est le fils d'aucun juif avant lui. Ni d'aucune juive. De fait, les femmes sont absentes des généalogies dressées. Bien plus, Abraham ne devient « juif », si l'on peut dire, que par l'effet d'un arrachement à ce qui l'a formé et d'une rupture avec ce qui le précède : « L'Éternel dit à Abram : "Éloigne-toi de ton pays, de ton lieu natal et de la maison de ton père, et va au pays que je t'indiquerai. Je ferai de toi une grande nation (*goy*), je rendrai ton nom glorieux, et tu seras une source de bénédiction... et par toi seront bénies toutes les familles de la terre[1]." »

Il n'y a rien de « naturel » dans l'émergence du personnage Abraham comme premier maillon d'une nouvelle chaîne. Ce ne sont ni son père, ni sa mère qui le font, qui le créent, mais un appel de Dieu. Une vocation. Cela étant posé, la nation en devenir (Israël) n'en reste pas moins toujours une nation parmi les autres, une des familles de la terre. Ce n'est que leur rôle qui distingue Abraham et sa descendance, le rôle que Dieu veut leur donner, la mission dont il les investit : « Si je l'ai distingué [Abraham], c'est pour qu'il prescrive à ses fils et à sa maison après lui d'observer la voie de l'Éternel, en pratiquant la vertu et la justice[2]. »

Et cette mission commence *maintenant*. Le passé ne compte pas, la nature encore moins. On leur tourne le dos. En fait, Abraham est le premier converti de cette histoire, et Sarah, sa femme, la première des converties. Le peuple juif n'est que la descendance d'un *goy* et d'une *goya* devenus « juifs », et c'est cette conversion, cette expérience de changement radical, une tradition de la rupture, qui se transmet ensuite à chacun des membres de ce collectif, de génération en génération. Ce n'est point là affaire de gènes ni de simple reproduction.

1. Genèse 12, 1-3.
2. Genèse 18, 19.

Cette primauté du choix sur le donné, de l'histoire sur la nature, ne vaut d'ailleurs pas pour Israël seul, mais pour chacune des familles de la terre. Et c'est cette primauté du choix qui explique que les nations du monde ne forment pas tout à fait un ensemble indifférencié face à Israël, nous faisant ainsi échapper à un schéma binaire. Il n'y a que les « sept peuples » que Josué fut chargé de déposséder de la Terre sainte avec qui aucun compromis n'est possible, leurs pratiques idolâtres les ayant définitivement condamnés[1]. Tel est certes aussi le cas d'Amalek, mais pour une autre raison : il a traîtreusement attaqué les Hébreux affaiblis tout juste sortis d'Égypte, et Israël a pour devoir d'en effacer le souvenir de dessous les cieux[2]. C'est leur passé, leur histoire, leurs liens et leurs choix, plus que quelque nature définitive et intrinsèque, qui imposent à Israël de traiter tel peuple ainsi, tel autre autrement, qui lui permet d'en épouser ou non les femmes, de leur donner ou non en mariage les siennes, d'en accueillir ou non les membres comme candidats à la conversion : « Un Ammonite ni un Moabite ne seront admis dans l'assemblée du Seigneur ; même après la dixième génération ils seront exclus de l'assemblée du Seigneur, à perpétuité, *parce qu'ils ne vous ont pas offert le pain et l'eau* à votre passage, au sortir de l'Égypte, et de plus, *parce qu'il*[3] *a stipendié contre toi Balaam*, fils de Beor, de Pethor en Mésopotamie, *pour te maudire*... N'aie pas en horreur l'Iduméen, *car il est ton frère* ; n'aie pas en horreur l'Égyptien, *car tu as séjourné dans son pays*. Les enfants qui naîtront d'eux, dès la troisième génération, pourront être admis dans l'assemblée du Seigneur[4]. »

---

1. Voir Deutéronome 7, 1-5.
2. Voir Deutéronome 25, 17-19.
3. Balak, roi de Moab. Voir Nombres 22, 2 – 24, 25.
4. Voir Deutéronome 23, 4-9. Voir également la paraphrase que le Targoum de Jonathan donne de ce passage dans *Targum du Pentateuque*, t. 4, p. 187.

Derrière tout cela, le lecteur sera peut-être tenté de voir autre chose que le simple refus d'englober toutes les nations non israélites dans un bloc sans nuances. Il y verra une cruauté, plutôt, une tenace rancune, une injustice même, comme si les uns, jusqu'à la dixième génération, voire au-delà, devaient être tenus pour comptables des méfaits de leurs lointains ancêtres, tandis que d'autres tireraient passivement bénéfice des actions justes des leurs. L'histoire devenant ainsi le piège, la seconde nature dont nul ne saurait plus se libérer. Mais l'histoire, justement, réserve des surprises.

On raconte en effet qu'un jour, un certain Judah, converti ammonite, se présenta devant les Sages à la maison d'étude :

> Il leur dit : « Puis-je, pour ce qui me concerne, entrer dans l'assemblée (d'Israël et épouser une femme juive) ? » Rabban Gamliel [Palestine, Ier s.] lui répondit : « Il t'est interdit d'entrer dans l'assemblée. » R. Josué lui répondit : « Il t'est permis d'entrer dans l'assemblée. » Rabban Gamliel objecta : « N'est-il pas écrit : "Un Ammonite ni un Moabite ne seront admis dans l'assemblée du Seigneur (Deutéronome 23, 4) ?" » R. Josué lui répondit : « Est-ce qu'Ammon et Moab résident sur leurs terres ? Sennachérib, roi d'Assyrie, n'est-il pas venu, mêlant toutes les nations, ainsi qu'il est écrit : "J'ai déplacé les frontières des peuples, pillé leurs trésors et précipité à terre ceux qui trônaient" (Isaïe 10, 13)[1]. »

Instrument de la colère de Dieu, puissance « aux mains de qui [s]on courroux est un bâton vengeur[2] », l'Assyrie conquérante de Sennachérib (R. 705-681 av. J.-C.) a bouleversé la carte du monde, en a brouillé les frontières, en a déplacé et mêlé inextricablement les peuples. Qui peut garantir que

1. Talmud de Babylone, *Berakhot* 28a.
2. Isaïe 10, 5.

ce Judah, que cet Ammonite-ci, est bien « ethniquement » ammonite ? Ce que la main de Dieu a fait, Sennachérib l'a défait. À Babel (en hébreu *Bavel*), le premier a « confondu » (*balal*) les langues des hommes de sorte à *distinguer* les nations qu'il dispersait et à les empêcher de se comprendre l'une l'autre[1]. Le second a déplacé et « *mélangé* » (*bilbel*) les peuples au point de les rendre indistincts[2]. Il n'y a donc aucune raison de refuser à un Ammonite – qui n'est guère plus que présumé tel – l'entrée dans l'assemblée d'Israël.

☆

La relative porosité des frontières identitaires d'Israël n'est bien sûr pas dénuée d'ambiguïté. En droit rabbinique, l'intégration de l'étranger est en effet possible, mais elle n'est pas rendue facile. Elle n'est pas a priori encouragée. Et elle n'est pas l'entrée d'un *étranger* dans la communauté. Celui qui entre disparaît comme étranger. Le converti n'est plus, légalement, le fils de son père et de sa mère gentils (de ses parents « naturels » ou biologiques). Il est désormais le fils d'Abraham et de Sarah, premiers des convertis, ancêtres et fondateurs de toute la lignée. La conversion abolit juridiquement les liens de nature pour leur en substituer d'autres, volontaires et construits. L'accueil oblitère l'origine. Il ne

---

1. Voir Genèse 11, 9 : « C'est pourquoi on la nomma Babel, parce que le Seigneur confondit (*balal*) le langage de tous les hommes, et de là l'Éternel les dispersa sur toute la terre. »

2. Le verbe *bilbel* (בלבל), confondre, mêler, utilisé dans le texte talmudique que je viens de traduire, est construit sur les mêmes deux lettres (*bet* et *lamed*) qu'on retrouve dans le verbe *balal* (בלל), de même sens, qui apparaît en Genèse 11, 9. *Bavel* (בבל), nom propre, désigne Babel, Babylone, et signifie litt. « Porte de Dieu ». Mais l'auteur biblique préfère donner à ce mot, où l'on retrouve les mêmes deux lettres, une autre étymologie et une autre signification : Babel devient alors le lieu d'où part la « confusion » (voir note précédente).

la valorise pas. Le juif converti qui retombe dans l'idolâtrie n'est d'ailleurs pas un Gentil* qui retombe dans ses erreurs passées, mais juste un juif qui pèche. Or un juif qui pèche reste un juif[1].

La conversion du Gentil* n'est donc pas consécration du mélange ni d'on ne saurait quel « en-même-temps ». Elle est même le contraire. À cet égard, mon dessin d'enfant contenait une part de vérité que je ne comprenais pas encore. « Abram » et « Saraï », puisque tels étaient leurs noms au moment de leur naissance[2], ont eux-mêmes fait cette traversée et subi cette transformation radicale et sans retour. Et comme tous les convertis, ils ont changé de nom en changeant de statut, et sont devenus l'Abraham et la Sarah qui nous sont restés en mémoire[3].

La manière dont l'exégèse rabbinique traite le récit biblique renforce souvent cette impression d'ambivalence. Là où ce récit paraît ouvrir largement la porte, l'interprétation, sans la refermer, ne l'ouvre, elle, que sous conditions. Comme s'il s'agissait, pour les rabbins, non point de contribuer à « métisser » – et donc à fragiliser – l'hébraïcité de la trame narrative, mais d'y prévenir au contraire tout accroc et même de la renforcer. Les non-Hébreux que l'Écriture paraît intégrer comme tels à la saga d'Israël, qui plus est en leur conférant parfois un rôle essentiel, se retrouvent ainsi purement et simplement « naturalisés » par l'exégèse juive postérieure.

1. Voir Talmud de Babylone, *Sanhédrin* 44a. Ainsi, si un prosélyte relaps s'est marié avec une juive, il est considéré non point comme un païen revenu à ses pratiques anciennes mais comme un juif apostat et son mariage est tenu pour valide.

2. Pour « Abram », voir Genèse 11, 26. Pour « Saraï », voir Genèse 11, 29.

3. Voir Genèse 17.

Les commentateurs n'ont d'ailleurs pas toujours besoin de passer par la case conversion pour parvenir à leurs fins. Il peut être suffisant, et sans doute plus rassurant, d'affirmer que tel personnage n'est pas celui que l'on croit. Ainsi Asenath, celle que Joseph exilé en Égypte prend pour femme, et qui lui donne deux fils, Manassé et Éphraïm, ancêtres des deux tribus du même nom[1]. Asenath, présentée par la Bible comme la fille de Pôti Féra (ou Potifar), prêtre d'On, ne serait point une Égyptienne, mais une Israélite, et une Israélite *de naissance* – née du viol de Dina, elle-même fille de Jacob, par Sichem, fils de Hamor le Hévéen[2]. Les frères de Dina ayant médité de mettre l'enfant à mort, Jacob l'aurait protégée et l'ange Michaël se serait chargé de la transporter en lieu sûr, en Égypte, où elle aurait été adoptée et élevée comme sa fille par la femme de Potifar, elle-même stérile. Lorsque Joseph descendit en Égypte, ce n'est autre que sa nièce qu'il aurait donc épousée[3]...

Dans d'autres cas, c'est une conversion qui permet à l'exégète de consacrer une figure à l'identité éventuellement incertaine, mais dont l'éminence, les qualités ou l'action justifient, ne serait-ce que pour servir d'exemple, son agrégation à la collectivité d'Israël. Ainsi Rahab, la prostituée cananéenne de Jéricho qui sauva de la mort, en les cachant, les espions envoyés par Josué[4], et dont les filles, nous dit-on, épousèrent ensuite des prêtres et dont les descendants, parmi

1. Voir Genèse 41, 45-52.

2. Voir Genèse 34. Sur Asenath et Potifar, voir également *supra*, p. 204-205.

3. Voir *Chapitres de Rabbi Eliézer*, chap. 38, p. 233-234. On comparera avec intérêt ce scénario à celui, plus ambigu, du roman grec de *Joseph et Aséneth*, où Asenath est bien une Égyptienne, qui se convertit à la foi de Joseph (traduction française à lire dans *La Bible. Écrits intertestamentaires*, édition publiée sous la direction d'André DUPONT-SOMMER et Marc PHILONENKO, Paris, Gallimard, 1987, p. 1559-1601).

4. Voir Josué 2.

lesquels le prophète Jérémie, servirent au Temple. Ou encore Job, modèle de justice et de droiture.

De manière plus stratégique, enfin, la conversion d'un personnage permet de parer à une solution de continuité identitaire potentiellement grave. Tel est le cas de quelques figures clés entourant Moïse. Ainsi la fille de Pharaon, l'Égyptienne qui recueille le nourrisson dérivant sur le Nil dans son couffin, adopte l'enfant et l'élève, et qui, dans les sources rabbiniques, est appelée Bitya, littéralement « Fille de Dieu » – Moïse se trouvant de ce fait doté de *deux* mères juives (et d'*aucune* mère égyptienne) : la juive de naissance, Jocabed, sa mère biologique, et la juive d'élection, la convertie, Bitya, sa mère adoptive. Tel est encore le cas de Jéthro, le prêtre idolâtre de Madian, dont Moïse a épousé la fille, Séphora, mère de ses deux fils, Jéthro ralliant Israël et son Dieu, au moment où il devient un précieux conseiller du Prophète[1].

La plus emblématique de ces conversions est assurément celle de Ruth. Rien n'est bien sûr dit d'aussi clair dans le texte biblique. D'elle, nous savons qu'elle est une Moabite, épouse, et bientôt veuve restée sans enfants, de l'un des deux fils d'un couple d'Israélites ayant fui en terre de Moab la famine sévissant dans leur pays. Quand sa belle-mère, Noémie, elle-même veuve, décide de rentrer seule au pays de Juda, Ruth la suit, malgré ses réticences, après lui avoir dit ceci : « N'insiste pas près de moi, pour que je te quitte et m'éloigne de toi ; car partout où tu iras, j'irai ; où tu demeureras, je veux demeurer ; ton peuple sera mon peuple et ton Dieu sera mon Dieu ; là où tu mourras, je veux mourir aussi et y être enterrée. Que l'Éternel m'en fasse autant et plus, si jamais je me sépare de toi autrement que par la mort[2] ! »

1. Voir Exode 18.
2. Ruth 1, 16-17.

Il y a là comme une profession de foi, et le dialogue qui se noue entre Ruth et sa belle-mère n'est pas sans évoquer un rituel d'intégration et d'adoption. Ruth entend s'arracher à son propre pays, Moab, pour en rejoindre un autre. De cet arrachement, elle n'espère aucun bénéfice. Et c'est la sincérité, la profondeur et le désintéressement de son engagement qui convainquent Noémie, sa belle-mère, de la laisser la suivre. S'agit-il d'une « conversion » au sens habituel de ce mot ? Rien n'est moins sûr. Sauf pour les rabbins, qui y voient au contraire un modèle. Voici comment Rashi* interprète le passage que je viens de citer :

> De là nos Maîtres, bénie soit leur mémoire, ont tiré qu'à un candidat à la conversion, on [commence par] enseigner quelques-uns des châtiments [qui sanctionnent la transgression des commandements de la Loi], de sorte que s'il venait [à songer] à faire marche arrière, il puisse effectivement le faire, et de ce que dit Ruth, tu apprends en effet ce que Noémie lui a dit [pour la dissuader de la suivre]. [Noémie a dit :] « Il nous est interdit, le shabbat*, de sortir d'un certain périmètre », à quoi Ruth a répondu : « **Partout où tu iras, j'irai** ». [Noémie a dit :] « Il nous est interdit à nous, femmes, de nous isoler avec un homme qui n'est pas notre mari », à quoi Ruth a répondu : « **Où tu demeureras, je veux demeurer** ». [Noémie a dit :] « Notre peuple est séparé des autres peuples par 613 commandements », [à quoi Ruth a répondu :] « **Ton peuple sera mon peuple** ». [Noémie a dit :] « Il nous est interdit de rendre un culte aux étoiles », [à quoi Ruth a répondu :] « **Ton Dieu sera mon Dieu** ». [Noémie a dit :] « Notre tribunal peut prononcer quatre types de peines capitales[1] » [à quoi Ruth a répondu :] « **Là où tu mourras, je veux mourir aussi** ». [Noémie a dit :] « Deux lieux de sépulture distincts ont été accordés au tribunal, un pour les condamnés lapidés et les condamnés brûlés, un autre

1. Lapidation, brûlement, épée et strangulation.

pour les condamnés décapités et les condamnés étranglés » [à quoi Ruth a répondu :] « **Et j'y serai enterrée**[1] ».

Pour que la conversion de Ruth soit possible, pour que toute conversion le soit, les rabbins doivent déconnecter l'appartenance à Israël de toute nécessité d'ancrage « naturel ». Il n'échappe à personne que déclarer un converti ou une convertie « fils » ou « fille » d'Abraham et de Sarah revient à substituer une ascendance symbolique à une ascendance « naturelle », par la chair. C'est la définition même de la judéité qui s'en trouve bouleversée. Pour le converti, mais pas seulement pour lui, être juif n'est plus – plus principalement en tout cas – être né d'une mère juive. Le peuple juif lui-même n'est plus – plus principalement en tout cas – ce collectif charnellement issu d'Abraham et de Sarah, son épouse ; d'Isaac, leur fils, et de Rébecca, son épouse ; de Jacob, enfin, fils des précédents, et de ses deux épouses, Léa et Rachel. Et il n'est « séparé », « distingué[2], » des autres peuples que par trois choses : 1) le rejet de l'idolâtrie, qui est le culte d'êtres créés, soit par Dieu lui-même (ainsi les astres), soit par l'homme (ainsi les images) – et l'adhésion au seul Dieu créateur et vivant ; 2) cette Loi qui impose le respect de 613 commandements ; et 3) cette autorité (ce « tribunal ») qui en sanctionne les transgressions. C'est ce seul héritage qui fait de la collectivité d'Israël un peuple, et du juif, de naissance ou d'élection, un juif. Ce n'est peut-être même pas la Loi qui fait le juif, de naissance ou d'élection, mais l'inéluctabilité de la sanction dont il est passible s'il la transgresse. Reste la seule différence entre le juif de naissance et le juif d'« élection » : *le choix*, précisément, que le juif d'« élection » a d'être ou de ne pas être juif – ou plutôt le choix qu'il *a eu*. En effet, une

1. Voir Rashi sur Ruth 1, 16-17, et sa source, Talmud de Babylone, *Yevamot* 47b.

2. En hébreu *mouvdal*.

fois que le juif d'« élection » est devenu juif, ce choix, il ne l'a plus, il est dans la même situation que le juif de naissance : la possibilité de la rétractation lui est fermée. Définitivement. Et c'est alors que le juif d'« élection » devient, en un sens très particulier, un juif « naturel ».

C'est exactement ce qui arrive à Ruth la Moabite[1]. Car le sens de sa conversion ne saurait se réduire à ce qu'en dit Rashi*. Dès lors qu'arrivée en Terre d'Israël elle épouse Booz, et dès lors qu'elle lui donne et se donne à elle-même une descendance, elle assure, cette fois *charnellement*, sa propre intégration généalogique. Par le bas, si l'on peut dire. Elle devient « *semblable à Rachel et à Léa*, qui ont édifié à elles deux la maison d'Israël[2] », en donnant naissance à Obed, père de Jessé, lui-même père de David, lui-même ancêtre du Messie à venir[3]...

☆

Sans doute ces manipulations exégétiques et cette réécriture rabbinique de certains récits bibliques se prêtent-elles, je l'ai dit, à des interprétations contradictoires. Intégration de l'étranger, reconnaissance de la part qu'il prend, et qui peut être décisive, à l'histoire de la nation issue d'Abraham, d'Isaac et de Jacob ? Ou inversement, neutralisation, par naturalisation, de la part d'étrangeté que cet étranger pourrait

1. Pour rendre possible l'entrée de Ruth dans l'assemblée d'Israël, alors que Deutéronome 23, 4, on l'a vu, paraît l'interdire explicitement, et le faire qui plus est à un moment de l'histoire (la période des Juges, si l'on en croit Ruth 1, 1) où le désordre semé par Sennachérib ne peut pas encore être invoqué, il est toujours possible de s'appuyer sur le fait que Ruth est une femme, et de considérer que Deutéronome 23, 4, où le mot *mo'avi* apparaît au masculin, ne concerne en fait que les hommes de Moab, pas les femmes (voir Talmud de Babylone, *Yevamot* 77a).

2. Ruth 4, 11.

3. Voir Ruth 4, 18-22.

introduire dans cette histoire ? Peut-être n'est-il ni utile ni sage, pour l'instant, de trancher, ou même de poser la question, et suffit-il de constater l'ambiguïté et d'y voir la manifestation d'une souplesse, la garantie d'une part de liberté, la possibilité d'une ouverture. D'autant que c'est Israël lui-même, on ne saurait l'oublier, *qui produit son Autre*, un Autre qui est à la fois son adversaire – et son frère. Cette altérité est inscrite dans les débuts mêmes de la nation, dans sa généalogie, dans sa « nature ».

Abraham donne ainsi naissance à son seul héritier légitime, Isaac, après avoir donné naissance à Ismaël, ancêtre putatif des Musulmans, « onagre parmi les hommes, sa main sera contre tous et la main de tous contre lui, mais il se maintiendra à la face de tous ses frères[1] ». De même Isaac, à son tour, donne naissance à son seul héritier légitime, Jacob, mais aussi à Ésaü, son frère jumeau et son rival depuis le sein maternel, ancêtre putatif de Rome et de la Chrétienté : « Deux nations (*goyim*) sont dans ton sein, dit Dieu à Rébecca, et deux peuples sortiront de tes entrailles, un peuple (*le'om*) sera plus puissant que l'autre, et l'aîné obéira au plus jeune[2]. »

En dépit des conflits et des rivalités qui les ont opposés et qui les opposeront, Abraham sera « inhumé par Isaac *et* Ismaël, *ses fils*, dans le caveau de Makpêla[3] ». Même chose pour Isaac : « Il défaillit et mourut, et rejoignit ses pères, âgé et rassasié de jours. Ésaü *et* Jacob, *ses fils*, l'ensevelirent[4]. » Ces retrouvailles passées des deux fils, de l'un et de l'autre, du proche et du lointain, tous deux issus du même père, et lui rendant ensemble le dernier hommage, ne sont peut-être que la préfiguration et l'annonce de retrouvailles encore à venir, au terme d'un processus de rapprochement déjà largement

1. Genèse 16, 12.
2. Genèse 25, 23.
3. Genèse 25, 9.
4. Genèse 35, 29.

entamé. C'est ce que suggère Maïmonide* quand il présente la naissance et le développement du christianisme (Ésaü) et de l'islam (Ismaël), en dépit des « mensonges » auxquels ces deux religions nouvelles s'accrochent, comme la préparation à une reconnaissance universelle de la vérité juive :

> Il est au-delà des possibilités de l'esprit humain de sonder les desseins du Créateur… Tout ce qui touche à Jésus de Nazareth et à l'Ismaélite [Mahomet] qui vint après lui, tout cela ne servit qu'à frayer le chemin au Roi-Messie, à préparer le monde entier à adorer Dieu d'un même cœur… Ainsi l'espérance messianique, la Torah* et les commandements sont-ils devenus des thèmes familiers – sujets de conversation [parmi les habitants] des îles éloignées et parmi de nombreux peuples, incirconcis de cœur et de chair. Ils discutent ces questions et les commandements de la Torah*. Certains disent : « Ces commandements furent authentiques, mais ils ont perdu leur validité et ne sont plus contraignants ». D'autres déclarent qu'ils avaient une signification ésotérique et n'avaient pas été destinés à être pris littéralement ; que le Messie est déjà venu et a révélé leur signification cachée. Mais lorsque le vrai Roi-Messie apparaîtra…, ils se rétracteront aussitôt et réaliseront qu'ils n'ont hérité que mensonges de leurs pères, et que leurs prophètes et leurs aïeux les ont égarés[1].

Les nations sont à Israël ce que le mensonge est à la vérité. Mais il n'y a pas si loin du mensonge à la vérité, des nations à Israël. Cette proximité, inscrite dans leur *nature*, dans leur commune généalogie depuis Adam, Abraham et Isaac, se révélera pleinement aux jours du Messie dans la *libre conversion* de tous et de chacun…

1. *Mishné Tora, Shoftim, Melakhim* 11, 4 (version non censurée). Isadore Twersky, *Introduction to the Code of Maimonides*, New Haven, Londres, Yale University Press, 1980, p. 452.

P*endant des années, chaque matin, j'ai béni Dieu de ne m'avoir pas fait* « goy ». Et je l'ai cru. Du moins ai-je fait comme si. Comme si je n'avais commencé d'être que le jour où j'étais devenu juif. Ou mieux : comme si ma mère ne m'avait pas vraiment fait, comme si seul Dieu avait été de la partie. Ce faisant, je me faisais violence, sans y prêter garde, et je faisais violence à ma mère, sans qu'elle en fût informée, marquant mon adhésion sans réserve à un mythe ancien, qui a d'ailleurs toutes les apparences d'une réplique juive à la doctrine chrétienne du péché originel[1] :

> Pour quelle raison les idolâtres sont-ils souillés ? Parce qu'ils ne se sont pas tenus sur le mont Sinaï. En effet, lorsque le serpent eut commerce avec Ève, il l'affligea d'une souillure. [Le peuple d']Israël, qui s'est tenu sur le mont Sinaï, a été lavé de sa souillure. Rav Aha, le fils de Rava, dit à Rav Ashi [IVe-Ve s.] : Et les prosélytes ? [Rav Ashi] lui répondit : Bien qu'eux-mêmes n'aient pas été présents [à la théophanie du Sinaï], leurs constellations, elles, y étaient, ainsi qu'il est écrit : « [Et ce n'est pas avec vous seuls que j'institue cette alliance et ce pacte,] mais avec ceux qui sont aujourd'hui placés avec nous, en présence de l'Éternel, et avec ceux qui ne sont pas ici, [à côté de nous, en ce jour][2]. »

J'avais donc été là, au pied du Sinaï, moi, avant même que je fusse né, ou même conçu. Elle, ma mère, n'y avait pas été.

---

1. Talmud de Babylone, *Shabat* 145b-146a. Comparer Talmud de Babylone, *Yevamot* 103b, *'Avoda Zara* 22b et *Shevou'ot* 39a ; *Chapitres de Rabbi Éliézer*, chap. 41, p. 261-262 ; *Zohar* 1, 91a (en français : *Le Zohar*, trad. de Ch. Mopsik, vol. 1, Lagrasse, Verdier, 1981, p. 453-454).
2. Deutéronome 29, 13-14.

J'avais toujours été du côté de l'Alliance. Et elle, ma mère, du côté de l'idolâtrie. Quant à mon père, il était à peine concerné par toute cette histoire.

Pendant des années, chaque samedi soir, à la fin du shabbat, j'ai récité la *havdala*[1], ou j'ai entendu un tiers la réciter pour moi, approuvant alors la formule d'un amen irréfléchi mais dénué de toute ambiguïté : « Béni sois-tu, Éternel notre Dieu, roi du monde, qui sépares (ou distingues entre) le sacré et le profane, la lumière et les ténèbres, Israël et les nations, le septième jour et les six jours de la semaine. Béni sois-tu, Éternel, qui sépares (ou distingues entre) le sacré et le profane. » Ce faisant, j'approuvais une quadruple distinction à la fois instituée par Dieu et inscrite dans la nature qu'il avait créée. Je plaçais les nations – et donc ma mère – du côté des ténèbres, du profane et des jours de la semaine. Et je me plaçais, moi, du côté d'Israël, de la lumière et du sacré. Et ce que je récitais ou approuvais n'était en fait rien d'autre que ceci : « Béni sois-tu, Éternel notre Dieu, roi du monde, qui nous sépares (ou distingues entre nous), moi et ma mère. »

J'ignore si ma mère eut jamais conscience de tout cela. Mais j'ai fini par comprendre, au fil des années, que mon désir de conversion avait été aussi – pas seulement bien sûr – un désir d'auto-engendrement. Un psychanalyste aurait sans doute des choses à dire – ou à me faire dire – à ce propos. Ce que je sais en tout cas, c'est que j'ai échoué sur ce point. La « nature » héritée ne se laisse pas si aisément oublier. Et si la « culture » choisie peut, à maints égards, en triompher, elle ne l'efface jamais. Quand il arrive que mes prises de position, notamment sur Israël et la question de Palestine, suscitent la colère de mes coreligionnaires, je ne m'étonne pas que certains d'entre eux, les plus vindicatifs et pas les plus fins,

1. Sur le rite de la *havdala*, voir *supra*, p. 73-74.

me renvoient parfois à mes origines mêlées, à mon prénom, à ma mère, à ma conversion prétendument inachevée même, qui expliqueraient tout. Cela n'arrive pas très souvent, assez pourtant pour que je m'en souvienne. Au fond, aux yeux de ces juifs-là, je suis un *goy*, je suis resté un *goy*. Ils ne savent pas à quel point, ni surtout de quelle façon, ils ont en partie raison. Je vais donc essayer de les éclairer, même s'il n'est pas aisé d'éclairer les imbéciles. Le schéma de mon journal d'enfant n'était peut-être pas si faux…

UN PEUPLE SÉPARÉ

Il y a le temps. Le jour et la nuit. Mais entre le jour et la nuit, il y a le crépuscule, qui n'est ni jour ni nuit.[1] Il y a l'espace, aussi. La Terre d'Israël – et « l'étranger »[2]. Ou passe la frontière entre les deux ? N'apparaît-elle pas incertaine, mouvante même ? N'y a-t-il d'ailleurs pas plus qu'une frontière ? Des *zones* frontières, des territoires de statut douteux ? La Transjordanie, par exemple. Qui ne fut point donnée par Dieu, comme la « Terre » proprement dite, située elle à l'ouest du Jourdain, mais accordée par Moïse à ceux voulurent s'y installer, Ruben, Gad et la demi-tribu de Manassé[3], lesquels redoutent d'ailleurs que leurs frères ne les tiennent un jour pour des étrangers au prétexte que Dieu a posé entre eux une « limite », le Jourdain, justement. Et de fait, Israël leur fait une proposition : si le pays en leur possession leur semble « *impur* », il leur est toujours loisible de traverser le Jourdain, justement, et de repasser « dans le pays qui est le territoire de l'Éternel[4] ».

---

1. Sur le crépuscule, voir *supra*, p. 88.
2. Qu'on a l'habitude de désigner en hébreu, significativement, par l'expression *'houts la-arets*, litt. l'« en-dehors de la Terre ».
3. Josué 1, 14-15.
4. Josué 22. On notera que sur le plan légal, et pas seulement symbolique, toute incertitude sur les frontières de la Terre sainte – et cette incertitude est réelle – peut être lourde d'implications, parce que l'observance des stipulations de la Loi varie selon qu'on se trouve à l'intérieur ou à l'extérieur de cet espace. Sur toutes ces questions, voir J.-C. Attias et E. Benbassa, *Israël, la terre et le sacré*, p. 78-82.

Ce qui vaut pour le temps et pour l'espace vaut tout autant pour le peuple lui-même. La hantise de l'Autre proche, du flou et du risque de mélange – et donc d'impureté – que sa présence fait peser, cette hantise est au cœur de l'autodéfinition de la judéité. Bien qu'elle se heurte forcément au réel, ainsi qu'à un principe d'ouverture relative comme on vient de le voir, l'affirmation revient régulièrement, dans les sources, de l'existence d'un noyau identitaire dur, pur et (presque) naturel, ainsi que de la nécessité de protéger ce noyau. Et de le protéger sur deux fronts : d'une part à l'extérieur, contre les forces corrosives de l'imitation, de la contrefaçon, de l'*artifice* en un mot, d'autre part à l'intérieur, contre les tentations émollientes de l'accueil, du compromis, du renoncement à soi. Le danger est là, tout près, à la périphérie, sur la frontière – et jusqu'au centre du dispositif lui-même. Il faut bien y parer. Surtout lorsqu'on est devenu, dans l'Exil, une minorité sans pouvoir, dispersée, menacée, mais aussi très prompte à se laisser séduire.

☆

Les premiers succès de la conquête de Canaan, sous la conduite de Josué, successeur de Moïse, sèment la panique. Les rois des peuples du pays décident de s'unir pour résister. Sauf les habitants de Gabaon qui, redoutant de subir à leur tour le sort des habitants exterminés d'Aï et de Jéricho, préfèrent recourir à un stratagème, à une ruse[1]. Ils se font passer pour ce qu'ils ne sont pas. Ils se déguisent[2] pour tromper les Hébreux. Ils réussissent à leur faire croire qu'ils ne sont pas d'ici. Ils se mettent en route, munis de provisions, chargent leurs ânes de vieux sacs, d'outres à vins

1. En hébreu *'orma*.
2. Sur le déguisement, voir *supra*, p. 150-159.

usées, crevées et recousues. Ils se chaussent de vieux souliers rapiécés, endossent des vêtements hors d'usage, n'emportent avec eux que du pain dur et moisi. Ils se présentent devant Josué et disent: « Nous venons d'un pays lointain, et vous prions de conclure une alliance avec nous[1]. » Ils prétendent reconnaître la puissance et la grandeur du Dieu d'Israël et aspirer à se mettre humblement à son service et à celui de son peuple. Josué omet de consulter l'Éternel. Il garantit par un traité la paix et la vie sauve à ces mystérieux voyageurs, et les chefs de la communauté d'Israël prêtent serment « par l'Éternel, Dieu d'Israël[2] ».

Les Gabaonites sont démasqués trois jours plus tard. Les Hébreux grondent, mais leurs chefs n'y peuvent rien changer: un serment est un serment, on ne le rompt pas ainsi. Les Gabaonites seront donc maudits, et condamnés à servir la communauté et l'autel du Seigneur comme fendeurs de bois et puiseurs d'eau. Que leur est-il reproché ? D'avoir trompé les Hébreux. En quoi cette tromperie a-t-elle consisté ? À faire croire aux Hébreux qu'eux, les Gabaonites, étaient « éloignés » d'eux, les Hébreux, (venus d'une terre lointaine) alors qu'ils résidaient « au milieu » d'eux (en terre de Canaan)[3]. Mais aussi à leur faire croire qu'ils étaient *proches* d'eux (par leur condition de migrants et par leur attachement au Dieu d'Israël) alors qu'ils en étaient *éloignés* (par leur statut de peuple du pays, condamné à disparaître). Pour se faire admettre parmi eux, pour avoir une chance d'être cooptés et inclus dans une alliance, les Gabaonites se sont déguisés en Hébreux. Mais que sont-ils en réalité ? Rien d'autre qu'une *imitation* d'Israël. Sous les oripeaux d'une condition d'emprunt (vieux sacs, outres crevées, souliers rapiécés et

1. Josué 9, 6.
2. Josué 9, 18.
3. Josué 9, 22.

vêtements hors d'usage), ils ont dissimulé leur vraie nature. Sur l'alliance passée, il n'est certes guère possible de revenir. Mais cette alliance les a-t-elle changés ? En a-t-elle fait des Israélites, ou au moins des quasi-Hébreux ? Il reviendra au roi David de trancher, beaucoup plus tard. Et pour comprendre en quelle occasion et de quelle manière, il faut commencer par relire les premiers versets du chapitre XXI de II Samuel :

> Il y eut une famine du temps de David, durant trois années consécutives. David consulta le Seigneur, qui répondit : « C'est à cause de Saül, de cette maison de sang, qui a fait périr les Gabaonites. » Le roi manda les Gabaonites et leur parla. Les Gabaonites ne faisaient pas partie des enfants d'Israël, mais étaient des Amorréens survivants ; les Israélites les avaient épargnés par serment, mais Saül, dans son zèle pour Israël et pour Juda, avait entrepris de les frapper. David donc dit aux Gabaonites : « Que dois-je faire pour vous et quelle expiation vous offrir, pour que vous bénissiez l'héritage du Seigneur ? » Les Gabaonites lui répondirent : « Nous n'avons ni argent ni or à réclamer de Saül et de sa maison, ni aucun homme à faire mourir en Israël. » Et il dit : « Que voulez-vous donc ? Je vous l'accorderai. » Ils dirent au roi : « L'homme qui nous extermina, qui avait médité notre ruine, notre disparition totale du territoire d'Israël, qu'on nous livre sept de ses fils, nous les pendrons devant le Seigneur, sur la colline de Saül, de cet élu du Seigneur ! » Le roi répondit : « Je les livrerai. »[1]

Ce passage est clair. Une famine s'abat sur Israël parce qu'une faute du roi Saül, prédécesseur de David sur le trône, n'a pas été châtiée : pendant son règne, Saül a poursuivi et fait périr des Gabaonites alors que ceux-ci étaient protégés par l'alliance passée avec eux par Josué. Les Gabaonites exigent de David la tête de sept descendants de Saül, ce qui leur est

---

1. II Samuel 21, 1-6.

accordé. Ce passage dit autre chose : qu'ils ne font « pas partie des enfants d'Israël », mais sont des Amorréens survivants. Le pacte scellé n'a nullement effacé leur qualité de peuple du pays.

Un passage du Talmud* de Jérusalem précise les choses. Pourquoi les Gabaonites demandent-ils la tête de sept descendants de Saül ? Parce que celui-ci aurait fait mourir sept d'entre eux : deux fendeurs de bois, deux puiseurs d'eau, un maître d'école, un scribe, un desservant. David propose aux Gabaonites de l'or et de l'argent en lieu et place de ces exécutions. Ceux-ci répondent qu'ils n'ont que faire d'or et d'argent. C'est du sang qu'ils exigent. Par quoi ils manifestent, s'il était nécessaire, qu'ils ne font « pas partie des enfants d'Israël » :

À ce moment-là, David dit : le Saint a fait don de trois qualités [aux enfants d'] Israël[1] : [il les a faits] miséricordieux, modestes et charitables. Miséricordieux, d'où [le savons-nous] ? « Et il te donnera miséricorde[2]. » Modestes, d'où [le savons-nous] ? « Que sa crainte soit toujours présente devant vous[3] », ces mots étant un signe que l'homme modeste ne pèche pas, et quant à celui qui n'est pas modeste, il est clair que ses pères ne se sont pas tenus sur le mont Sinaï. Charitables, d'où [le savons-nous] ? « L'Éternel ton Dieu te gardera l'alliance et la bienveillance[4]. » Or chez ces gens-là [les Gabaonites], il n'y a pas [même] une seule [de ces qualités]. David les éloigna[5] aussitôt, ainsi qu'il est dit : « Les Gabaonites ne sont pas des

1. Littéralement : « … a donné trois bons dons à Israël. »
2. Deutéronome 13, 18.
3. Exode 20, 20.
4. Deutéronome 7, 12.
5. Du service de l'autel.

enfants d'Israël[1]. » De même Ezra les éloigna…, et même dans le monde à venir, Dieu les éloignera de lui[2].

Les Gabaonites ne sont pas des fils d'Israël, leurs ancêtres n'étaient point au Sinaï lors de la théophanie et de la promulgation de la Loi, ni leurs ancêtres ni, semble-t-il, leurs constellations. D'où le savons-nous ? De ce que trois qualités leur font défaut : la miséricorde, la modestie et la charité. À quoi reconnaît-on qu'ils ne sont pas des fils d'Israël ? À ce qu'il leur manque ces trois qualités. Et pourquoi leur manquent-elles ? Parce que le Saint béni soit-il ne leur en a pas fait don. À quoi reconnaît-on les *vrais* fils d'Israël ? À ce que ces trois qualités ont été inscrites par Dieu dans leur *nature*. À nature distincte, destin distinct et mission distincte. Les Gabaonites sont éloignés. Non point seulement du centre, mais de la frontière elle-même. Ceux qui pouvaient sembler être à la fois dehors et dedans sont bel et bien dehors. Ils ne sauraient entrer dans l'assemblée d'Israël.

La persécution lancée par Saül contre les Gabaonites prend dès lors une coloration particulière. Est-ce parce que cette persécution était en soi injuste que Dieu frappe le pays d'une famine et que David accepte qu'elle soit sanctionnée ? Ou parce que cette persécution était simplement une rupture du pacte scellé devant Dieu par Josué ? Saül est un personnage d'ombre et de lumière. Abandonné de Dieu, et malgré tout élu de Dieu[1]. Et son zèle « pour Israël et pour Juda[4] » peut

---

1. II Samuel 21, 2.
2. Talmud de Jérusalem, *Kidoushin* 4, 1. La traduction est mienne. On peut aussi consulter *Le Talmud de Jérusalem*, traduit pour la première fois en français par Moïse Schwab, Paris, G.-P. Maisonneuve et Larose, vol. 5, *Traité Qiddouschin*, p. 279.
1. Ainsi que cela est rappelé dans ce même contexte. Voir II Samuel 21, 6.
4. II Samuel 21, 2.

soit être jugé abusif, mal dirigé, mal inspiré, soit être au contraire crédité d'une intention des plus légitimes : celle « de *nettoyer* et de *purifier* Israël et de répondre à ses besoins » en persécutant et en tuant les Gabaonites[1]. Entre David et Saül, il n'y a peut-être, au fond, qu'un glaive de différence.

Dans un passage parallèle du Talmud* de Babylone[2], les choses sont exprimées de manière légèrement différente. S'il rappelle bien les trois « signes » distinctifs de « cette nation[3] », à savoir d'Israël : la miséricorde, la modestie et la bienveillance, David rattache la troisième au patriarche Abraham en personne, Abraham « distingué pour qu'il ordonne[4] à ses fils et à sa maison (après lui, d'observer la voie[5] de l'Éternel en pratiquant la *tsedaka* et la justice)[6] », *tsedaka* étant entendu en l'occurrence au sens de « charité[7] ». Comme si les vertus distinctives des fils d'Israël étaient moins des qualités *inscrites* par Dieu dans leur *nature* que prescrites, *ordonnées* par Dieu comme une loi s'imposant à tous les héritiers du Patriarche. Il y a bien sûr ici plus qu'une nuance, d'autant que David conclut par ces mots : « Quiconque présente ces trois signes est digne de s'attacher à cette nation. » Il ne pouvait sûrement pas dire autre chose : cela lui permet d'exclure les Gabaonites, qui ne présentent pas ces « signes », sans remettre en cause l'adhésion à Israël de prosélytes méritants, et parmi eux de

1. Voir Rashi sur II Samuel 21, 2.
2. Talmud de Babylone, *Yevamot* 79a. Repris pour l'essentiel par Rashi dans son commentaire de II Samuel 21, 2.
3. En hébreu *ouma zo*.
4. En hébreu *yetsavé*.
5. En hébreu *dérekh*.
6. Genèse 18, 19, un verset que nous avons déjà rencontré (voir *supra*, p. 219).
7. Plutôt que plus généralement la « vertu », ainsi que la traduction du Rabbinat français le suggère. Quant au mot « justice », il rend ici l'hébreu *mishpat*.

l'une de ses aïeules les plus célèbres – Ruth la Moabite[1], qui, elle, était sûrement dotée de ces trois grandes qualités...

☆

En matière d'agrégation de masse, Moïse lui-même semble avoir fait bien pire que son successeur, Josué. Chacun a en tête l'épisode dramatique du Veau d'or. Alors que le Prophète est sur la montagne pour recevoir la Loi, Israël s'impatiente, se décourage, s'inquiète, et se donne un veau pour dieu, retombant dans une idolâtrie avec laquelle sa sortie d'Égypte aurait dû consacrer sa rupture définitive. L'Éternel dit alors à Moïse : « Va, descends ! car il s'est corrompu, *ton* peuple que *tu* as fait monter du pays d'Égypte[2] ! »

Rashi* commente : « Il n'est pas dit : *le* peuple s'est corrompu, mais *ton* peuple, ce mélange nombreux [*'érev rav* en hébreu] que tu as accueilli de ta propre initiative et que tu as converti sans me consulter, en te disant : "Il est bon que des convertis s'attachent à la Présence divine." Ce sont ceux-là qui se sont corrompus et qui ont corrompu [les autres]. »

Le Midrash* est plus circonstancié :

> Moïse dit : « Maître du monde, en quoi sont-ils *mon* peuple ? » Le Saint, béni soit-il lui répondit : « Ils sont *ton* peuple, car tant qu'ils furent en Égypte, je t'ai dit : "et je ferai sortir *mes* légions, les Israélites, *mon* peuple, [d'Égypte][3]". Je t'ai dit de ne pas y mêler [*le-'arev* en hébreu] un mélange nombreux [*'érev rav* en hébreu]. Mais toi, humble et intègre comme tu l'es, tu m'as

1. Sur la conversion de Ruth, voir *supra*, p. 225-228.
2. Exode 32, 7.
3. Exode 7, 4.

dit: "Il faut toujours accueillir ceux qui font retour[1]", et moi, je savais ce qu'ils allaient faire, et je t'ai dit: "Non!", mais j'ai fait comme tu voulais, et ce sont eux qui ont fait ce Veau, eux qui avaient rendu un culte aux étoiles, oui c'est eux qui l'ont fabriqué, et ont fait pécher *mon* peuple.»[2]

L'expression *'érev rav* n'apparaît qu'une fois dans le texte biblique. Évoquant la sortie des Hébreux d'Égypte, Exode 12, 38 précise: «De plus, un mélange nombreux (*'érev rav*) partit avec eux.» Ce «mélange nombreux» est la masse de ces convertis, égyptiens et autres, que Moïse aurait agrégés à Israël sans les soumettre à un examen sérieux. Hantise du mélange. Ennemi de l'intérieur. Le tableau est clair. Confirmé par Rashi* commentant ce verset: « *'Érev rav:* un mélange (*ta'arovet* en hébreu) de nations de convertis.» Ainsi que par Ibn* Ezra: «Des gens d'Égypte qui se mêlèrent à eux.» Le mélange est double, en fait: un mélange de non-Hébreux convertis qui lui-même se mêle aux Hébreux. Et Ibn* Ezra d'ajouter: «Ils sont le *assafsouf.*»

Assafsouf, présenté par Ibn* Ezra comme un synonyme de *'érev rav*, n'apparaît lui aussi qu'une fois dans la Bible, en Nombres 11, 4. Et il se trouve que ce verset ouvre le récit d'une autre révolte: «Or le *assafsouf* qui était au milieu d'eux fut pris de convoitise; et à leur tour les enfants d'Israël se remirent à pleurer: "Qui nous donnera de la viande à manger?"»

C'est donc d'abord le *assafsouf* qui exprime son refus de la manne dont le peuple est nourri au désert et sa nostalgie du poisson, des concombres, des melons, des poireaux, des oignons et de l'ail qu'il mangeait en Égypte. Il ne fait pas vraiment partie des «enfants d'Israël», ces derniers étant

1. Qui se repentissent.
2. *Exode Raba* 42, 6.

présentés dans le verset même comme un groupe distinct. Et Ibn* Ezra de préciser, si cela n'était pas suffisamment clair : « **Or le *assafsouf*.** Ceux qui se sont agrégés (*né'esfou*) à Israël, *mais qui n'en font pas partie*, à savoir le *'érev rav.* »

Composante problématique de la population ayant suivi Moïse sur le chemin de l'exode, le *assafsouf* ou *'érev rav* fonctionne comme un ferment de désordre, d'indiscipline et de péché au cœur même d'Israël. Il permet de disculper Israël au moins en partie de certaines de ses fautes. Il n'en est pourtant pas éradiqué. Il est toujours là. Il continue de ronger Israël de l'intérieur et de le mettre en danger en le poussant à la faute.

À quoi reconnaît-on les descendants du *'érev rav* ?

> Rav Nathan bar Aba dit : Rav [Babylonie, IIIe s.] a dit : Les juifs riches de Babylonie descendront dans la Géhenne. Ainsi Sabbetaï bar Marinous vint-il en Babylonie et leur demanda [aux juifs de Babylonie] de participer à une affaire [en lui octroyant un prêt], et ils refusèrent. De lui donner de la nourriture, et ils refusèrent aussi de le sustenter. Il dit : Ceux-là descendent du *'érev rav*, ainsi qu'il est écrit : « Qu'il te donne la miséricorde et ait pour toi miséricorde[1]. » Quiconque a miséricorde pour les créatures, il est clair qu'il est de la semence d'Abraham, et quiconque n'a pas miséricorde pour les créatures, il est clair qu'il n'est pas de la semence d'Abraham[2].

De tels textes se prêtent évidemment à une lecture ambivalente. La miséricorde, qui est charité, est une valeur morale. Mais elle s'exprime par des actes, qui peuvent être précisément prescrits (par des commandements). Reste que l'absence de miséricorde et la résistance à accomplir des actes de charité font peser un soupçon sur l'ascendance de ceux qui s'en

1. Deutéronome 13, 18.
2. Talmud de Babylone, *Beitsa* 32b.

rendent coupables. Maïmonide* paraît le laisser entendre[1] : « De quiconque est cruel et ne se montre pas compatissant, le lignage est suspect, car on ne trouve la cruauté que chez les adorateurs des étoiles et des constellations [= les idolâtres, les Gentils*], ainsi qu'il est dit : "Ils sont cruels et n'ont pas de pitié[2]." En revanche, tout Israël et ceux qui s'attachent à lui sont comme des frères, ainsi qu'il est dit : "Vous êtes les enfants de l'Éternel votre Dieu[3]." »

Alors qu'il s'inspire de textes talmudiques comme celui que j'ai cité, et qu'il évoque l'impureté du lignage comme possible cause du défaut de miséricorde chez un juif, Maïmonide ne cède pourtant pas à la tentation de réduire Israël à l'association de deux groupes hétérogènes : descendants d'Abraham d'un côté, descendants du *'érev rav* de l'autre. Il pose en effet l'existence d'un troisième groupe, ceux qui « se sont attachés » à Israël, anciens Gentils* dont la conversion est sincère et achevée, et qui, étant les « fils de l'Éternel » au même titre que les juifs issus d'Abraham, vivent avec eux une fraternité authentique tirant toute sa force d'une commune paternité *divine* (et non exclusivement abrahamique).

Reste que la question du lignage et de l'identité de nature est posée.

☆

Le livre des Nombres s'ouvre par une opération de recensement : « L'Éternel parla en ces termes à Moïse, dans le désert de Sinaï, dans la tente d'assignation, le premier jour du second mois de la deuxième année après leur sortie du pays d'Égypte : "Faites le relevé de *toute la communauté des*

1. *Mishné Tora, Zera'im, Matnot 'aniyim* 10, 2.
2. Jérémie 50, 42.
3. Deutéronome 14, 1.

enfants d'Israël, selon leurs familles et *leurs maisons paternelles*, au moyen d'un recensement nominal de tous les mâles, comptés par tête. Depuis l'âge de vingt ans et au-delà, tous les Israélites aptes au service, vous les classerez selon leurs légions, toi et Aaron[1]." »

De quoi s'agit-il ici ? Du dénombrement de « toute la communauté[2] des enfants d'Israël ». La communauté des enfants d'Israël est ici de toute évidence celle, et seulement celle, des descendants effectifs – par le sang et par leur père – des tribus issues du troisième des Patriarches, Jacob (= Israël). Privilège des pères, donc, qui nous éloigne du principe de matrilinéarité qui finira par prévaloir, dans le droit rabbinique, dans la reconnaissance de l'identité juive d'un individu (c'est par sa mère, non par son père, que l'on est juif).

Ce privilège des pères, associé au souci de la pureté du lignage, ne saurait surprendre en contexte biblique. Un pénible épisode du chapitre XXIV du Lévitique a suffi à démontrer le désordre et le trouble que risque de susciter celui qui n'entre pas dans ce cadre : « Il arriva que le fils d'une femme israélite, lequel avait pour père un Égyptien, était allé se mêler aux enfants d'Israël ; une querelle s'éleva dans le camp, entre ce fils d'une Israélite et un homme d'Israël. Le fils de la femme israélite proféra, en blasphémant, le Nom sacré ; on le conduisit devant Moïse. Le nom de sa mère était Chelomith, fille de Dibri, de la tribu de Dan[3]. »

De quoi est-il question ici ? D'une histoire de voisinage qui tourne mal, d'une nature mauvaise qui se saisit du premier prétexte pour se rendre coupable de blasphème. Difficile pourtant de s'arrêter là. Ce blasphémateur a un

1. Nombres 1, 1-3.
2. En hébreu *'éda*.
3. Lévitique 24, 10-11.

père égyptien. Il n'est identifié que par le nom de sa *mère*, Chelomith, et par la tribu d'appartenance de son grand-père *maternel*: la tribu de Dan. Le motif de la dispute, selon Rashi et la source qu'il invoque[1], est celui-ci : cet homme, qui n'a pas de père hébreu, est venu planter sa tente dans le camp de la tribu de Dan, soit dans le camp de la tribu sa *mère*, et c'est ce droit que lui contestent les enfants de la tribu de Dan, lesquels invoquent Nombres 2, 2, qui précise que les enfants d'Israël doivent organiser leur campement « chacun sous sa bannière avec les signes de sa maison *paternelle* ». Le blasphémateur, dont le père est égyptien, *n'a pas* de maison *paternelle* en Israël, et donc pas de place à l'intérieur du camp au milieu des enfants d'Israël. Rashi aggrave d'ailleurs le cas, si je puis dire, en précisant qu'il s'était converti au judaïsme : « *nitgayer* », et en s'appuyant pour le dire sur la manière dont Lévitique 24, 10 précise l'identité du personnage : « le fils d'une femme israélite et qui était le fils d'un Égyptien *au milieu des enfants d'Israël.* » Comme si sa conversion en faisait malgré tout un « enfant d'Israël », quoique pas tout à fait quand même…

La démonstration a bien sûr quelque chose d'un peu circulaire – les règles du recensement et d'organisation du camp prescrites aux chapitres I et II des Nombres causant l'incident (le blasphème) du Lévitique, et l'incident du Lévitique justifiant en retour la prescription des règles du début du livre des Nombres. Reste que ce qui est démontré est clair. Qui est en fait exclu de la « communauté des enfants d'Israël » en cet instant crucial de l'histoire biblique des Hébreux qu'est celui de leur recensement ? Abraham Ibn* Ezra le dit d'un mot : « le *'érev rav*[2] ». Un *'érev rav* dangereux, dont « le fils de la femme israélite » fournit justement un bel exemple. On

1. *Sifra, Émor* 14, 1.
2. Voir son commentaire sur Nombres 1, 3.

comprend dès lors le sévère contrôle auquel sont soumis les recensés, soldats qui mériteront de trouver leur place légitime dans le camp. En Nombre 1, 18, il est écrit en effet : « On les enregistra selon leurs familles et leurs maisons paternelles, en comptant par noms ceux qui avaient vingt ans et plus, chacun individuellement. »

Le verbe traduit ici par « on les enregistra » ou « ils furent enregistrés » est : *va-yityaldou*. Le sens exact de ce mot n'est pas absolument clair. Une chose est sûre en revanche : il est construit sur la racine *YLD* (ילד), laquelle évoque l'engendrement et la naissance. Pour certains commentateurs, *va-yityaldou* signifie simplement que chacun indiqua le jour de sa naissance (*leida*) de sorte à vérifier qu'il était bien âgé d'au moins vingt ans. Pour d'autres, il s'agit d'autre chose. Ainsi pour Rashi* : « Ils présentèrent leurs documents généalogiques (*sifrei yi'housseihem*) ainsi que des témoins pour confirmer leur ascendance (ou leur naissance : *leidatam*), pour être rattachés (*lehitya'hes*) chacun à sa tribu. »

☆

Le souci du « lignage » (*yi'hous*) est ancien dans le judaïsme. On le rencontre d'ailleurs aussi bien en monde sépharade* qu'en monde ashkénaze*, et pas seulement quand il s'agit de sceller des unions matrimoniales – de préférence entre bien-nés. Il n'y a pas que Moïse qui ait exigé de ses soldats, si l'on en croit Rashi*, de produire leur généalogie. Et il en est plus d'un qui ait redouté les effets d'un désordre lignager.

Dans la France et l'Allemagne du XIe siècle, et plus tard en Pologne, loin de postuler l'absolue résistance d'une identité juive « naturelle » et inaltérable aux aléas de l'histoire et aux assauts que cette histoire lui inflige, certains maîtres juifs ne furent pas loin de penser que le baptême des juifs convertis, même de force, au christianisme, pourrait être réellement efficace, et qu'il pourrait être hasardeux de faire a priori confiance au relaps – l'apostat, le juif devenu chrétien, entreprenant de faire retour au judaïsme. A-t-il bien fait pénitence ? Comment le laver de son impureté ? Peut-on encore l'épouser, lui, voire épouser quiconque de ses proches, comme si la souillure du baptême avait définitivement contaminé jusqu'à sa parentèle[1] ?

C'est précisément cette fragilité de l'identité juive qui oblige à poser une autre question : l'accueil, cette fois, de prosélytes, de non-juifs nés non-juifs et aspirant à devenir juifs, ne risque-t-il pas de la fragiliser davantage, en introduisant une rupture dans la seule chaîne de transmission légitime – « naturelle » et généalogique – de cette identité, et compromettre jusqu'au Salut d'Israël tout entier ? Qui ne se souvient en effet de la phrase célèbre de R. Helbo (IIIe et tout début du IVe s.) apparaissant quatre fois dans le corpus talmudique : « Les prosélytes sont aussi pénibles pour Israël que la lèpre[2] »? Le terme traduit ici par « lèpre », mais qui évoque plus généralement une affection de la peau susceptible de dégénérer en lèpre, est *sapa'hat*, qui n'apparaît que deux fois dans l'Écriture[3]. R. Helbo justifie sa formule en citant un verset d'Isaïe : « L'étranger, alors, se joindra à eux, et ils s'annexeront (*ve-nispe'hou*) à la maison de Jacob[4]. » Jouant sur la proximité de *SaPa'Hat* et de *niSPe'Hou*, R. Helbo fait ainsi basculer les prosélytes, ceux qui « s'annexent » à Israël, du côté de la maladie et de l'impureté.

1. Sur la figure ambiguë de l'apostat, voir Esther BENBASSA et Jean-Christophe ATTIAS, *Le Juif et l'Autre*, Gordes, Le Relié, 2002, p. 109-116.

2. Voir Talmud de Babylone, *Yevamot* 47b et 109b, *Nida* 13b et *Kidoushin* 70b. Je centre ici mon analyse sur *Kidoushin* 70b et sur certains des commentaires que ce passage a suscités.

3. Lévitique 13, 2 et 14, 56.

4. Isaïe 14, 1.

Rashi* précise en ces termes la nature du mal causé à Israël par les prosélytes : « Ils ne sont pas scrupuleux dans l'observance des commandements et ceux (d'entre les juifs de naissance) qui les fréquentent, les suivent et apprennent leur façon de faire[1]. » Le tossafiste[2] prosélyte R. Abraham, lui, renverse la perspective : c'est au contraire l'extrême zèle des convertis qui rappellerait à Dieu la honteuse négligence des juifs de naissance et le pousserait à châtier ces derniers…

Reste que c'est le contexte de l'apparition de la phrase de R. Helbo qui mérite peut-être le plus l'attention. Elle survient en effet à propos de l'opinion exprimée par R. Hama fils de R. Hanina (IIᵉ s.) pour qui le Saint béni soit-il ne fait reposer sa *Shekhina* (sa Présence) que sur les *familles* d'Israël dont la généalogie est sans tache – « des familles qui sont pleinement d'Israël », dit Rashi* – et immédiatement après une déclaration de Raba fils de Rav Houna (mort en 322), qui établit une hiérarchie entre les juifs de naissance et les non-juifs devenus juifs par l'effet de leur seule volonté.

Aux premiers, les juifs de naissance, est appliqué Ézéchiel 37, 27 : « Ma résidence (*mishkani*) sera près d'eux ; je serai leur Dieu et eux seront mon peuple ». Tandis qu'aux seconds, les prosélytes, est appliqué Jérémie 30, 21-22 : « Qui (de lui-même) oserait se risquer à m'approcher ? dit l'Éternel. Vous serez ainsi mon peuple, et moi je deviendrai votre Dieu. » Dans le verset d'Ézéchiel, Dieu va à la rencontre de son peuple, il est son Dieu et réside en son sein. En revanche, Jérémie fait allusion à une démarche inverse : la démarche de ceux qui se rapprochent de Dieu, et deviennent « son

---

1. Voir son commentaire de Talmud de Babylone, *Kidoushin* 70b.
2. Un tossafiste est un maître des *Tossafot* (compléments), collection de commentaires élaborés par l'école de Rashi, développant le commentaire du Talmud de ce dernier.

peuple », Dieu ne devenant leur Dieu que dans un second temps, et sans qu'il soit précisé qu'il « réside » près d'eux.

De cette différence, de ce déséquilibre, de l'union et du mélange de deux « peuples » distincts et inégaux, n'est-ce pas toute « la communauté des enfants d'Israël », juifs de naissance compris, et même surtout ceux-ci, qui risque de pâtir ? Et pour finir, l'intégration d'éléments étrangers comme les prosélytes ne finirait-elle pas par plonger les généalogies juives dans la confusion, causant de ce fait un grave préjudice aux familles issues de Jacob, ainsi que le suggère le tossafiste R. Isaac ben Samuel de Dampierre (mort vers 1185)[1] ?

En terre sépharade, c'est moins la fragilité et la possible dissolution de l'identité juive que son irréductible distinction « naturelle » et sa force qui poussent parfois certains auteurs à exprimer quelques réserves, sinon quant à la possibilité, du moins quant à la signification et à la véritable portée de la conversion des Gentils*. Judah Halévi* est ainsi à la fois l'homme qui, à Alexandrie, en 1141, risque sa propre vie en tentant de convaincre l'un de ses anciens coreligionnaires converti à l'islam de le suivre en Terre sainte, alors sous domination chrétienne, et d'y revenir au judaïsme en toute sécurité – et le penseur qui, dans son *Kouzari*, développe une conception essentialisante, différentialiste, voire proto raciste de l'identité juive.

1. Sur la façon dont Rashi et les tossafistes interprètent l'hostilité de R. Helbo, voir David J. Seligson, « In the Post-Talmudic Period », dans David Max Eichhorn (dir.), *Conversion to Judaism. A History and Analysis*, s. l., Ktav, 1965, p. 86-88 ; Ben Zion Wacholder, « Attitudes Towards Proselytizing in the Classical Halakah », *Historia Judaica* (20), 1958, p. 82-83 et Jacob Katz, *Exclusion et tolérance. Chrétiens et juifs du Moyen Âge à l'ère des Lumières*, traduit de l'anglais par Luc Rozenberg et Xavier Perret, Paris, Lieu commun, 1987, p. 110-111. On notera par ailleurs que j'étudie en détail et plus longuement qu'ici la question du statut et de la condition du prosélyte en monde juif dans *Penser le judaïsme*, p. 206-254.

Aux yeux de Halévi*, si le don de la Loi avait été une conséquence directe du fait que Dieu nous a créés, nous, les humains, alors l'homme blanc et l'homme noir auraient été égaux par rapport à elle, puisque l'un et l'autre sont des créatures de Dieu. Tel n'est cependant pas le cas. Dieu a donné sa Loi à Israël, et à nul autre peuple, parce qu'il l'a fait sortir d'Égypte, et s'il s'est attaché à lui, c'est parce qu'Israël est « l'élite de l'humanité[1]. » « Comme au cœur, pur en son principe et en sa substance et équilibré en sa complexion, se joint l'âme intellective, ainsi Israël, pur en son principe et en sa substance, est digne de recevoir le divin[2]. » Tel ne saurait être le cas du prosélyte : « À celui qui s'est engagé dans la voie du peuple parviendra, ainsi qu'à sa postérité, une belle part de rapprochement de Dieu. *Cependant, le prosélyte ne sera pas l'égal des Israélites de naissance*, car ceux-ci sont spécialement aptes à la prophétie, tandis que le plus haut niveau auquel les autres peuvent accéder c'est de s'éclairer à leur flamme et de devenir des intimes de Dieu et des docteurs, mais non des prophètes[3]. »

Comme si, décidément, ni sa constellation prétendument présente au Sinaï, ni même son étude assidue de la Loi ne devaient jamais effacer la souillure première du non-juif devenu juif, ni pallier chez lui les handicaps d'une « complexion », d'une « nature » originelle imparfaite, non totalement amendable et non totalement compensable.

En monde sépharade*, l'obsession lignagère et l'affirmation de la primauté du sang qui en est parfois l'expression ne sont pas simplement l'effet de, l'imitation de – ou la

1. Juda Hallévi, *Le Kuzari. Apologie de la religion méprisée*, traduit du texte original arabe, confronté avec la version hébraïque, introduit et annoté par Charles Touati, Lagrasse, Verdier, s. d., 1, 27, p. 11.
2. *Ibid.*, 2, 44, p. 66.
3. *Ibid.*, 1, 115, p. 39.

réponse à – l'obsession chrétienne espagnole de la « pureté* de sang ». Elles lui sont antérieures. Pour le Zohar*, soit au XIIIe siècle, le sang de Jacob, ancêtre des juifs, est substantiellement différent du sang d'Ésaü, ancêtre de Rome et du christianisme. De même, toujours dans le Zohar*, l'association du tabou des relations sexuelles avec une femme non juive à celui, traditionnel, des relations sexuelles avec une femme juive pendant sa période menstruelle, n'est-elle peut-être que l'expression de l'effroi que le métissage – réel ou imaginaire – entre juifs et non-juifs suscitait chez certaines élites rabbiniques ibériques de l'époque[1].

On ne s'étonnera donc pas que, bien après l'expulsion de 1492 cette fois, les juifs portugais – d'anciens marranes* pourtant (ou justement) ! – qui fondèrent une communauté à Amsterdam au XVIIe siècle aient malmené leurs coreligionnaires ashkénazes*, interdisant, entre autres, le mariage avec eux. Ni que la conscience de soi de la « Nation » hispano-portugaise ait pu se traduire en pratiques discriminatoires à l'encontre des mulâtres et des esclaves noirs convertis au judaïsme. Ou que, en Orient, ce soit face aux juifs d'origine byzantine ou de tradition arabophone que les exilés judéo-espagnols aient entendu garantir leur prééminence (en l'occurrence culturelle).

L'identité juive, et plus encore l'identité juive sépharade, prévaut toujours. Et elle résiste à tout. C'est ce qu'Abravanel ne manque pas de rappeler : « Le Saint béni soit-il a annoncé que nombre des membres de notre nation se sépareront d'elle en raison des souffrances de l'Exil, mais qu'*ils ne resteront pas dans leur gentilité*. En effet, ils reviendront vers le Seigneur et ils jouiront de notre rédemption *en tout état de cause*. C'est à

1. Sur toutes ces questions, voir David BIALE, *Le Sang et la foi. Circulation d'un symbole entre juifs et chrétiens*, trad. de l'anglais par S. Courtine-Denamy, préface d'Esther Benbassa, Paris, Bayard, 2009.

ce sujet qu'il est dit : "Ne crains rien car je vais te libérer ; je t'ai appelé par ton nom, tu es à moi[1]." Ce qui veut dire : dès lors que je t'ai appelé Jacob et Israël pour que tu sois mon peuple, *tu ne pourras te dérober, te changer ni te transformer en un autre peuple*[2]. »

Aucune conversion, au christianisme, à l'islam, ou même à l'hindouisme[3], n'a prise sur l'identité profonde des juifs, ce « noyau dur » dont je parlais plus haut. Comme le disaient déjà les Sages[4], comme l'enseignait Rashi*, et comme le rappelle Abravanel*, bien qu'il ait péché, un juif reste un juif, aucune tribulation, si extrême soit-elle, n'est en mesure d'en faire un non-juif. La réaffirmation de ce principe était évidemment essentielle pour un Sépharade* comme Abravanel* (comme elle le fut pour d'autres) : Abravanel* était le petit-fils d'un certain Samuel, juif espagnol qui s'était converti au christianisme en 1391 et qui, passé au Portugal, était redevenu juif, maillon toujours essentiel et indispensable d'une généalogie qui valait bien celle des soldats recensés par Moïse.

Une généalogie dont Abravanel* ne manque pas de faire état, ainsi au tout début de son commentaire de Josué, écrit en Castille, après sa fuite du Portugal en 1483 : « Moi, l'homme Isaac, fils du vaillant (auteur) de nombreux exploits, et dont le nom est grand en Israël, le seigneur Juda, fils de Samuel, fils de Juda, fils de Joseph, fils de Juda, de la famille des Abravanel, tous personnages considérables entre les enfants d'Israël, issu de la racine de Jessé le Bethléemite, de la famille

1. Isaïe 43, 1.
2. Cité par J.-C Attias, *Isaac Abravanel, la mémoire et l'espérance*, p. 211-212.
3. Possibilité effectivement envisagée par Abravanel.
4. Talmud de Babylone, *Sanhédrin* 44a.

de la maison de David, guide et législateur des peuples, bénie soit la mémoire du juste[1] ! »

Tout est là ou presque. L'orgueil du nom de famille. L'affirmation de soi en tant que représentant et aboutissement d'une lignée. Et dans le cas présent, ce qui ne gâche rien, l'enracinement dans une ascendance royale et davidique[2].

---

1. Cité par J.-C ATTIAS, *Isaac Abravanel, la mémoire et l'espérance*, p. 11.

2. On notera que cette obsession du lignage a trouvé de quoi s'alimenter dans certains progrès de la science contemporaine. Quel juif n'a pas été tenté de chercher dans une analyse ADN la confirmation de ses origines ? La « génétique juive » est de fait fort en vogue. Elle donne lieu à maintes publications, scientifiques ou non, qui semblent d'une part conforter un regain d'identitarisme juif et d'autre part fournir un semblant de justification ultime et irréfutable à une thèse sioniste classique selon laquelle les juifs, étant tous globalement originaires de Palestine, sont parfaitement fondés à y « retourner ». Reste que si un discours dominant, relayé par les grands médias, tend à s'imposer, il n'en est pas moins lui-même ambigu. Un article publié dans *Le Figaro* du 10 juin 2010, s'appuyant sur des études récentes, et sobrement intitulé « L'histoire juive confirmée par la génétique » (*sic*), affirmait ainsi, comme des faits démontrés, d'une part que « les communautés juives sont génétiquement plus proches entre elles que des autres populations non juives » et d'autre part que « toutes ces communautés juives ont des ancêtres communs qui vivaient au Moyen-Orient avant qu'ils ne migrent vers l'Europe et l'Asie ». Force était néanmoins à l'auteur de cet article d'ajouter que les recherches qu'il évoquait attestaient aussi « qu'il y a eu différents degrés de mixité avec le reste de la population »...

Imaginons l'improbable. Imaginons qu'Isaac Abravanel doive lui-même se soumettre au recensement du début du livre des Nombres. Il n'aurait aucun mal à se faire enregistrer. Ses « documents généalogiques » lui gagneraient immédiatement la confiance du préposé, lequel passerait certainement sur la conversion de son grand-père au christianisme. Tribu paternelle : Juda. Lignage : impeccable. Bon pour le service. Imaginons ensuite, plus improbable encore, que je doive me soumettre à la même procédure. Ma mine gênée, pour commencer, ne plaiderait pas en ma faveur. Quant aux papiers divers que je lui soumettrais, ils risqueraient de plonger le fonctionnaire dans une certaine perplexité. « Si j'en crois votre certificat de naissance français, vous êtes un Attias fils d'un Attias. En cherchant bien, on devrait donc pouvoir identifier votre maison paternelle. Hélas, étant né sous le régime du droit rabbinique (et non biblique), et donc étant considéré aux termes de ce droit comme non-juif parce que né d'une mère non juive, vous vous êtes converti au judaïsme. Cette conversion ayant coupé vos liens avec vos parents naturels, y compris avec votre père, vous voilà tout à coup légalement privé de rattachement à toute maison paternelle. Vous êtes au mieux fils d'Abraham le Patriarche et de Sarah, son épouse, ce qui ne clarifie pas du tout les choses. Il faudra revenir. Je dois consulter Moïse et Aaron. Lesquels devront sans doute consulter l'Autorité supérieure. »

La situation que je décris n'est pas tout à fait imaginaire en fait. Après que ma conversion au judaïsme fut officialisée par le Consistoire de Paris, le 5 février 1979 (j'avais vingt ans), je fus, dans le petit oratoire que je fréquentais, régulièrement appelé à lire la Torah* à l'office du samedi matin. Or je me souviens que le ministre officiant, plutôt bienveillant, qui avait la charge de m'appeler à gagner l'estrade, et à lire pour moi, le passage de la péricope* biblique de la semaine qu'il m'avait attribuée, ne m'appelait pas toujours de la même façon. La règle est d'appeler un homme adulte de son prénom, suivi du prénom de son père. Le plus souvent, comme je venais seul à la prière, il m'appelait ainsi : « Jacob, fils d'Abraham notre Père. » Jacob était le prénom hébraïque que je m'étais choisi (et qui se trouvait être celui de mon grand-père paternel mais ne me donnait aucun droit particulier). La suite n'était que le reflet et la prise en compte de mon statut de converti. En revanche, lorsque je venais à la synagogue avec mon père, ce qui devait arriver deux ou trois fois par an, et que mon père avait été appelé à la Torah*, je l'étais moi-même immédiatement après lui – mais sous un autre nom : « Jacob, fils de Mes'od », Mes'od étant le prénom juif de mon père (et de son grand-père maternel). Là, aucune « Autorité supérieure » n'avait tranché, ni n'avait sans doute été consultée. C'était selon les circonstances. Il s'agissait surtout, pour le ministre officiant, de ne pas blesser mon père.

En ce qui me concernait, au moment précis où l'on m'appelait à la lecture de la Torah*, une seule chose comptait : cet appel lui-même, et le fait que j'allais dire avant cette lecture : « Béni sois-tu, Éternel notre Dieu, roi du monde, qui nous as choisis entre tous les peuples et nous a donné sa Torah*. Béni sois-tu, toi qui donnes la Torah*. » Cette bénédiction ne m'a jamais posé le moindre problème. Elle ne m'en pose toujours pas. Même si Dieu n'existe pas, je ne doute pas un instant qu'il m'ait donné sa Torah*. Et que c'est ce don, et rien d'autre, qui fait l'élection du peuple auquel je me suis « annexé ». J'ai pour le « démontrer » un, et même deux, de ces petits « miracles » exégétiques dont le lecteur sait désormais que je suis friand.

LE « MIRACLE » D'UN DON FAIT DEUX FOIS

Le recensement ordonné au chapitre I du livre des Nombres est un recensement partiel. Une tribu d'Israël n'y est pas incluse : celle de Lévi, qui sera recensée à part. Son histoire, son statut, sa fonction au sein d'Israël, en effet, la distinguent : ses membres n'ont pas trempé dans l'affaire du Veau d'or et ne se sont pas livrés à l'idolâtrie, et c'est à eux, et non aux premiers-nés auxquels elle était originellement dévolue, que revient la charge du service divin. Cette tribu sera recensée autrement : tandis que tous les enfants d'Israël « ordinaires » le sont à partir de l'âge de vingt ans, celui de porter les armes, ceux de Lévi le sont eux « depuis l'âge d'un mois et au-delà[1] », soit, comme le précise Rashi*, dès qu'ils ont dépassé l'âge de non-viabilité et peuvent déjà être comptés comme « chargés de la garde du Sanctuaire[2] ».

Au moment même où le traitement des membres de la tribu de Lévi, et parmi eux des prêtres descendants d'Aaron est évoqué, et alors que ce traitement semble renforcer un peu plus une conception fermée, aristocratique, « généalogique » de l'identité, voici qu'une brèche, une brèche infime ouvre soudain à autre chose. Le chapitre III des Nombres commence en effet par ces mots : « Voici la descendance d'Aaron et de Moïse, à l'époque où l'Éternel parlait à Moïse

1. Nombres 3, 15.
2. Nombres 3, 32.

sur le mont Sinaï. Voici les noms des fils d'Aaron : l'aîné, Nadab ; puis Abihou, Éléazar et Ithamar. Ce sont là les noms des fils d'Aaron, oints en qualité de pontifes, auxquels on conféra le sacerdoce[1]. »

Le propos se resserre. Il ne s'agit plus d'Israël, non plus que des lévites. Il s'agit des prêtres, des *kohanim*. Des descendants d'Aaron, frère de Moïse. Bizarrement, ce passage commence par : « Voici la descendance d'Aaron et de Moïse… » Rien n'est pourtant dit des enfants de Moïse, leur nom n'est même pas mentionné ici. Il n'est question que des fils d'Aaron. Alors pourquoi avoir dit : « Voici la descendance d'Aaron *et de Moïse…* » ? Rashi* a la réponse : « On ne mentionne ici que les enfants d'Aaron, mais ils sont appelés descendance de Moïse *parce qu'il leur a enseigné la Torah*.* » Descendance, *toledot*, un mot construit sur la même racine que le *va-yityaldou* rencontré plus tôt : *YLD* (ילד). Et Rashi* ajoute, citant le Talmud* de Babylone[2] : « Celui qui enseigne la Torah* au fils de son prochain, l'Écriture le lui compte *comme s'il l'avait engendré.* » Ou pour reprendre une formule rencontrée ailleurs[3], et cette fois c'est moi qui cite, « l'élève d'un homme est appelé son fils. »

La Torah* – j'entends le Pentateuque – tient donc ensemble, en dépit de tout, deux définitions de l'identité juive. Est juif, d'une part, le descendant des Patriarches, et c'est ce qu'enseigne de fait la geste de la Genèse. Est juif, d'autre part, le disciple de Moïse, et c'est ce qu'enseignent tout aussi clairement les quatre livres suivants, qui placent le Prophète au centre, et plus encore la Loi qu'il a transmise à Israël, et qui, littéralement, *fait* Israël.

1. Nombres 3, 1-3.
2. *Sanhédrin* 19b.
3. En *Lévitique Raba* 11, 7.

Je ne résiste pas ici à la tentation citer un passage du Midrash* :

> Pourquoi la Torah* a-t-elle été donnée dans le désert ? Pour faire savoir que de la même façon que le désert est abandonné (*moufkar*) à tous les hommes, les paroles de la Torah* sont abandonnées à tous ceux qui veulent l'étudier. Personne ne pourra dire ainsi : « Je suis *fils* de la Torah* et la Torah* m'a été donnée à moi et à mes *pères*, alors que toi et tes *pères*, vous n'étiez pas des *fils* de la Torah*, c'étaient en effet des prosélytes. » Voilà pourquoi il est écrit : « (c'est) un *héritage*[1] pour la communauté (*kehila*) de Jacob[2] », (à savoir) : pour tous ceux qui se rassemblent (*mitkahalim*) en Jacob. Même les prosélytes qui s'adonnent à l'étude de la Torah* valent un Grand Prêtre[3].

À côté du lignage charnel, qui s'enracine en Abraham et qui exclue, il y en a donc un autre, ouvert à tous. Un lignage spirituel, qui part de Moïse et qui arrive jusqu'au plus humble d'entre nous pourvu qu'il (ou elle) étudie, si peu que ce soit, et qu'il (ou elle) enseigne, si peu que ce soit, la Torah* que Moïse a transmise. Une autre généalogie, accueillante, est possible. C'est celle dont le début du traité *Avot* de la Mishnah * déroule les premiers maillons : « Moïse reçut (la) Torah* du Sinaï, et la transmit à Josué, et Josué la transmit aux Anciens, et les Anciens aux Prophètes, et les Prophètes aux gens de la Grande assemblée[4]. » C'est celle à laquelle, bien des siècles plus tard, dans l'introduction de son grand code, le *Mishné Tora*, le « Double de la Loi », Maïmonide* donne une précision et une ampleur nouvelles. Maïmonide* qui n'hésite jamais, lui, à rappeler les origines

1. En hébreu *morasha*.
2. Deutéronome 33, 4.
3. *Midrash Tan'houma*, *Va-yakhel* 8.
4. Mishnah, *Avot* 1, 1.

prosélytes de certains de ses maillons les plus importants : « Shema'ya et Avtalion les prosélytes de justice ». Et encore : « et R. Akiba* fils de Joseph... Joseph son père était un prosélyte ». Et enfin : « et R. Méir* fils de prosélyte ». Être juif, tout à coup, ne semble rien d'autre que cela : être disciple et être maître, s'inscrire, qui que l'on soit, et quelles que soient ses origines, dans une généalogie de l'esprit courant de Moïse jusqu'à nous.

☆

En fait, c'est *deux fois* que la Torah* fut donnée à Israël. Une première fois par l'entremise de Moïse, au désert, sur le Sinaï, après que le peuple eut quitté l'Égypte, terre d'esclavage et d'idolâtrie, devant la foule de ceux qui étaient là mais aussi de ceux qui n'étaient pas encore là. Une seconde fois par l'entremise d'Ezra, au milieu du ve siècle avant l'ère vulgaire, en Terre sainte, après que, grâce à un décret libérateur du Perse Cyrus autorisant leur retour et la reconstruction du Temple de Jérusalem, une partie des Judéens avait pu rentrer de Babylonie, où les avait exilés Nabuchodonosor quelques dizaines d'années plus tôt.

Moïse, lui, on s'en souvient[1], avait trop libéralement accueilli un *'érev rav*, un *assafsouf*, tout un mélange de convertis de médiocre qualité qui devait semer le désordre et le trouble parmi les enfants de Jacob. Ezra, lui, fait exactement l'inverse. Constatant que « le peuple, Israélites, prêtres et lévites, ne s'est pas tenu séparé des populations de ces pays », qu'ils ont pris parmi leurs filles des femmes pour eux-mêmes et pour leurs fils, et que « ceux de la race sainte *se sont*

1. Voir *supra*, p. 242-243.

mélangés[1] » avec ces populations[2], il s'assure que ces femmes soient chassées ainsi que leur progéniture[3], et que « ceux de la race d'Israël *se séparent*[4] de tous les fils de l'étranger[5]. » Les prêtres, descendants d'Aaron, sont soumis à un contrôle particulièrement strict. Certains, ne pouvant produire leur « table de généalogie », sont déchus du sacerdoce[6].

Ezra : à la fois « purificateur ethnique » et serviteur inconditionnel de la Torah* dont il fait le pilier de l'organisation de la communauté des Judéens réinstallés en Terre sainte. Comment procède-t-il pour remettre la Torah* au centre ? Il organise sa lecture solennelle et publique. Cette lecture, autant que la remise du Temple en service, crée la communauté, la fonde. La Loi lue est le ciment qui doit désormais tenir ses membres ensemble. Et dès lors qu'on y lit, dans cette Loi, que « ni Ammonite, ni Moabite ne sauraient être admis dans l'Assemblée de l'Éternel[7] », on ne peut que « séparer » d'Israël « tout mélange (*'érev*)[8] ». Et Rashi* de préciser de qui l'on parle : des mêmes que ceux que Moïse avait laissés le suivre : « **Tout mélange (*'érev*)**. Tout mélange (*ta'arovet*) d'adorateurs des étoiles et des constellations (= idolâtres, Gentils*), comme "De plus, un mélange nombreux (*'érev rav*) partit avec eux"[9]. »

Ici, dans la définition de l'identité juive, la centralité de la Loi, de son étude et de sa transmission ne se substitue pas au rêve de pureté ethnique et généalogique. Elle en est

1. En hébreu *va-yit'arevou.*
2. Ezra 9, 1-2.
3. Voir Ezra 10.
4. En hébreu *ve-yibadelou*
5. Néhémie 9, 2.
6. Ezra 2, 62.
7. Néhémie 13, 1.
8. Néhémie 13, 3.
9. Exode 12, 38. Voir *supra*, p. 243.

inséparable, elle le renforce. Pour le dire autrement et de façon un peu grossière, « nature » et « culture » marchent d'un même pas et dans la même direction : elles travaillent de conserve à assurer la clôture.

La veine exclusiviste est bien là. Elle s'exprime sans réserve, elle aura toujours ses tenants. Mais il en est une autre, nous le savons, exactement contraire. Les histoires de Ruth la Moabite et de quelques autres, dans l'Écriture comme dans la littérature rabbinique, plaident pour autre chose, ouvrent sur un autre horizon, *ouvrent*, tout simplement. Et la seconde finit toujours, inexorablement, par l'emporter sur la première. Y compris ici, sous Ezra lui-même. Comment ce dernier lut-il donc la Loi, et devant qui ? Relisons le début de Néhémie 8 :

> Tout le peuple se réunit ensemble, comme un seul homme, sur la place qui s'étend devant la porte de l'Eau. On demanda à Ezra, le scribe, d'apporter le livre de la loi de Moïse, que l'Éternel avait prescrite à Israël. Ezra le prêtre apporta la Torah* devant l'assemblée – *hommes et femmes et quiconque était capable de comprendre* (*mevin*) – le premier jour du septième mois. Il en fit la lecture devant la place qui précède la porte de l'Eau, depuis l'aurore jusqu'au milieu de la journée, en présence des hommes, des femmes *et de tous ceux qui pouvaient comprendre* (*ha-mevinim*). Le peuple était tout oreille pour entendre le livre de la Loi. Ezra se tenait sur une estrade en bois, qu'on avait élevée pour la circonstance… Ezra ouvrit le livre aux yeux de tout le peuple, car il dominait *tout le peuple*, et au moment où il l'ouvrit, *tout le peuple* se mit debout. Ezra bénit l'Éternel, le Dieu grand, et tout le peuple s'écria : « Amen ! Amen ! » en élevant les mains ; puis ils s'inclinèrent et se prosternèrent devant l'Éternel, le visage à terre. Yêchoua, Bâni, Chèrèbia, Yamîn, Akkoub, Chabbetaï, Hodia, Maasèya, Kelita, Azaria, Yozabad, Hanân, Pelaïa et les (autres) lévites expliquaient (*mevinim*) la Torah* au peuple, tandis qu'il se tenait à sa place. Ils faisaient la lecture

du livre, de la Loi de Moïse, d'une manière distincte et en indiquaient le sens, de sorte que l'on comprît (*va-yavinou*) le texte[1].

C'est le même verbe, ici, *lehavin*, qui est employé pour dire « comprendre » et « faire comprendre, expliquer ». Cela ne devrait pas nous surprendre : il n'est meilleure façon de comprendre, de s'assurer que l'on a compris, que de faire comprendre à d'autres ce que l'on a compris. Il n'est de meilleur élève que celui qui fait le maître. Et inversement. La lecture s'adresse par ailleurs à un large public : *tout le peuple*, à savoir hommes, femmes (ce qui ne peut que nous réjouir) et *quiconque est capable de comprendre*. Tous, hommes, femmes, quiconque est capable de comprendre, ont besoin non seulement qu'on leur lise le texte de la Loi, mais qu'on le leur fasse comprendre. Comprendre n'est pas ici seulement comprendre d'emblée, mais aussi comprendre en y étant aidé, dans le cadre d'une médiation et d'un échange. Mais qui donc sont ceux qui, outre les hommes et les femmes, sont *capables de comprendre* ? Il y a là des gens qui ne sont pas définis par leur genre (leur « nature »), mais *par leur seule capacité de comprendre*. Et ils sont intégrés à « tout le peuple ». Première brèche.

La seconde s'ouvre avec le mot hébraïque traduit ici par « d'une manière distincte » : *meforash*. Pour la tradition rabbinique[2], « *meforash zé targoum* » : *meforash* désigne le targoum*, la traduction araméenne de la Bible. Ezra et les lévites auraient donc fait comprendre le texte original hébraïque de la Loi en le traduisant dans une langue comprise par leur public, en l'occurrence l'araméen. De fait, si l'on en croit l'Écriture elle-même, la plupart des Judéens ne parlent

1. Néhémie 8, 1-8.
2. Voir par exemple Talmud de Babylone, *Meguila* 13a.

plus l'hébreu[1]. Et parce que les Judéens, culturellement, ne sont plus de « purs » Judéens, il faut leur parler dans l'idiome de l'étranger. Voilà pourquoi il est possible de dire que la Torah* a été donnée deux fois à Israël : une première fois en hébreu au temps de Moïse, et une seconde en araméen au temps d'Ezra[2].

Le targoum* « autorisé » du Pentateuque, celui que le Talmud* de Babylone appelle « notre targoum »[3], est celui d'Onkelos (IIe s.). Selon une exhortation ancienne[4], un fidèle est tenu jusqu'à ce jour de lire en privé chaque semaine la péricope* de la semaine deux fois dans sa version originale hébraïque, et une fois dans sa traduction araméenne. Il s'agit en l'occurrence de la traduction attribuée à Onkelos. Lequel l'aurait rédigée sous l'égide de R. Éliézer ben Hyrcanus et de R. Josué ben Hananiah[5], eux-mêmes disciples de R. Akiba*. Or Onkelos est lui-même un prosélyte – de même que R. Akiba* est, on l'a vu, fils de prosélyte[6]...

Chassez l'étranger par la porte, il revient par la fenêtre. Ezra a perdu. Toute l'histoire des juifs, à la période tardo-antique, à la période médiévale, à la période moderne, une histoire faite de rencontres, de combinaisons improbables et d'hybridations culturelles, l'a prouvé. Et en dépit du raidissement identitaire de pans entiers du judaïsme contemporain, elle continue bien sûr de le prouver.

---

1. En tout cas pas les enfants de ceux qui avaient épousé « des femmes d'Ashdod, d'Ammon et de Moab » : la moitié d'entre eux « parlaient la langue d'Ashdod ; ils ne savaient point parler le judéen, mais se servaient de l'idiome de tel ou tel peuple » (Néhémie 13, 23-24).
2. *Yalkout Shim'oni*, *Terouma* 375.
3. Voir Talmud de Babylone, *Kidoushin* 49a.
4. Voir Talmud de Babylone, *Berakhot* 8a.
5. Talmud de Babylone, *Meguila* 13a.
6. Voir *supra*, p. 262. Sur la conversion d'Onkelos, voir par exemple Talmud de Babylone, *Guitin* 56ab.

S'il y a des juifs de naissance, il n'y a pas de juif par « nature ». Mais alors qu'est-ce qu'un juif ? Personne. Juste quelqu'un qui passe, quelqu'un qui traverse un désert. Il n'y a là ni arbre ni champ labouré dont on pourrait contempler et exalter la beauté. Dans le désert, seule fleurit la Torah*. Et la Torah* n'appartient à personne. Chacun, chacune, quiconque est capable de comprendre, peut librement s'en saisir. Est juif, est juive, qui s'en saisit, l'apprend, si peu que ce soit, l'enseigne, si peu que ce soit, et parfois la traduit à qui n'en connaît pas la langue.

ÉPILOGUE

Tout n'a pas été dit. Rien ou presque de Dieu. Rien du séjour des morts et de leur résurrection. Et si peu du monde à venir. Comme si seul comptait *ce monde-ci*, les vivants et les astres qui le peuplent, les lois qui les gouvernent et dont parfois ils s'émancipent.

Je ne suis pas sorti des contrées que je connais un peu. Et j'ai couru le risque d'un périple en solitaire. J'ai préféré le désert. J'ai privilégié la dispute, le corps-à-corps. Avec les textes, avec *des* textes, bibliques, rabbiniques, médiévaux. J'ai parfois rappelé en quel temps nous vivions, agité de questions nouvelles et travaillé par de grandes peurs. Pas toujours. J'ai souvent dit « je ». Mais ce « je » n'était pas forcément celui du savant. C'était le « je » du juif, et même quelquefois un « je » intime et familial. J'assume mes choix et mes contradictions. J'assume le crépuscule. Et les ruptures de ton.

Je n'ai pas eu pour but de sauver le judaïsme, d'autres s'en chargeront, qui ont du temps à perdre. Je n'ai pas esquivé ce qui, dans sa tradition la plus « autorisée », pouvait légitimement choquer mes contemporains et me choquer moi-même, et je n'ai pas cherché à l'accommoder. J'ai juste identifié parfois la faille, la brèche, la fissure minuscule – ce que j'ai appelé le « miracle » – qui permettait de tordre, de subvertir un enseignement, d'en renverser la pointe. Le judaïsme, tel qu'il s'est formé et stabilisé à la période antique et médiévale, ferme bien des portes, mais il en entrouvre certaines. Il suffit parfois de donner un léger coup d'épaule pour découvrir, de l'autre côté du mur, un paysage insoupçonné, troublant, lumineux et beau.

Le judaïsme dont je parle, d'où je pars et dont personne n'est obligé de se satisfaire, résiste aux mises à jour, et même bien souvent aux compromis. Le judaïsme qui se condense dans les textes, classiques, que je cite et que j'analyse, ce judaïsme-là n'est pas « moderne », pas de gauche, pas féministe, pas *gay-friendly*. Il n'est pas écologiste non plus. J'ignore s'il peut nous sauver de l'effondrement qui vient. Il l'annonce seulement, peut-être, à sa façon. Il a cependant un mérite : il s'abstient de penser « la Nature ». C'est *le monde* qui lui importe, et l'animal humain en fait partie, comme l'arbre et la bête, comme le ciel, et comme la terre dont il a été tiré et à laquelle il retournera. Il fait de l'homme à la fois un roi et l'humble gardien d'un fragile jardin.

Le judaïsme dont je parle rêve d'ordre et de distinction. Entre le jour et la nuit. Israël et les nations. Le pur et l'impur. Le sacré et le profane. La Loi est le plan conçu par un Dieu architecte, suivi par un Dieu maçon, et selon lequel le monde a été créé. Par un acte de séparation. La Loi est aussi ce bréviaire qui permet, qui commande au juif, et pas seulement au juif, d'imiter son créateur et de protéger son œuvre d'un retour au chaos.

Le judaïsme dont je parle cultive une hantise du mélange et de la confusion. Mais le mélange est partout, la confusion triomphe. Il suffit de l'histoire pour cela. L'histoire est le monde en mouvement. Et le mouvement – manger un fruit, tuer son frère, mais aussi répondre à un appel, quitter son pays, accueillir un voyageur – et le mouvement, dis-je, bouscule. Il désordonne. Le mouvement mêle tout ensemble. Les âmes et les corps. Le lin et la laine. Le lait et la viande. L'homme et la femme. Le juif et le non-juif. Le péché et le salut. Le mouvement détruit. Et reconstruit. S'il est possible.

Dieu lui-même n'est pas à l'abri, qui a noué avec les humains un dialogue qui le change. Dieu lui-même parfois se contredit, comme s'il était deux, et sa Loi est ambiguë. Rien de moins stable que « la nature des choses ». Même la lune un jour pourrait briller plus que le soleil[1]. L'infini des possibles menace ce qui est, et le transforme, pour le meilleur et pour le pire. Même nos visages ne disent pas qui nous sommes, la vérité parfois est du côté des masques. La rédemption elle-même est enfant du malheur.

☆

On raconte en effet qu'« un jour, un juif, pendant qu'il cultivait son champ, entendit sa vache pousser des cris plaintifs. Un Arabe qui passait l'entendit et dit : "Fils de Juda, fils de Juda, délie ta vache et délie ta charrue, car le Temple est ruiné (et tu devras ou te mettre en deuil, ou fuir, au lieu de cultiver la terre)". La vache mugit une seconde fois : "Fils de Juda, dit alors l'Arabe, rattache ta vache à ta charrue, car le Roi-Messie vient de naître." » Tout est là : le juif, le non-juif, l'animal, la charrue et le champ, la ruine et l'espérance. La promesse de la reconstruction commence d'être tenue le jour même de la destruction. Le Messie est à la fois déjà là et à venir. Comment se nomme-t-il ? David selon les uns. Mena'hem, le Consolateur, selon un autre. *Tséma'h*, enfin, selon un autre encore[2]. *Tséma'h*, le plant, le rejeton. L'arbre qui vient.

De même façon, l'Exil, la dispersion, l'existence « contre-nature » d'Israël sur la terre, ne sont pas seulement un

1. ...et le soleil aussi briller d'une lumière sept fois plus vive. Voir Isaïe 30, 26.

2. Talmud de Jérusalem, *Berakhot* 2, 4. Traduction (légèrement amendée par mes soins) de M. Schwab, vol. 1, p. 42.

malheur. La dissémination est aussi ensemencement, elle prépare les récoltes à venir. Et de quoi ces récoltes seront-elles faites ? Si l'on en croit un passage du Talmud* de Babylone, elles seront faites de la foule de ces enfants des nations qui rejoindront Israël, de ces non-aimés de Dieu qui en deviendront aimés, de ces gens qui n'étaient pas son peuple et qui en deviendront membres à part entière[1].

Judah Halévi* dit un peu la même chose, en des termes différents, quoique toujours très « agricoles » :

> Dieu a aussi un certain dessein secret nous concernant, pareil au dessein qu'il nourrit pour le grain. Celui-ci tombe à terre et se transforme ; en apparence il s'assimile à la terre, à l'eau, au fumier ; celui qui l'observe s'imagine qu'il ne reste plus aucune trace visible de lui ; en réalité c'est lui qui transforme la terre et l'eau et leur donne sa propre nature, il transforme graduellement les éléments qu'il rend subtils et transmute en quelque chose de semblable à lui. Il se dépouille de ses écorces, de ses feuilles, etc., jusqu'à ce que le cœur soit pur et propre à recevoir le divin. La forme du premier grain fait pousser sur l'arbre des fruits semblables à celui dont le grain a été extrait. Il en est ainsi de la religion de Moïse. Toutes celles qui sont apparues après elle, bien qu'elles la repoussent extérieurement, en sont, en vérité des transformations. Ces religions ne font que frayer la voie et préparer le terrain pour le Messie, objet de nos espérances, qui est le fruit et dont elles deviendront le fruit. Alors elles le reconnaîtront et l'arbre redeviendra un[2].

1. Talmud de Babylone, *Pessa'him* 87b.
2. Juda HALLÉVI, *Le Kuzari*..., 4, 23, p. 173. Comparer au texte de Maïmonide cité *supra* p. 230. Ce passage du *Kouzari* n'est pas sans évoquer Jean 12, 24 : « En vérité, en vérité, je vous le dis, si le grain de blé tombé en terre ne meurt, il reste seul ; mais s'il meurt, il porte beaucoup de fruit » (cité ici dans la traduction de la *Bible de Jérusalem*). Voir également I Corinthiens 15, 35-38.

La dispersion d'Israël, son abaissement et sa soumission aux nations permettent une diffusion de la religion vraie. Le christianisme et l'islam, « imitations » encore imparfaites et provisoires du judaïsme, ouvrent à leur insu la voie à l'ultime avènement. Quand enfin tous reconnaîtront le Messie attendu, alors « l'arbre redeviendra un ». L'œuvre rédemptrice d'Israël n'est pas seulement œuvre de distinction et de séparation. Elle est aussi transmutation et unification. Subversion de la « nature des choses ». Israël est le grain qui permet à la terre, à l'eau et au fumier, de devenir ce qu'ils n'étaient pas.

☆

Pour certains, pour beaucoup, la création de l'État d'Israël, en 1948, introduit une rupture dans cette histoire, ou plutôt commence de l'accomplir. Certes, elle n'a pas mis fin à la dispersion : le regroupement des exilés sur leur terre n'est que partiel. Et le salut n'est pas là. Mais proche, annoncé, préparé. Comme si nous étions dans une sorte d'entre-deux, qui n'est plus tout à fait le monde d'avant, et pas encore tout à fait le monde d'après.

C'est ce que dit, à sa façon, la formule dont use, pour le désigner, la bénédiction de l'État introduite dans le rituel par le sionisme religieux : « le commencement (*réshit*) de la germination (*tsemi'ha*) de notre rédemption ». Commencement tout de même, commencement seulement. Quant au terme que j'ai traduit par « germination », c'est l'hébreu *tsemi'ha*, construit sur la même racine que *tséma'h*, et évoquant la croissance spécifique d'un végétal.

J'ai souvent entendu cette bénédiction dans ma jeunesse pratiquante, et j'ai à chaque fois répondu Amen. Il y a des lustres que je n'ai pas remis les pieds dans une synagogue. Si le cas, improbable, mais pas impossible, se présentait que j'y retourne, je ferais sans doute de même. On bénit la République, on peut bien bénir l'État d'Israël. Et espérer la paix pour le second comme pour la première. Et demander au Seigneur d'éclairer de sa lumière tous ceux, présidents, ministres, conseillers, entre les mains de qui est confié leur destin. Force m'est de constater que cette lumière ne les atteint pas toujours. Loin de là.

La formule ne m'en gêne pas moins. Et je ne suis pas le seul. Ils sont encore nombreux, les croyants juifs qui refusent de la prononcer. Un État jamais ne sera le Messie. Seul le fils de David – l'Improbable, l'éternel Attendu – peut être dit *tséma'h*, « plante » et « rejeton », seul lui pourra – pourrait – « faire germer la gloire du salut[1] ». J'ignore si, comme le dit un jour Balaam, le prophète gentil de fort mauvaise réputation, les fils et les filles d'Abraham et de Sarah forment « un peuple qui demeure à part et qui n'est pas compté parmi les nations[2]. » Je ne sais pas davantage si l'État qu'on a fondé en leur nom est « une lumière pour les nations[3]. » En fait, je ne le crois pas. Je crois bien plutôt, comme Moab et comme Séir, et je sais que je serai châtié pour cela, que « la maison de Juda » en Orient est bel et bien devenue « comme toutes les nations[4] ». Pour le meilleur et pour le pire.

Comme beaucoup d'athées, comme beaucoup de croyants, et alors même que je ne suis ni l'un ni l'autre, je préfère me laisser bercer par la prophétie de Michée, qui annonce tout autre chose pour la fin des temps, et offre du peuple juif la seule définition qui me convienne :

1. Ainsi que le dit la 15e bénédiction de la *'amida*, cette prière récitée trois fois par jour par les fidèles.
2. Nombres 23, 9.
3. Selon la formule d'Isaïe 42,6.
4. Ézéchiel, 25, 8.

> Il arrivera à la fin des temps que la montagne de la maison du Seigneur sera affermie sur la cime des montagnes et se dressera au-dessus des collines, et toutes les nations y afflueront. Et nombre de peuples iront en disant : « Or ça, gravissons la montagne de l'Éternel pour gagner la maison du Dieu de Jacob, afin qu'il nous enseigne ses voies et que nous puissions suivre ses sentiers, car c'est de Sion que sort la Torah* et de Jérusalem la parole du Seigneur. » Il sera un arbitre parmi les nations et le précepteur de peuples puissants, s'étendant au loin ; ceux-ci alors de leurs glaives forgeront des socs de charrue et de leurs lances des serpettes ; un peuple ne tirera plus l'épée contre un autre peuple, et l'on n'apprendra plus l'art de la guerre. Et chacun demeurera sous sa vigne et sous son figuier, sans que personne vienne l'inquiéter, car c'est la bouche de l'Éternel-Cebaot qui le déclare[1].

Quel est donc ce peuple qui m'agrée ? Quel est donc ce peuple qui se distingue lui-même, observe une Loi qui n'a été donnée qu'à lui[2], et sépare scrupuleusement dans le monde, par l'observance de cette Loi, ce qui, « par nature », doit rester séparé, et qui rêve *en même temps* d'un au-delà de la nature, de l'ordre et du désordre – *d'une harmonie* –, et qui prophétise l'union, sous la houlette de cette même Loi, de toutes les nations de la terre, une union mettant fin à la guerre et permettant à chacun de rester assis « sous sa vigne et sous son figuier, sans que personne vienne l'inquiéter » ?

---

1. Michée 4, 1-4. Comparer à Isaïe 2, 2-4.
2. Les autres nations l'ayant refusée. Voir par exemple *Sifré Deutéronome*, 343, et, pour plus de références, Louis Ginzberg, *Les Légendes des juifs*, tome 4, *Moïse dans le désert*, traduit de l'anglais par Gabrielle Sed-Rajna, Paris, Éd. du Cerf / Institut Alain de Rothschild, 2003, p. 64 et p. 386, note 181.

Un peuple paradoxal, choisi par un Dieu qui ne l'est pas moins. Espérant l'avènement d'un monde où ce qui *distingue*, enfin, ne *divise* plus. « Plus de méfaits, plus de violences sur toute ma sainte montagne, car la terre sera pleine de la connaissance de l'Éternel, comme l'eau abonde dans le lit des mers[1]. »

1. Isaïe 11, 9. Sur ce que Sages et Prophètes attendent de l'ère messianique, voir par exemple Moïse Maïmonide, *Mishné Tora*, *Shoftim*, *Melakhim* 12, 4-5.

C*ette nuit, j'ai visité un cimetière.* Je ne sais quel cimetière c'était (je l'ai trouvé lumineux, arboré et fleuri, tout envahi d'oiseaux chanteurs), ni sur quelle tombe j'étais venu me recueillir. Je n'y suis d'ailleurs pas entré.

Toutes les nuits, en ce moment, je visite ainsi un cimetière. Et je m'arrête à sa porte. J'ai peur. J'ai tant de morts à honorer, ici et ailleurs. La liste s'allonge, elle s'allongera encore. Je me dis que mieux vaudrait pour moi d'être le prochain. Mais j'ai peur. De la boîte où je serai enfermé. Du trou où on la descendra. Des pétales qu'on répandra sur le bois du cercueil. De la terre qu'on jettera sur les pétales. De la pierre qui portera mon nom par-dessus la terre.

Ce matin, celui du 18 avril 2022, le dixième après celui où est morte ma mère, je me suis réveillé en sursaut, après le rêve. Et j'ai pensé que je n'avais jamais demandé à ma mère si elle croyait en la résurrection.

Errant dans la pénombre de l'appartement, par une fenêtre ouverte, j'ai entendu le chant soudain d'oiseaux dans les arbres de la cour, saluant l'aube. Et je me suis demandé : est-ce qu'ils savent qu'ils vont mourir ? est-ce qu'ils chantent tout en le sachant, juste parce qu'ils sont vivants, maintenant, et parce que Dieu les a créés pour ça (pour saluer l'aube ainsi jusqu'au jour de leur mort) ?

Le soleil a fini par se lever, sans apporter de réponses. À l'une de nos fenêtres, il y avait une jardinière abandonnée. J'y ai planté tout à l'heure les quelques fleurs que nous avons achetées hier au marché. J'ai bien remué la terre et je les ai plantées. Dieu m'a peut-être créé pour ça, aujourd'hui. Pour planter trois fleurs dans la terre d'une jardinière oubliée.

Glossaire et notices biographiques

Abravanel (Isaac) Commentateur biblique, auteur d'une trilogie messianique, *Migdol Yeshou'ot* (Le Donjon du salut), et d'un commentaire du *Guide des égarés* de Maïmonide* (Lisbonne, 1437 – Venise, 1508). Il a joué un rôle de premier plan à la cour du Portugal, puis en Espagne, auprès de Ferdinand d'Aragon et d'Isabelle de Castille, et plus tard auprès du roi de Naples et du Sénat vénitien. Son œuvre réagit entre autres à un événement historique majeur, l'expulsion des juifs d'Espagne en 1492.

R. Akiba (Palestine, vers 50 – 135). Il est l'initiateur de l'œuvre de classification des traditions ayant abouti à la publication de la Mishnah*. Soucieux d'établir l'unité organique de la Loi écrite et de la Loi orale et cherchant à rattacher à l'Écriture un grand nombre de dispositions du droit rabbinique, il a développé une exégèse « maximaliste » cherchant une signification derrière chaque mot et derrière chaque signe, apparemment superflu ou indifférent, du texte biblique. Il a vu une figure messianique en Siméon Bar Kokhva et soutenu la dernière révolte juive contre Rome (132-135). Il est mort en martyr, torturé et exécuté par les Romains.

ashkénaze De l'hébreu. En Genèse 10, 1-3, Ashkenaz est le fils de Gomer. Les sources talmudiques identifient déjà Gomer à la Germanie, et dès le XIe siècle, *Ashkenaz* désigne la Lotharingie. Les communautés juives ashkénazes sont initialement implantées dans le nord-est de la France, dans les Flandres et en Rhénanie. Persécutions et migrations repoussent bientôt les limites de l'aire culturelle ashkénaze qui inclut l'Angleterre, l'Allemagne, la Suisse, le nord de l'Italie, et bientôt l'Europe centrale et l'Europe orientale et les Amériques. Aujourd'hui, environ 70 % du judaïsme mondial est ashkénaze. Le judaïsme ashkénaze a développé une culture spécifique, tant sur le plan littéraire et linguistique (avec le yiddish) que sur le plan rituel et religieux, intellectuel et juridique.

Bekhor Shor (Joseph ben Isaac) Commentateur biblique du nord de la France (XIIᵉ s.).

calendrier L'année 1 du calendrier juif correspond à – 3761, date de la création du monde selon les données chronologiques fournies par l'Écriture. Dans la littérature biblique préexilique, l'année commence au printemps, le premier des mois de l'année étant celui de l'Exode, et les mois sont désignés selon leur ordre numérique (premier mois, deuxième mois, etc.). Aujourd'hui, l'année juive commence à l'automne, avec la fête de *Rosh ha-shana*, qui, dans le Pentateuque, est placée le 1ᵉʳ jour du 7ᵉ mois. Les noms des mois actuellement en usage sont d'origine babylonienne et se suivent dans cet ordre : 1. *tishri* (sept.-oct.), 2. *'heshvan* (ou *mar'heshvan*, oct.-nov.), 3. *kislev* (nov.-déc.), 4. *tévèt* (déc.-janv.), 5. *shevat* (janv.-févr.), 6. *adar* (févr.-mars) et éventuellement *adar* II, 7. *nissan* (mars-avr.), 8. *iyar* (avr.-mai), 9. *sivan* (mai-juin), 10. *tamouz* (juin-juil.), 11. *av* (juil.-août), et 12. *éloul* (août-sept.).

credo C'est l'apparition de fois monothéistes concurrentes, les tentations athéistes ou « hérétiques » (comme le karaïsme*), l'appropriation de l'héritage philosophique gréco-arabe qui amenèrent les théologiens juifs médiévaux à développer une réflexion sur le contenu de la foi juive. Il s'agissait d'abord de démontrer philosophiquement l'existence de Dieu d'une façon qui permette à la fois de dissiper les doutes qui avaient pu s'insinuer dans les esprits et de concilier les exigences de la foi et celles de la raison. Il fallait ensuite prouver que le judaïsme rabbinique était l'unique dépositaire de la vérité religieuse et que c'était dans la Révélation biblique telle que les rabbins la comprenaient qu'il convenait de rechercher Dieu. Il importait enfin de se situer par rapport aux constructions dogmatiques élaborées par l'islam ou par le christianisme, et certains auteurs tentèrent ainsi de préciser les principes fondamentaux du judaïsme. La récitation des treize articles du credo élaboré par Maïmonide* a été intégrée de façons diverses à la liturgie des communautés juives.

Gentils Du latin *gens*, « nation ». Équivalent de l'hébreu *goyim* (sur ce mot, voir *supra*, p. 217-218). Désigne les nations exclues de l'Alliance, par opposition à Israël, aux Hébreux, aux juifs. Synonyme de non-juifs.

Halévi (Juda) Poète, philosophe et médecin (Tudèle vers 1075 – ? 1141). Après avoir parcouru l'Espagne musulmane, qu'il quitte suite à la dégradation de la situation des juifs provoquée par la conquête almoravide (après 1090), il rejoint l'Espagne chrétienne et Tolède. Sa décision de partir pour la Palestine prend corps progressivement. Elle est, dans un climat général d'attente messianique, l'aboutissement de son expérience des réalités politiques de l'Exil et d'une production littéraire traduisant un indéracinable attachement à Sion. Il arrive à Alexandrie en septembre 1140 et meurt en 1141 sans doute avant d'avoir atteint sa destination. Halévi est l'auteur, en arabe, d'un des chefs-d'œuvre de la pensée juive médiévale : *Le Livre de la réplique et de la preuve en faveur de la religion méprisée*, plus connu sous le titre de *Kouzari* (achevé en 1140 et traduit en hébreu dès 1167). Critique de la philosophie, Halévi place au centre de sa réflexion l'unicité de la vocation d'Israël, le peuple par lequel Dieu a fait irruption dans l'histoire et auquel il s'est révélé, et l'unicité du lien de ce peuple et de ce Dieu à la Terre sainte.

'Hizkouni*, ou *'Hazkouni Littéralement « Soutenez-moi ». Titre du commentaire du Pentateuque de 'Hizkiah ben Manoa'h, exégète de l'école de Rashi* (milieu du XIIIe s.).

Houli (Jacob ben Méir) Voir *Mé-'am Lo'ez**.

Ibn Ezra (Abraham) Exégète biblique, philosophe, poète, grammairien, astrologue, astronome, mathématicien et médecin (1089-1164). C'est vers cinquante ans qu'il quitte son Espagne natale pour mener une vie d'errance qui le conduit en Italie, en France et en Angleterre. Poète profane et religieux, il a été un maillon essentiel de la transmission de l'héritage culturel judéo-arabe aux communautés juives installées en terre chrétienne en produisant en hébreu une œuvre abondante et diverse. D'inspiration néoplatonicienne, sa philosophie s'exprime principalement dans ses commentaires. C'est de fait d'abord comme exégète biblique d'une fécondité et d'une rigueur remarquables qu'il s'imposera à la postérité, après Rashi*. Ses commentaires, de lecture difficile en raison de leur style ramassé et souvent énigmatique, seront lus, cités, imités, et feront eux-mêmes l'objet d'une foule de surcommentaires.

Ibn Pakouda (Bahya ben Joseph) (Espagne, seconde moitié du XIe s.). Auteur en arabe d'une œuvre éthique, l'*Introduction aux devoirs des cœurs*, traduite plus tard en hébreu sous le titre de *Séfer 'Hovot ha-levavot*.

judéo-espagnol Idiome né en Espagne, pratiqué par les juifs originaires de la péninsule Ibérique, et ayant suivi ses locuteurs sur les chemins de leurs déplacements successifs (dans les Balkans et au Maroc). Le judéo-espagnol s'est alors enrichi de nouveaux emprunts locaux, au turc et au grec pour sa variante balkanique, à l'arabe pour sa variante marocaine. Loin d'être seulement une langue parlée, le judéo-espagnol a été le vecteur d'une riche production littéraire qui a connu un important renouveau au XIXe et au début du XXe siècle, dont le *Mé-'am Lo'ez**, commentaire de la Bible en judéo-espagnol, est un exemple.

karaïsme Le karaïsme se cristallisa dans la Babylonie du VIIIe siècle. Il fut le seul courant juif « déviant » à faire preuve d'une telle longévité, et compte encore des adeptes aujourd'hui. Il a constitué pour le judaïsme majoritaire et « normatif » (dit rabbanite), tout au long du Moyen Âge et après, un défi majeur. Principalement définis par leur rejet de la tradition orale juive, consignée dans la littérature rabbinique et notamment talmudique*, et par leur attachement à la lettre de la Bible, les karaïtes, en hébreu *kara'im*, « gens de l'Écriture », ont eux-mêmes produit une abondante littérature philosophique, exégétique et légale.

karaïtes Adeptes du karaïsme*.

Kippour De l'hébreu. Le grand jeûne de *Yom Kipour* (Jour de l'expiation, appelé aussi Grand Pardon), le 10 *tishri* (septembre – octobre.), très strict, dure vingt-cinq heures, du coucher du soleil à la tombée de la nuit du lendemain. Ouvert la veille au soir par la récitation du *Kol Nidrei*, déliant les vœux à caractère religieux prononcés pendant l'année, marqué l'après-midi par la lecture du livre de Jonas (qui est l'histoire d'un repentir et d'un pardon), Kippour s'achève sur un office supplémentaire de clôture, la *Ne'ila*, qui correspond à l'heure de la fermeture des portes du Ciel, et permet aux fidèles de solliciter une dernière fois leur inscription dans le Livre de la vie. La fin du jeûne est signalée par une sonnerie du *shofar* (corne de bélier).

Maïmonide (Moïse) Philosophe, juriste, commentateur et médecin (1138-1204). Né en Espagne, actif en Égypte, Maïmonide a laissé une œuvre abondante et polymorphe qui a marqué en profondeur tout le devenir ultérieur du judaïsme rabbinique. Auteur d'un grand nombre de traités médicaux, il s'est d'abord illustré comme juriste. Outre un commentaire en arabe de la Mishnah* et un *Livre des commandements*, il a produit (en hébreu) un code systématique et monumental de la Loi juive, le *Mishné Tora* (« Le Double de la Torah* », d'après Deutéronome 17, 18), également connu sous le titre de *Yad ha-'Hazaka* (« La Main forte »). Maïmonide est par ailleurs le plus éminent représentant de l'aristotélisme juif médiéval avec le *Guide des égarés*, écrit en arabe et rapidement traduit en hébreu.

marranes Le terme de « marrane » (*marrano* en castillan, *marrão* en portugais) est dérivé de l'arabe, où il a le sens de « ce qui est interdit » (*mahram*). Il en vint à signifier « porc », viande prohibée aussi bien par le judaïsme que par l'islam, et fut au départ employé d'une manière injurieuse en Castille pour désigner les juifs et les musulmans convertis au christianisme. Il finit par désigner spécifiquement les juifs convertis continuant à judaïser. Considérés comme hérétiques par l'Inquisition, les marranes n'étaient pas pour autant conformes au profil normatif du juif. Ayant renoncé à tous les signes extérieurs du judaïsme, ils essayaient de vivre à l'extérieur comme de bons chrétiens. Le judaïsme qu'ils pratiquaient en secret était le produit d'une série d'adjonctions et de suppressions. Entre le XVIe et le XVIIe siècle, des milliers de marranes se dispersèrent dans les colonies hispano-portugaises, mais surtout en Europe, en Afrique du Nord et dans l'Empire ottoman, où ils recherchaient sécurité et liberté de pensée. Beaucoup s'intégrèrent aux communautés sépharades déjà existantes et retournèrent au judaïsme.

Mé-'am lo'ez Expression tirée de Psaumes 114, 1, littéralement « d'un peuple à la langue étrangère ». Titre de l'*opus magnum* de la littérature judéo-espagnole*, dont le premier volume, consacré à la Genèse, paraît en 1730, à Istanbul, à l'initiative de Jacob ben Méir Houli (1689-1732). Cette vaste compilation du savoir rabbinique, structurée comme un commentaire biblique, est écrite dans le judéo-espagnol que les masses comprennent. L'œuvre remporte un succès immédiat et finit par obtenir l'approbation de l'élite rabbinique. Houli meurt en 1732, bien avant d'avoir achevé son entreprise, et son second volume, début du commentaire de l'Exode, paraît après son décès, à Istanbul, en 1733. Son œuvre est poursuivie par d'autres sur presque un siècle et demi. Le commentaire sur le livre biblique d'Esther, par Rafael Hiya Pontrémoli, est ainsi publié à Smyrne en 1864.

R. Méir (vers 110 – vers 175). Il est l'un des architectes de la Mishnah* où il est nommé quelque 330 fois. Après la défaite de 135, il se montre plutôt conciliant à l'égard des Romains, et d'une manière générale ouvert aux Gentils*. Plaçant l'étude de la Torah* au-dessus de toute chose, il est le héros de maints récits illustrant sa sainteté et sa modestie.

midrash De l'hébreu. Ce mot (construit sur la racine hébraïque *drsh*, « chercher », « scruter », pluriel *midrashim*) désigne l'exégèse rabbinique classique de l'Écriture telle qu'elle s'est développée, pour l'essentiel, en Terre sainte et telle qu'elle s'est conservée dans une littérature foisonnante, témoin d'une activité d'enseignement et de prédication d'une grande richesse. Si leur rédaction s'est poursuivie du Ve au XIe siècle en divers points de la diaspora (Palestine, Babylonie, Byzance, Languedoc…), les grands recueils de *midrashim*, de même que les développements midrashiques des deux talmuds*, sont les témoins de traditions fort anciennes.

midrashique Voir **midrash**.

Mishnah De l'hébreu. Littéralement, « répétition, enseignement ». Codification de la Loi orale publiée vers l'an 200. Rédigée dans un hébreu caractéristique (dit mishnique, à distinguer de l'hébreu biblique), dans un style à la fois concis et précis, la Mishnah formule la loi, sans toujours faire état des débats ou des divergences qui ont accompagné son histoire et déterminé son évolution, et en ne signalant que rarement les textes scripturaires sur lesquels elle s'appuie. La Mishnah comporte six sections ou « ordres » (*sedarim*) et soixante-trois traités.

Mizrahi (Élie) Né à Constantinople aux alentours de 1450, mort en 1526, autorité rabbinique et juriste de renom, mathématicien traduit en latin, il est entre autres l'auteur d'un surcommentaire du commentaire de Rashi* sur le Pentateuque* édité pour la première fois à Venise en 1527.

Nahmanide (Moïse) Exégète biblique, talmudiste, kabbaliste et poète (1194-1270). Représentant éminent du cercle kabbalistique de Gérone, il fut un remarquable juriste, à la croisée des traditions française et espagnole. Il fut contraint, en 1263, à Barcelone, de participer à une dispute publique, organisée par Paul Chrétien en présence du roi Jacques Ier d'Aragon, dont il a fourni un compte rendu, *Le Livre de la dispute*. Il dut finalement gagner la Terre sainte où il acheva son commentaire du Pentateuque, combinant éléments philosophiques, midrashiques* et kabbalistiques.

Pentateuque La Torah* au sens strict, également appelé *'Houmash*, forme condensée de *'hamisha 'houmshei Tora*, « les cinq cinquièmes de la Loi », le Pentateuque comporte les cinq livres dont la tradition juive attribue la paternité à Moïse et constitue le premier ensemble de textes du corpus scripturaire tel que défini par le judaïsme (il est suivi par les Prophètes, puis par les Hagiographes). Ces cinq livres, la Genèse, l'Exode, le Lévitique, les Nombres, le Deutéronome, présentent l'histoire de la création du monde et du Déluge, les aventures des Patriarches jusqu'à l'installation de la famille de Jacob en Égypte, l'esclavage en Égypte, l'Exode, la théophanie du Sinaï et l'Alliance, et les pérégrinations des Hébreux dans le désert jusqu'à la mort de Moïse à la veille de leur entrée en Canaan. Outre des récits, le Pentateuque contient les prescriptions rituelles et juridiques qui sont l'armature de la religion biblique. C'est là que le judaïsme rabbinique dénombre les 613 commandements dont le respect s'impose à Israël et son autorité légale est tenue pour supérieure à celle de tous les autres écrits bibliques.

péricope En hébreu *parasha*, ou *sidra*. Le texte du Pentateuque* est découpé en 54 péricopes, ou sections, et il est lu semaine après semaine, à l'office du shabbat* matin. La péricope hebdomadaire est elle-même découpée en sept sections ; sont successivement appelés à sa lecture, dans un rouleau de la Torah*, un *kohen* (descendant des prêtres), un *lévi* (de la tribu des lévites), et cinq autres fidèles (ordinairement la lecture est effectuée par un ministre officiant plutôt que par le fidèle appelé lui-même). À l'office du samedi après-midi, on procède à la lecture du début de la péricope de la semaine suivante ; ce même passage est repris aux offices du lundi matin et du jeudi matin ; seules trois personnes sont appelées à cette lecture. En un an, c'est l'intégralité du Pentateuque* qui est ainsi lue publiquement.

Pontrémoli (Rafael Hiya) Voir *Mé-'am Lo'ez.*

pureté de sang À partir des années 1480, dans l'Espagne inquisitoriale, les statuts dits de « pureté de sang » (*limpieza de sangre*) permirent d'exclure nombre de descendants de juifs ou de nouveaux chrétiens de l'accès à des charges et institutions diverses. Cette discrimination institutionnalisée, qui survécut pendant une trentaine d'années à l'abolition de l'Inquisition elle-même, ne devait définitivement disparaître que le 15 mai 1865.

Radak Acronyme de **R***abi* **D***avid* **K***imhi* (vers 1160 – vers 1235), grammairien, prédicateur et enseignant provençal, défenseur de l'œuvre philosophique de Maïmonide* lors de la controverse de 1230-1233. Il a produit des commentaires scripturaires publiés dans la plupart des éditions rabbiniques de la Bible.

Rashbam Acronyme de **R***abi* **Sh***mouel* ***b****en* **M***éir*, petit-fils de Rashi*, commentateur biblique et talmudique (vers 1080-85 – vers 1174). Son exégèse biblique est l'une des rares qui puisse, dans le judaïsme, être caractérisée comme littéraliste au sens strict.

Rashi Acronyme de **R***abi* **Sh***elomo* **Y***itshaki* (*Rabi* Salomon fils d'Isaac), commentateur biblique et talmudique (1040-1105). Né à Troyes, formé dans les grandes académies de l'époque, Rashi regagne sa ville natale pour s'adonner à l'enseignement. C'est là qu'il produit un commentaire presque complet de la Bible et un commentaire du Talmud* de Babylone. Ces commentaires ont marqué une date dans l'histoire de l'exégèse juive traditionnelle ; ils font encore aujourd'hui partie intégrante de l'éducation de base des fidèles. L'influence de ses commentaires bibliques a par ailleurs largement dépassé les limites du monde juif, et atteint, *via* les *Postillae Perpetuae* du franciscain Nicolas de Lyre (vers 1270-1349), qui les cite, les réformés et les premiers traducteurs modernes de l'Écriture.

Saadia ben Joseph Gaon Philologue, exégète, traducteur, juriste et philosophe (Fayoum, Haute-Égypte, 882 – Soura, Babylonie, 942). Dès 921, Saadia, qui a quitté l'Égypte, s'engage aux côtés des maîtres babyloniens pour faire prévaloir leur autorité en matière de fixation du calendrier* contre les prétentions du sage palestinien Aaron ben Méir. En 928, il est nommé chef de l'académie de Soura mais un conflit avec l'exilarque David ben Zakaï entraîne rapidement sa déposition ; il n'est réintégré au gaonat de Soura qu'en 936 ou 937. Son œuvre, polymorphe, a marqué de son empreinte toute la pensée juive postérieure. Grammairien et lexicographe, il a traduit en arabe presque toute la Bible ; lui-même poète liturgique, il a compilé un livre de prières ; juriste prolifique, il fut aussi un redoutable polémiste (contre le karaïsme*). Son œuvre majeure est une défense et illustration des principes du judaïsme : le *Livre des croyances et des opinions*, rédigé en arabe, traduit en hébreu par Juda Ibn Tibbon en 1186.

sépharade De l'hébreu. *Sefarad* n'apparaît qu'une fois dans la Bible, en Abdias 20, et désigne originellement Sardes, capitale de la Lydie, en Asie Mineure. Dans la langue hébraïque médiévale, *Sefarad* désigne la péninsule Ibérique. Sont dites sépharades les communautés juives de la Péninsule ou issues de la Péninsule, avant ou après l'expulsion d'Espagne de 1492. Aujourd'hui, par extension et en raison de contacts culturels anciens et d'une relative communauté de rites, sont appelés sépharades tous ou presque tous les juifs non ashkénazes*, notamment les juifs du Maghreb et d'Orient. De langue judéo-espagnole*, le judaïsme sépharade péninsulaire essaime, après 1492, principalement dans les Balkans, mais aussi, dans une moindre mesure, en Europe occidentale, au Maghreb et au Nouveau Monde. Aujourd'hui numériquement minoritaire, il a développé une tradition culturelle spécifique, riche et diverse, et longtemps valorisée dans l'ensemble du monde juif.

shabbat De l'hébreu. Littéralement « jour chômé », « jour de repos ». Dernier jour de la semaine dans le calendrier juif, commençant le vendredi soir au coucher du soleil et s'achevant le samedi soir à la nuit. Le shabbat commémore l'achèvement de l'œuvre de la création. Il est également associé au souvenir de la délivrance de l'esclavage d'Égypte. Le droit rabbinique a rigoureusement défini et détaillé les tâches interdites le shabbat. Déchargé de ses obligations profanes, le juif pratiquant exploite la liberté hebdomadairement retrouvée du shabbat pour resserrer ses liens avec sa communauté, se consacrer à sa famille, et recentrer son existence sur sa dimension spirituelle, dans la prière et dans l'étude. Imprimant au temps juif son rythme spécifique, le shabbat n'est pas seulement le jour des activités interdites ; il est aussi et surtout celui de la joie, et du plaisir valorisé et positivement recherché. Il préfigure et annonce la rédemption à venir.

Talmud De l'hébreu. Littéralement « étude, enseignement ». Commentaire de la Mishnah* produit par les maîtres des académies de Palestine et de Babylonie. Il existe deux talmuds. Le Talmud dit de Jérusalem a été hâtivement compilé à Tibériade vers la fin du IVe siècle. Le Talmud de Babylone lui s'est constitué progressivement, sa mise en forme définitive ayant été engagée par Rav Ashi (352-427), chef de l'académie de Soura, et achevée par l'un de ses successeurs, Rabina I (mort en 499). C'est le Talmud de Babylone dont l'autorité finira par s'imposer à l'ensemble du monde juif.

targoum De l'hébreu. Littéralement « traduction ». Terme désignant spécifiquement les traductions araméennes anciennes de la Bible. Lorsqu'en Babylonie, puis en Palestine, l'araméen fut devenu la langue vernaculaire des juifs, l'usage se répandit de traduire et d'interpréter en cet idiome le texte du Pentateuque* et les passages des Prophètes lus rituellement pendant l'office synagogal. Loin d'être toujours littérales, ces traductions prenaient souvent la forme de paraphrases et de développements midrashiques*. La lecture des *targoumim* n'a cessé d'inspirer les grands commentateurs juifs médiévaux.

Torah* De l'hébreu. Dérivé d'un verbe signifiant « montrer, instruire », ce substantif, souvent restrictivement rendu par « Loi », peut désigner aussi bien une disposition légale particulière que l'ensemble du message divin transmis à Israël par l'intermédiaire de Moïse. La tradition juive appelle ainsi « Torah* de Moïse » ce que nous appelons le Pentateuque*, le premier et le plus vénéré des trois éléments constituant la Bible. Par extension, le mot en est venu à désigner l'ensemble des enseignements normatifs du judaïsme, non seulement la Torah* écrite mais aussi la Torah* orale. En fait, rien n'échappe à cette dénomination : Bible, Mishnah*, Talmud*, littérature rabbinique sous toutes ses formes, etc.

Zohar Le *Séfer ha-Zohar* (*Livre de la splendeur*) est un texte pseudépigraphique écrit en araméen, attribué à Siméon bar Yohaï (IIe s.), en fait un *midrash** mystique où s'expriment les doctrines de la kabbale théosophique de Moïse de León (1240-1305) et de son école. Œuvre majeure de la tradition mystique juive, le *Zohar* a fini par acquérir dans le judaïsme un prestige comparable à celui de la Bible et du Talmud*.

Bibliographie sélective

Outre les éditions courantes des *Mikra'ot Guedolot* et du Talmud de Babylone, ainsi que les textes (originaux et traductions) désormais largement accessibles en ligne, j'ai notamment consulté et cité dans les pages qui précèdent :

ABRAVANEL Isaac, *Commentaire du récit de la création, Genèse 1, 1 à 6, 8*, traduit de l'hébreu par Yéhouda Schiffers, Lagrasse, Verdier, 1999.

AGNON Shmou'el Yossef, « L'histoire de la chèvre », dans *id.*, *Les uns et les autres*, Jérusalem – Tel-Aviv, Shocken, 1978, p. 373-375 (en hébreu).

ATTIAS Jean-Christophe, *Isaac Abravanel, la mémoire et l'espérance*, Paris, Éd. du Cerf, 1992.

—, *Penser le judaïsme*, éd. revue et augmentée, Paris, CNRS Éditions, 2010.

—, *Moïse fragile*, rééd., Paris, CNRS Éditions, 2016.

—, *Un juif de mauvaise foi*, récit, Paris, Jean-Claude Lattès, 2017.

—, et Esther BENBASSA, *Israël, la terre et le sacré*, 2e éd. revue, Paris, Flammarion, 2001.

BAHLOUL Joëlle, *Le Culte de la table dressée. Rites et traditions de la table juive algérienne*, Paris, A.-M. Métailié, 1983.

BAHYA BEN ASHER, *Commentaire du Pentateuque*, éd. Hayim Dov SHEVEL, Jérusalem, Mossad ha-Rav Kook, 10e éd., 1991, 3 vol. (en hébreu).

BAYA (IBN PAKOUDA Bahya), *Les Devoirs du cœur*, traduction par André Chouraqui, Paris, Desclée de Brouwer, 1950.

BEKHOR SHOR Yossef, *Commentaires du Pentateuque*, éd. Yehoshafat NEVO, Jérusalem, Mossad ha-Rav Kook, 2e imp., 5755 (en hébreu).

BENBASSA Esther, *Histoire des Juifs de France*, nouvelle éd. revue et mise à jour, Paris, Éd. du Seuil, 2000.

— (dir.), *Transmission et passages en monde juif*, Paris, Éd. Publisud, 1997.

— et ATTIAS Jean-Christophe, *Le Juif et l'Autre*, Gordes, Éd. Le Relié, 2002.

BIALE David, *Le Sang et la foi. Circulation d'un symbole entre juifs et chrétiens*, trad. de l'anglais par Sylvie Courtine-Denamy, préface d'Esther Benbassa, Paris, Bayard, 2009.

La Bible. Écrits intertestamentaires, édition publiée sous la direction d'André DUPONT-SOMMER et Marc PHILONENKO, Paris, Gallimard, 1987.

La Bible, traduite et présentée par André Chouraqui, rééd., Paris, Desclée de Brouwer, 1989.

La Bible, traduite par les membres du Rabbinat français, sous la direction de Zadoc KAHN, rééd., Paris, Colbo, 1966.

La Bible, traduite par Samuel Cahen, introduction de Marc-Alain Ouaknine, présentation et annexes par Gilbert Werndorfer, Paris, Éd. Les Belles Lettres, 1994.

BREUER Mordekhai, Yossef KAFAH et Mordekhai Leyb KATSENELENBOGEN (éd.), *Torat 'Hayim. Pentateuque,* Jérusalem, Mossad ha-Rav Kook, 1998, 8 vol. (en hébreu).

CARON Aymeric, *Antispéciste. Réconcilier l'humain, l'animal, la nature*, Paris, Éd. Don Quichotte, 2016.

Chapitres de Rabbi Éliézer, traduit de l'hébreu et annoté par Marc-Alain Ouaknin et Éric Smilévitch, nouvelle éd. revue et corrigée, Lagrasse, Verdier, 1992.

COHEN Shaye J. D., *Pourquoi les femmes juives ne sont-elles pas circoncises?* traduit par Olivier Bosseau, Paris, Éd. du Cerf, 2015.

The Commentator's Bible. The Rubin JPS Miqra'ot Gedolot, éd., traduit et annoté par Michael Carasik, Philadelphie, JPS, 2005-2018, 5 vol.

DESCOLA Philippe, *Par-delà nature et culture*, Paris, Gallimard, 2005.

—, *Une écologie des relations*, Paris, CNRS Éditions, 2019.

The Five Books of Moses, traduction et commentaire de Robert Alter, New York – Londres, W. W. Norton & Company, 2004.

Pape FRANÇOIS, *Laudato si'. Lettre encyclique sur la sauvegarde de la maison commune*, s. l., Éd. Première Partie, 2018.

Rabbi Chlomoh GANZFRIED, *Abrégé du Choul'hane Aroukh*, texte hébreu ponctué et vocalisé par le rabbin Selig Bamberger, traduction française littérale par Lionel Cohn, 3e éd., Paris, Librairie Colbo, 1978, 2 vol.

GINZBERG Louis, *Les Légendes des Juifs*, tome IV, *Moïse dans le désert*, traduit de l'anglais par Gabrielle Sed-Rajna, Paris, Éd. du Cerf / Institut Alain de Rothschild, 2003.

GURLAND 'Hayim Yona, *Guinzei Yisra'el be-St. Pétersbourg*, vol. 3, Saint-Pétersbourg, M. Ettinger, 1866.

'HIZKIAH BEN MANOA'H, *Commentaires du 'Hizkouni,* éd. Hayim Dov SHEVEL, Jérusalem, Mossad ha-Rav Kook, 5e imp., 5752 (en hébreu).

IBN EZRA Abraham, *Commentaires du Pentateuque*, éd. Asher WIEZER, Jérusalem, Mossad ha-Rav Kook, 1976, 3 vol. (en hébreu).

—, *Commentary on the Pentateuch*, traduit en anglais et annoté par H. Norman Strickman & Arthur M. Strickman, New York, Menorah, 1988-2004, 5 vol.

ITZHAKI Masha et Michel GAREL, *Poésie hébraïque amoureuse. De l'Andalousie à la mer Rouge*, anthologie bilingue, Paris, Somogy, 2000.

The Jewish Study Bible, sous la direction de Adele BERLIN et Marc Zvi BRETTLER, Oxford – New York, Oxford University Press, 2004.

KATZ Jacob, *Exclusion et tolérance. Chrétiens et juifs du Moyen Âge à l'ère des Lumières*, traduit de l'anglais par Luc Rozenberg et Xavier Perret, Paris, Éd. Lieu commun.

LATOUR Bruno, *Face à Gaïa. Huit conférences sur le nouveau régime climatique*, Paris, Éd. La Découverte, 2015.

Leçons des Pères du monde. Pirké Avot et Avot de Rabbi Nathan Version A et B, traduit de l'hébreu par Éric Smilévitch, Lagrasse, Verdier, 1983.

MAÏMONIDE Moïse, *Le Guide des égarés*, traduit de l'arabe par Salomon Munk, rééd. Paris, Maisonneuve & Larose, 1981, 3 vol.

— *et al.*, *Commentaires du Traité des Pères*, traduit de l'hébreu, introduit et annoté par Éric Smilévitch, Lagrasse, Verdier, 1990.

Maximes des Pères, édition bilingue, traduit de l'hébreu et présenté par Benjamin Gross, Paris, Éd. de L'Éclat, 2013.

Me'am Lo'ez, El Gran Comentario Bíblico Sefardí, tome I, 2e partie, Genèse 25, 16-50, 26, par David GONZALO MAESO et Pascual PASCUAL RECUERO, Madrid, Gredos, 1964.

Midrash Rabba, *Pentateuque*, éd. Moshé Arié MIRKIN, Tel-Aviv, Yavneh, 1975, 11 vol. (en hébreu).

Midrach Rabba, t. 1, *Genèse*, traduit de l'hébreu par Bernard Maruani et Albert Cohen-Arazi, Lagrasse, Verdier, 1987.

Min'ha 'Hadascha. Prières des Israélites du rite espagnol et portugais. Journalier, traduction de A. Ben Baruch Créhange, 2e éd., nouvelle, revue et modifiée par les rabbins Jos. Bloch et Paul Bauer, Paris, Durlacher, 1962.

Mishnah, éd. Hanokh Albeck, Jérusalem – Tel-Aviv, Mossad Bialik/Devir, 1959, 6 vol. (en hébreu).

Mizrahi Élie, *Surcommentaire du commentaire de Rashi sur le Pentateuque*, Varsovie, 1862, 2 vol. (en hébreu).

Nahmanide Moïse, *Commentaires du Pentateuque*, éd. Hayim Dov Shevel, Jérusalem, Mossad ha-Rav Kook, 9e imp., 5736, 2 vol. (en hébreu).

Le Pentateuque..., accompagné du commentaire de Rachi, édition bilingue hébreu-français établie sous la direction d'Élie Munk, rééd., Paris, Fondation Samuel et Odette Lévy, 1987, 5 vol.

Le Pentateuque, ou Les Cinq Livres de Moïse, traduit et annoté par le Rabbin Lazare Wogue, reproduction intégrale de l'édition de 1860-1869, Jérusalem, Ohr Hamaarav, 2007, 5 vol.

Pontrémoli Rafael Hiya, *Meam Loez. Livre d'Esther*, traduit du judéo-espagnol par Albert Benveniste, Lagrasse, Verdier, 1997.

Pury Albert de, *Homme et animal Dieu les créa. Les animaux et l'Ancien Testament*, Genève, Éd. Labor et Fides, 1993.

Ramban (Nachmanides), *Commentary on the Torah*, traduit en anglais et annoté par Charles B. Chavel, Brooklyn, Éd. Shilo, 1973-1999, 5 vol.

Rashi, *Commentaire du Pentateuque*, éd. Abraham Berliner, Francfort-sur-le Main, J. Kauffmann, 1905 (en hébreu).

Reclus Élisée, *Les grands textes*, choisis et présentés par Christophe Brun, Paris, Flammarion, 2014.

Saadia Gaon, *The Book of Beliefs and Opinions*, traduit de l'arabe et de l'hébreu par Samuel Rosenblatt, New Haven – Londres, Yale University Press, 1948.

Scholem Gerschom G., *La Kabbale et sa symbolique*, traduction de J. Boesse, rééd., Paris, Payot, 1980.

Sidour Sefat Hanechamah. Le Langage de l'âme. Offices et prières pour la Semaine et le Chabbat, s. l., Fédération du Judaïsme Libéral, 2000.

Le Talmud de Jérusalem, traduit pour la première fois en français par Moïse Schwab, Paris, G.-P. Maisonneuve et Larose, réimp., s.d., 6 vol.

Targum du Pentateuque, traduction des deux recensions palestiniennes complètes par Roger Le Déaut, avec la collaboration de Jacques Robert, t. 4, Deutéronome, Paris, Éd. du Cerf, 1980, 5 vol.

Tenoua (160), été 2015, « Homosexualité, judaïsme, interdit, respect, amour, tabou ».

Tenoua (161), automne 2015, « Je suis Adam. Plaidoyer biblique pour un développement durable ».

Tenoua (189), automne 2022, « Questions de genres ».

The Torah. A Modern Commentary, sous la direction de W. Gunther Plaut et David E. S. Stein, New York, Union for Reform Judaism, éd. revue, 2005.

Twersky Isadore, *Introduction to the Code of Maimonides*, New Haven, Londres, Yale University Press, 1980.

Le Zohar, traduction, annotation et avant-propos par Charles Mopsik, Lagrasse, Verdier, 1981-2000, 6 vol.

Remerciements

Ce livre est un rescapé.

Il est l'aboutissement d'une réflexion engagée à l'automne 2014 mais il ne voit le jour que presque une décennie plus tard. Après avoir dû s'effacer devant deux autres ouvrages publiés entre-temps et de nature bien différente – un récit et un roman –, il a pâti de deux confinements successifs. Son auteur a ensuite traversé quelques épreuves, des deuils, de sérieux problèmes de santé, qu'il n'y a pas lieu de détailler ici, mais qui ont aggravé une lenteur qui n'est pourtant pas dans ses habitudes. La rédaction de ces pages elle-même, commencée en mai 2021, s'est brutalement interrompue dès le début du mois de juillet de cette année-là pour ne reprendre qu'en avril 2022.

Pour toutes ces raisons, on comprendra que mes remerciements vont d'abord à celles et à ceux qui, pendant tout ce temps, ici ou à l'autre bout du monde, m'ont permis de simplement rester debout, de retrouver des forces, d'aller au bout de ce projet: famille, amis, auditeurs, collègues, médecins. Merci à Corinne, à Haïm, à Irène, à Roni, à Sonia, à Vassa. Que celles et ceux que je ne nomme pas ici sachent que je ne les oublie pas. Merci à Paul Siksik, l'un de mes auditeurs à l'EPHE, qui a retrouvé chez lui nombre de copies de documents distribuées en séminaire, dont j'avais moi-même égaré les originaux, et qui me les a remises, m'épargnant ainsi de longues et nouvelles recherches. Merci à Hervé Bismuth qui, sans se départir de sa patience, a bien voulu passer au peigne fin un brouillon tardif de ce texte et me prodiguer quelques utiles conseils. Merci enfin à Esther, ma compagne, mon infatigable relectrice, qui bizarrement a toujours cru en moi, en ma survie, et même en quelques-uns de mes talents. Ce livre, je ne l'ai au fond écrit que pour ne pas la décevoir, elle qui en avait eu l'idée.

Toute ma reconnaissance va au Centre Alberto-Benveniste de l'École pratique des hautes études (Université PSL) qui, deux décennies durant, a abrité mes recherches, ainsi qu'à ses mécènes, Monique Benveniste et Serge Benveniste. Merci enfin à Jean-François Colosimo, mon éditeur, à toute l'équipe des éditions du Cerf, ainsi qu'à la très attentive et très patiente Cécile Boyaval, de donner à ce travail une chance de trouver ses lecteurs.

Table des matières

III

DE LA LAINE, DU LIN, UN CHEVREAU ET DES MASQUES

IV

ADAM, ÈVE ET LES AUTRES

Du même auteur

Nos conversations célestes, Paris, Alma, 2020 (roman).

Un juif de mauvaise foi, Paris, Lattès, 2017 (récit).

Moïse fragile, Paris, Alma, 2015, 2e éd. (poche), CNRS Éditions, 2016. Prix Goncourt de la biographie 2015.

Les Juifs et la Bible, Paris, Fayard, 2012, 2e éd. (poche), Éd. du Cerf, 2014.

Penser le judaïsme, Paris, CNRS Éditions, 2010, 2e éd. augmentée (poche), 2013.

Petite histoire du judaïsme, Paris, J'ai lu/Librio, 2007 (avec Esther Benbassa).

Le Juif et l'Autre, Gordes, Le Relié, 2001 (avec Esther Benbassa).

Les Juifs ont-ils un avenir ?, Paris, 1re éd., Lattès, 2001, 2e éd. (poche), Hachette, 2002 (avec Esther Benbassa).

Israël, la terre et le sacré, Paris, Flammarion, 1re éd. (sous le titre *Israël imaginaire*) 1998, 2e éd. (poche), 2001 (avec Esther Benbassa).

Dictionnaire des mondes juifs, Paris, Larousse, 1re et 2e éd. (sous le titre *Dictionnaire de civilisation juive*), 1997 et 1998, 3e éd. refondue, augmentée et mise à jour, 2008 (avec Esther Benbassa).

Isaac Abravanel, la mémoire et l'espérance, Paris, Éd. du Cerf, 1992.

Le Commentaire biblique. Mordekhai Komtino ou l'herméneutique du dialogue, Paris, Éd. du Cerf, 1991.

Abraham Aboulafia, *L'Épître des Sept voies*, traduction de l'hébreu et notes, Paris, L'Éclat, 1re éd. 1985, rééd., 2008.

Direction d'ouvrages

Nouvelles relégations territoriales, Paris, CNRS Éditions, 2017 (avec E. Benbassa).

Juifs et musulmans. Retissons les liens !, Paris, CNRS Éditions, 2015 (avec E. Benbassa).

Dans les quartiers, l'égalité c'est maintenant !, Paris, Le Pari(s) du Vivre-Ensemble, 2014 (avec Esther Benbassa).

Les Sépharades et l'Europe. De Maïmonide à Spinoza, Paris, Presses de l'Université Paris-Sorbonne, 2012.

Encyclopédie des religions, Paris, Fayard, 1re éd. (sous le titre *Des cultures et des dieux. Repères pour une transmission du fait religieux*), 2007, 2e éd., Fayard/Pluriel, 2012 (avec Esther Benbassa).

Juifs et musulmans. Une histoire partagée, un dialogue à construire, Paris, La Découverte, 2006 (avec Esther Benbassa). Prix Seligmann 2006 contre le racisme, l'injustice et l'intolérance.

De la Bible à la littérature, Genève, Labor et Fides, 2003 (avec Pierre Gisel).

Messianismes. Variations autour d'une figure juive, Genève, Labor et Fides, 2000 (avec Pierre Gisel et Lucie Kaennel).

La Haine de soi. Difficiles identités, Bruxelles, Complexe, 2000 (avec Esther Benbassa).

Enseigner le judaïsme à l'Université, Genève, Labor et Fides, 1998 (avec Pierre Gisel).

De la Conversion, Paris, Éd. du Cerf, 1998.

Imprimé en France par CPI
en février 2023

Composition : Soft Office

Dépôt légal : mars 2023
N° d'impression : 173981